語文教學叢書

現代詩寫作教學研究

張玉明　著

推薦序
揮灑現代詩情，擁抱教學詩心

與玉明結緣，源自於她就讀臺灣師範大學國文學系，我擔任她「新文藝及習作」的課程教師，後來又教她「國文教材教法」與「教學實習」。大學時期的玉明正是詩一般的年紀，滿懷創作熱情，為賦新詩，常與稿紙纏綿，一點兒也不厭倦，總是笑咪咪地面對眼前的道路。

之後她攻讀國文所碩士學位，找我指導論文，這本《現代詩寫作教學研究》，就是她碩士論文的進化本，很可以看出她對現代詩及其教學的認真與鍾愛。在未取得成大中文所博士學位前，玉明是板橋高中的國文教師，對教學的投入，情如海洋般浩瀚，心如峻嶺般堅定，而這樣的詩情與詩心，都化成了一字又一字，成就堅實的論文內容。

論文內容主要分為「形式技法論」和「創作教學論」：前者形式技法分別從「意象、語言、形式、韻律」四方面著眼；後者教學實踐主要奠基於「行動研究理論」、「讀者反應理論」和「合作學習理論」。這些紮實的理論探究，使得她的現代詩教學設計能夠發揮「積學儲寶」的功效，也使得她的學生能夠具有吞吐文字譜畫現代詩的作用。

一本好書，尤其是教學屬性的好書，除了內容充實言之有物，教學實踐學生有成之外，設計流程清晰足供效法、值得推廣，也是極為重要的條件，而玉明這本《現代詩寫作教學研究》就具備了這幾方面的要素。此為我推薦本書的原因之一。

她的教學熱忱十數年來未怠，從她聯合一些志同道合的朋友創立「思辨能力與口語表達工作坊」社團可以想見；她的理論探究戮力以赴，從她孜孜不倦地攻讀博士學位持續學術研究可以窺知；她的現代

詩寫作教學研究值得推廣,從她這本文字深入淺出的專書、有效可行的教學設計可以確認。此為我推薦本書的原因之二。

　　玉明始終一貫的努力與分享同道的企圖心,昭昭如陽,此為我推薦本書的原因之三。

　　好書大家讀,讓大家一起來讀這本《現代詩寫作教學研究》!是為序。

　　　　　　　臺灣師範大學國文學系教授潘麗珠寫於大洲桃花源

自序

　　本文《現代詩寫作教學研究》，旨在以一系列的現代詩寫作教學實踐，指導學生創作現代詩，並以「形式技法論」與「創作教學論」為理論基礎，期望能以理論結合實務，進行一個多學期的現代詩寫作教學設計與實作。

　　本研究側重於現代詩寫作教學流程的系統性建立及學生實作，最後將教學成果呈現，再重新檢討教學設計是否需要修正。筆者共設計了十四份現代詩寫作教學步驟，兼顧現代詩創作的各個面向；筆者任職的高中一、二年級學生實作了十四份寫作步驟，因此研究中也呈現了十四份寫作成果，並對學生作品加以分析。最後請學生填回饋表，以此來了解學生在這一個多學期的現代詩寫作教學中學到哪些創作的能力，筆者也從學生的回饋表當中，了解到學生較不熟悉的概念，或設計不夠完善的寫作技巧，以此作為筆者日後現代詩寫作教學上的改進。

　　本研究共分為五章：第一章〈緒論〉。對研究動機與目的、研究現況的探討、研究架構與方法，詳細陳述。說明筆者之所以研究這個課題的理由，最終的目的，是使現代詩寫作能徹底落實在高中國文教學之中。

　　第二章〈現代詩寫作教學理論〉。此章分為二節，第一節為「現代詩形式技法論」，內容又分為「意象論」、「語言論」、「形式論」及「韻律論」；第二節為「現代詩創作教學論」，內容再分為「行動研究理論」、「讀者反應理論」及「合作學習理論」。筆者企圖通過這些論點的整合，構築出現代詩寫作無論在形式或創作上的理論價值。

　　第三章〈現代詩寫作教學設計探究〉。此章為探討臺灣現代詩寫作教學現況，分為「詩人的現代詩寫作教學研究」、「學者的現代詩寫作教學研究」及「網路現代詩創作遊戲」。藉由這三個面向，囊括現有的現代詩創作論述，並分項評析這些著作的優缺。

　　第四章〈高中現代詩寫作教學實踐〉。此章為本研究的重心，筆者將坊間所有的現代詩創作演練消化過後，建立出一套系統性的教學流程，除了鉅細靡遺地條列出教學步驟外，尚有實施這些步驟所花費的時間、可能遇到的問題、如何順利執行的小技巧，每個步驟之後另附上學生的寫作成果，提供給教學者當作參考，在執行時，也可以列印這些成果讓學生更清楚創作的方向。本章第二節，有筆者帶領學生在學校辦的「手工詩集展」，及「學生意見回饋表」的分析整理，還有「學生作品成果」的報告呈現，將此章的實施成效補充得更為完整。

　　第五章〈結論〉。首先對本研究的成果加以說明，敘述「現代詩寫作教學研究」在教學上有其實施的必要性，及學生接觸整體教學流程後具體的成長與心得，以印證本研究的理論正確性。同時有對教學步驟的總檢討，期望以此研究，幫助中學教師能更順利地推行「現代詩寫作教學」。

　　關於學習單的部分，用附圖的形式，依照步驟，散放於第四章當作參考。共十六份，可分為三類：第一類是現代詩的寫作遊戲學習單，共十二份；第二類是學生寫作練習的佳作分享，共二份；第三類是評鑑表與回饋表，幫助教學者了解學生學習的狀況，共二份。希望透過附圖的分享，幫助教學者更容易進行現代詩寫作教學的課程。

目次

第一章

緒論

　　在考試引導教學的教育現況裡，現代詩創作似乎是乏人問津的一個區塊。然而，現代詩寫作能夠有效訓練學生的「想像力」和「創造力」，這兩大能力，將成為二十一世紀人才的競爭動力。官如玉在《經濟日報》中提到：「美國《財星雜誌》專欄作者柯文〔Geoff Colvin〕為文指出，在全球經濟迅速變遷之下，知名商管學院莫不面臨北京大學等新競爭者來勢洶洶的直接競爭……在靠創造力和想像力支撐的未來右腦經濟時代，年輕人或許需要接受不同的教育。」[1]筆者試圖在高中國文教學的框架下，帶領學生由鑑賞現代詩，到具備創作現代詩的能力，期許學生經由這樣的訓練，達到活化大腦、創造想像的目的。

第一節　研究動機與目的

一　研究動機

（一）傳統詩教的禮讚

　　「詩教」，是中國文學的傳統。翻開中華民族之文學史，可以說是一部詩史，自唐虞三代以還，詩即是民族生活之點滴記載，《禮

1　官如玉：〈哈佛經驗建立核心競爭力〉，《經濟日報》，第C1版，2008年03月30日。

記‧經解篇》云:「入其國,其教可知也,其為人也溫柔敦厚,詩教也。」[2]大凡陶冶性情,轉移風氣,敦勵品德等,莫不以詩教為先務。詩於日常教化之中,導正人心於敦厚和平,詩之功也。

《論語‧泰伯》云:「興於詩,立於禮,成於樂。」[3]孔子將詩、樂、禮並立,看作是塑造仁人君子不可或缺的條件;在外交場合上,《論語‧季氏》有言:「不學詩,無以言。」[4]詩更成為重要的應對辭令。然而,詩的功用不只在於與人進退交談,還可表達內心情志。《禮記‧孔子閒居》云:「志之所至,詩亦至焉。」[5]詩歌之所以產生,是用以表現詩人情志的,所以《宋書‧謝靈運傳論》亦云:「夫志動於中,則歌詠外發。」[6]藏於內心的思想感情就是志,表現為語言就是詩,志藏內心不可見,詩歌是將其表現於外的工具。[7]

《詩‧大序》中亦云:

> 詩者,志之所之也。在心為志,發言為詩。情動於中而形於言,言之不足,故嗟歎之。嗟歎之不足,故詠歌之。[8]

將內心的感受如實地呈現出來,是作詩的基本原則。《文心雕龍‧明詩》有更進一步的深刻解釋:

2　(東漢)鄭玄:《禮記鄭注》(臺北市:學海出版社,1979年5月初版),頁639。

3　(宋)朱熹:《四書集註》(臺北市:學海出版社,1991年3月再版),頁104-105。

4　(宋)朱熹:《四書集註》(臺北市:學海出版社,1991年3月再版),頁173。

5　(東漢)鄭玄:《禮記鄭注》(臺北市:學海出版社,1979年5月初版),頁658。

6　(元)脫脫:《中國學術類編新校本宋書附索引‧謝靈運傳論》(臺北市:鼎文書局,1980年6月初版),頁1778。

7　參考鄭美玲:《現代詩團體朗誦教學研究與實作》(臺灣師範大學國文研究所在職進修教學碩士論文,2007年6月),頁1。

8　李學勤主編:《十三經注疏整理本‧毛詩正義》(臺北市:臺灣古籍出版有限公司,2001年10月初版),頁7。

> 大舜云：「詩言志，歌永言」；聖謨所析，義已明矣。是以「在
> 心為志，發言為詩」；舒文載實，其在茲乎！詩者，持也，持
> 人情性；三百之蔽，義歸無邪，持之為訓，有符焉爾。人稟七
> 情，應物斯感，感物吟志，莫非自然。[9]

所謂在心為志，發言為詩，意指詩歌是心聲的抒發，結合恰當的修辭與實際的感受，將內心的情志表述出來；作詩應當是如吐納般自然而然的事。詩人覃子豪對詩的定義為：「以最精鍊而富有節奏的語言，將詩人對世界的一切事物的主觀的意念，予以形象化和意境的創造，而能給讀者一種美感的，就是詩。」詩是最精鍊的語言，將自身的感受以形象化的文字紀錄下來，而能傳承予讀者美的感受，橫跨時間與空間的藩籬。這是亙古以來詩所帶給人們的感動，也是筆者試圖傳達給學生理解的目標。

（二）創意教學的期許

現今教育界，普遍瀰漫「考試引導教學」的現象，傳統國文教學，除了課文之外，礙於堂數的限制，通常僅只於補充國學常識與考試、檢討上面，較少課外學習的補充。在趕課、考試的壓力，及大考國文沒有範圍的情況下，教學者與學習者兢兢業業，唯恐懈怠而輸在起跑點上；對於國文更深層的情意教學及鼓勵創意的寫作教學，往往是較無心力去涉及的部分，這實違背了筆者的教育理念。

國文教學當中，表格、人物、經典名文，都可能隨著時間的流逝，一旦達到考上大學的目的，即隨風飄逸；但對美的感受能力，對文章的體悟、能否如實紀錄下屬於自己的感動、並因而感動他人，這

9　（梁）劉勰：《文心雕龍‧明詩》，王師更生注釋：《文心雕龍讀本》上，（臺北市：文史哲出版社，1984年初版），頁83。

才是國文教學的精髓所在。因著這樣的理念,筆者嘗試在兼顧評量現實的基礎上,平均以二個禮拜一節課的時間,做課外補充學習。對於中學生而言,「年少情懷總是詩」,詩的語言純粹精鍊、意象凝鍊豐富,最能達到刺激想像、發展創意、培養美感的目的。筆者期望在由淺入深的現代詩寫作練習下,讓學生一步一步邁進美的殿堂,除了能一窺詩作之堂奧外,尚能激發出每個人心中創作的種子,強化他們對週遭生活的感受,並試著以簡淨生動、富形象化的詩語言紀錄下來,引領他們飛向美與文學的天堂。

(三)相關經驗的累積

自小學以來,對現代詩創作就有著無比的熱情,著迷於字裡行間所開創出的另一片天地。上了國中,參加「北市青年第二屆金筆獎」比賽,得了新詩組第一名,再加上國文班導張玉麒老師的支持與鼓勵,國中三年,更是精益求精,悠遊於新詩之海當中。上了師大附中,有感於課業壓力的沉重,僅能利用課餘時間從事創作,嘗試參加校內「第九屆火鳳凰文學獎」,僥倖獲得新詩組佳作;上了臺灣師範大學國文系,對於新文藝課程雅愛非常,更有幸在本師潘麗珠教授的指導下,於大二、大三自組「詩社」,一個月聚會兩次,以詩會友,與好友沉浸於創作與鑑賞的美妙,其中亦有拙作收錄於《藝文習作集刊第十九期》及《噴泉詩社・流體詩集》當中。回臺灣師範大學唸國文研究所時,於修業期間參加「第四屆師大紅樓現代文學獎」,忝得新詩組佳作,對一路走來默默耕耘的筆者,不啻為一大激勵。

因著這股對現代詩寫作的熱情與愛好,於大四的教學實習期間,筆者亦鼓勵師大附中一○一九班的學生林蓁沂投稿「第十五屆火鳳凰文學獎」,竟以高一新生的身分榮獲新詩組佳作,實感欣慰。臺灣師範大學國文系畢業後,到北一女中國文科實習,實習期間除義務性指

導「采風詩苑」外，亦於眾多藝文活動、專題演講及國文科研習、指導國語文競賽當中，學到更多關於現代詩寫作教學的方法與知識。實習期間，看到眾多北一女中學生的佳作，讓筆者在自歎弗如之際，不禁思考詩人究竟是天生的？亦或是可經由訓練而養成的呢？有沒有什麼實際的方法，可以引導學生由淺入深地愛上現代詩、愛上創作呢？筆者希望能藉由這一系列的現代詩寫作練習，來做個觀察，解答多年來的疑惑。

（四）教學實況的困境

近幾年來，臺灣學子的國語文程度退化，已是不爭的事實。二〇〇六年國際閱讀素養評量中，臺灣在參與評比的四十五個國家中，名列第二十二，遠遠落後第二名的香港、第四名的新加坡等亞洲城市，因而重振「閱讀教育」呼聲不斷；根據臺北市國民小學「國語文基本學力測驗」，以及一份中高年級小學生閱讀研究，均顯示臺北市小學生「閱讀偏食」，只看繪本及漫畫；識字及寫字能力弱，常寫錯別字。

閱讀能力退化，作文能力也跟著萎縮。作文是學生表達思想感情的產物，更是反映學生語文能力的窗口。目前學生語文能力的下降[10]讓人不能容忍，作文能力的低落[11]更是怵目驚心，社會各界普遍體認

---

10 見《提昇臺北市中學生國語文能力之研究》：「根據『教師教學問卷』調查結果顯示：有98.6%受試教師認為目前中學生國語文能力和以前相較，程度降低……。而『焦點座談』中與會教師和社會人士，也有同樣的共識，足見輿論所擔心的學生國語文能力下降問題，在本研究中獲得驗證。」臺北市政府教育局專案成果報告，2006年6月，頁241。

11 見《提昇臺北市94年度國民小學國語文領域基本學力檢測計畫成果報告書》：「在文句通順度上，則僅止於通順，即流於一般的口語化的表現，以不假思索的說話的方式，直接轉化為字面，於是呈現出冗長鬆散的口語模式。而其中語句、修辭缺少變化，平淡無味；使用的語彙、標點符號，單一而貧乏。尤其是，大多數學生字詞使用貧乏淺化，雖然不至於造成錯別字出現率過多，但平庸淺白的口語化表現，卻也

到作文能力的下降，將影響整個國家的教育水準，覺察到問題的嚴重性，引發了空前的關注和討論。在當前科技突飛猛進的發展、知識爆炸、訊息倍增，相信這個問題將越來越嚴重。因此，探討中小學作文教學走向，以及研究如何提升作文教學效能，對語文教學具有相當重要的現實意義。

由各項資料，及筆者近幾年的教學觀察中顯示，學生的「作文口語化」及「想像貧瘠化」，是扼殺創造力及寫作力的最大因素。除此之外，對於寫作興趣的缺乏，也是造成作文能力下降的主因。因為現代家庭功能失調，父母忙於工作，所以孩子在家常由「電腦」陪伴，新世代的孩子對電腦的興趣最大，越來越多學生的頭腦成為「電玩型頭腦」——孩子在玩電玩時，只會看到畫面的影子晃來晃去而已，腦袋的活動狀態是呈低活動狀態的——其腦波頻率是趨於「無意識」的，所以其內、外在行為及學習上表現是低落的，他們學習的特徵之一是「語文能力發展遲緩」，情緒的特徵則為「性情過於急躁、坐立難安、缺乏耐心」。由此可知，這一代孩子對「電腦」的興趣遠勝於「創作」，所以要這些沉迷於電腦遊戲中的孩子轉移注意力，對「寫作」產生興趣，無疑是一項艱鉅的任務。[12]

現代詩創作當中的「意象經營」及「語言鍛鍊」，便是針對「作文口語化」及「想像貧瘠化」兩大弊病，最好的補救方式。如何在資訊化的時代，教導「電玩型頭腦」的孩子，引發他們對寫作的熱情，並能循序漸進地強化他們的想像力、創造力及寫作能力，是筆者最想解決探討的課題。

顯現出學生思考品質弱化，浮泛貧淺的現象，是一值得注意的警訊。」臺北市政府教育局專案成果報告，2006年6月，頁102。

12 蕭千金：《國中作文教學的設計與實作：以「立意取材」與「謀篇布局」為例》（臺灣師範大學國文學系在職進修碩士論文，2007年6月）。

二　研究目的

　　為解決以上所提到的教學困境，及有效提昇學生的「想像力」、「創造力」及寫作能力，筆者企圖於本文《現代詩寫作教學研究》當中，建構一套富系統性、邏輯性、趣味性，能讓教學者便於落實在國文教學當中，且能收學生創作功力提昇之效的教學設計。坊間所出的中學作文用書，大抵偏重於作文的架構、作文的章法、修辭，較少涉及現代詩的創作，及對「詩性思維」[13]的啟發。詩乃「情動於中而形於言」的文類，只要能鼓勵學生創作現代詩，使學生擁有「詩性思維」，對生活產生了「美的感受」，這些都是創作的原動力。擁有詩人的心靈，學會如何將感情「形象化」地呈現出來（意象經營），能夠更重視文字的選擇、雕琢字句（語言精鍊），對於同一件事物可以馬上產生多方的聯想（想像能力），這些都是現代詩創作的基本訓練，基本能力穩固了，自然而然能夠對作文能力有所提昇，這是筆者企圖透過這一系列的教學設計，所達到的目的。

第二節　研究現況的探討

　　自「五四」以來，以白話為敘述主體的新詩，就一直和時代變遷保持著緊密的互動。詩能夠反映社會現實，抒發個人的情志，除了內容的精進之外，詩人們受到後現代的影響，在形式上也不斷推陳出新，令人目不暇給。本文的研究範圍，並不參與討論現代詩的發展及演變，而是探討臺灣在現代詩的發展下，如何指導學生或讀者去創作新詩，嘗試藉由這樣的整理和分析，為有志於指導現代詩創作的教學

---

13 詩性思維，意指人類能透過想像力對外在事物進行創造性詮釋的力量。以詩性本能來思考，稱為詩性思維。藉由詩性思維所得出的人文成果，則稱為詩、詩性智慧。

者，指引一條清楚且易於遵循的現代詩寫作脈絡。以下就筆者所能蒐集的資料，分類說明：

一　專書

在臺灣，關於現代詩寫作的專書，大體來講，可以分為「知名詩人的現代詩寫作教學論」及「學院派的現代詩創作教學研究」。「知名詩人的現代詩寫作教學論」，又以白靈及蕭蕭最擅勝場。

白靈於一九九一年出版《一首詩的誕生》後，陸續出版《一首詩的誘惑》及《一首詩的玩法》，都是關於現代詩創作的專書。《一首詩的誕生》中，除了序言〈從讀詩到寫詩〉之外，共有七個主題[14]，都是在指引讀者作詩的要領，及白靈自身對創作詩的一些心得與想法；對於教學者而言，是相當新穎而有趣的。不過，此書在文字的使用及教學上的建議，仍是太過困難。如其中的「虛實二十法」，雖講解清楚、舉例明白，但要實際消化為教學上指導學生之用，仍只限於教學者自身批改學生作品，而較難直接用於教導學生創作之上。

《一首詩的誘惑》計二十個單元，論述十三個主題[15]，內容有作品賞析，有創作方法，文字較為淺顯易懂。此書與其說是「教導如何創作現代詩」，不如說是「教你如何判斷創作的是好詩還是壞詩」，與《一首詩的誕生》、《一首詩的玩法》內容稍有區隔。以中學教師的眼光來看，本書適合推薦給剛剛起步的、對現代詩創作和鑑賞還感到無

14　〈比喻的遊戲〉、〈想像的捕捉〉、〈煎出一首好詩〉、〈意象的虛實〉、〈尋意與尋字〉、〈形態的分析〉、〈特性列舉法〉，和附錄〈想像力的十項運動〉。

15　〈說詩與說夢〉、〈詩與非詩〉、〈好詩與壞詩〉、〈形式與實質〉、〈晦澀與明朗〉、〈題材與角度〉、〈秩序與焦點〉、〈主題與表現〉、〈詩與散文詩〉、〈詩句比較〉、〈形式練習〉、〈詞彙選擇〉和〈詩的探險〉。

從捉摸、無從評斷起的創作者和教學者，在實際創作及批閱前，可以拿來建立對現代詩的正確理解與閱讀，及提供創作者可行的角度去切入的著作。

《一首詩的玩法》計十六個單元，論述八個主題[16]，此書除了創作方法之外，還結合了作者實際教學的學生作品，仔細來看，白靈在這本書中所提到的一行詩玩法、小詩玩法，其步驟仍是脫胎自《一首詩的誕生》當中的〈想像力的十項運動〉，大抵上不出其範圍。但是白靈在十幾年的教學生涯中，真正落實到教導的層面，文字更為平易近人，步驟較前兩本更為方便遵循，書中甚至附錄圖畫詩、剪貼詩的作品，彩色圖文，豐富繽紛，引人入勝。

蕭蕭的第一本現代詩寫作專書《現代詩創作演練》，亦於一九九一年出版，稍早於白靈的《一首詩的誕生》，之後又陸續出版《現代詩遊戲》及《蕭蕭教你寫詩，為你解詩》。《現代詩創作演練》分為兩輯[17]，與創作相關的是第一輯，第二輯則屬詩史及批評觀的範圍。《現代詩創作演練》出版於一九九一年七月，比白靈的《一首詩的誕生》還要早（1991年12月），是同一類書籍的首創。由於這本書是試驗過後的作品呈現，能夠直接附錄學生的作品，比同一年出版的《一首詩的誕生》要來得更簡明易循。綜觀全書當中所舉的實例，其實都營繞

---

16 〈詩的發生〉、〈卵生與胎生〉、〈一行詩玩法舉隅〉、〈小詩玩法舉隅〉、〈散文詩玩法舉隅〉、〈圖畫詩玩法舉隅〉、〈剪貼詩玩法舉隅〉、〈數位詩玩法舉隅〉，和後記〈「一首詩的玩法」之玩法〉。

17 第一輯「現代詩創作演練」，含〈隨興幻想〉、〈定向聯想〉、〈矛盾聯結〉、〈偷龍轉鳳〉、〈超越時空〉、〈轉換角色〉、〈聲色雜陳〉、〈鏡中映象〉、〈亂麻快刀〉共九個單元；第二輯「現代詩詩史流變」，包括〈嘗試集的破舊立新〉、〈新月派的情采聲韻〉、〈象徵派的詭譎祕境〉、〈日據下的時代悲歌〉、〈知與情的春光秋色〉、〈超現實的大膽試探〉、〈老中國的文化鄉愁〉、〈大臺灣的現實藍圖〉、〈新人類的後現代風〉九篇文章。

著同一個主題，那就是「聯想」的能力。唯有的單元給的方向太過抽象[18]，而較難落實在教學當中，是可以再改進的地方。

《現代詩遊戲》及《蕭蕭教你寫詩，為你解詩》大體上遵循前一本書的模式，即寫作遊戲→實例→評析，整體而言，蕭蕭是個善於教學的詩人。他的語言淺白，定義明確，在教導學生定義之後，總能馬上舉出詩作及例句，讓讀者強化印象，明白接下來的步驟。不過，講解清楚及實際操作之間的縫隙，需要留待教學者自行去填補，這恐怕對中學教師而言，是道不小的鴻溝。舉〈奇特的意象〉為例，讓學生知道何為意象、意象用得好的詩作有哪些，不代表學生馬上可以明白自己該如何去經營、怎麼去具體地落實之後的步驟，或如何去判讀自己的意象經營是成功或是不成功？這些都是有待討論的課題。

「學者的現代詩寫作教學研究」中，筆者選擇楊師昌年的《現代詩創作與欣賞》、本師潘麗珠教授的《臺灣現代詩教學研究》、仇小屏的《詩從何處來：新詩習作教學指引》及《下在我眼眸裡的雪——新詩教學》為主要探討對象。[19]

楊師昌年的《現代詩創作與欣賞》，對新詩創作的過程、想像與聯想、組織與修飾、評估的角度與詩作例舉、修辭與題材通變等主題，做了詳細的探討，對於現代詩創作的教材而言，是相當盡心的總整理。但本書較大的篇幅在於「新詩賞析」，即放上以前學生的作品再予以評析，對於現代詩寫作的詳細步驟關注較少。

本師潘麗珠教授的《台灣現代詩教學研究》，對臺灣自小學迄大

---

18 如〈亂麻快刀〉——蕭蕭請學員回想近兩個月最值得描述的社會現象，以之做為訴求的對象，夾敘夾議，並要求「議的文字隱藏在意象的選擇裏，不可露骨地呈現出來」——這樣的提示和要求內容，對中學生而言，是過於抽象，

19 其他著作，如楊鴻銘的《新詩創作與批評》、渡也的《新詩補給站》等，較偏理論分析〔且分析過細〕，及缺乏學生習作，於教學者理解有餘，實用性較不足。這類理論為主的著作，在此即僅舉楊師昌年之書為代表，其餘略過不談。

學的現代詩教學發展狀況，做了綱舉目張的介紹，除了文本的研究外，尚有探討到「現代詩聲光教學」，是一部兼顧理論與實用的現代詩教學用書。與本研究最為相關的，是此書第四章「現代詩創作的教學方法」，與白靈、蕭蕭相同的，是設計一套現代詩寫作步驟讓學生實作；但更仔細地將所有步驟按主題，由淺入深地設計成系統性的現代詩寫作流程，對於本研究的幫助最大。不過此書要探討的範圍太廣，這個章節礙於篇幅的關係，論述不夠詳細。

最後是仇小屏的《下在我眼眸裡的雪──新詩教學》與《詩從何處來：新詩習作教學指引》二書。這兩本書所探討的現代詩創作，大體上也不出前面所討論過的範圍，且後者則較偏章法學的運用，與現代詩創作的方法關聯性不大。整體來看，仇小屏這兩本書，是基於實作練習的模式，所誕生出來的。語言淺顯易懂，設計出來能落實於教學上的可行性較高，是很適合教學者使用的現代詩創作用書。不過，在選錄學生的作品方面，有時會有良莠不齊的情形出現。白靈和蕭蕭的用書，同樣有放學生作品給讀者參考，但在放上去之前，會和學生討論，就詩性不足的地方，先做了刪改，才放於篇末給讀者欣賞；但仇小屏這兩本書，這個部分是設計學習單有餘，文字修飾的精密度不足，還有可以再改進的空間。

二　期刊論文

（一）期刊

「現代詩創作」相關的期刊，筆者所能收集到、且與本研究較為相關的，依時間排列如下：[20]

---

20 在此列出的期刊，僅以與「現代詩創作」相關的篇章，至於本研究第二章所探討的

序號	篇　　名	作　者	刊　名	出版年月
1	略談現代詩的創作精神語言及批評	張默	人與社會	1973.06
2	現代詩入門	蕭蕭	幼獅文藝	1982.03
3	新詩創作教學——藝術語言篇	劉渼	國文學報	1995.06
4	讓想像的翅膀飛翔——蕭蕭談現代詩教學	蔡長林、鍾怡雯採訪	國文天地	1995.06
5	思維與夢想——談新詩教學〔上〕	陳美桂	國文天地	1996.11
6	思維與夢想——談新詩教學〔下〕	陳美桂	國文天地	1996.12
7	現代詩教學課程設計與實踐	潘麗珠	中國學術年刊	1997.03
8	創意想像力的教學策略	蔡淑桂	創造思考教育	1999.04
9	新文藝教學設計〔三〕：國中現代詩教學設計「習作篇」以「車過枋寮」、「一枚銅幣」、「竹」為例	蕭蕭	國文天地	1999.04
10	由賞析「散文詩」引導初學者寫詩	蘇秀錦	國文天地	1999.06
11	現代詩與基本設計教學的應用研究	吳鼎武等	臺灣詩學季刊	2001.03
12	現代詩的長青志工——評《蕭蕭教你寫詩、為你解詩》	張春榮	文訊	2001.10
13	顏色的無限想像——談創意聯想	陳蕙安	國文天地	2001.11
14	一本現代詩習作教學的左右手——一首詩的誕生	蘇秀錦	國文天地	2001.11
15	詩的創作與譯述	葉笛	北縣文化	2003.09
16	走入新詩美麗的園地——新詩創作教學的幾個策略	閔秋英	國文天地	2004.11
17	詩的創意思考與廣告文案應用	嚴忠政	創世紀詩雜誌	2005.06
18	大家來教現代詩	林怜秀	國文天地	2006.01
19	「點鐵成金」「奪胎換骨」在現代詩中的應用——以鄭愁予的〈錯誤〉為例	林翠華	南榮學報	2006.05
20	論一首現代詩歌的創造"生成"	趙志方	中西文化研究	2007.06
21	靈魂的對話——「現代詩創作」教學方法研究	張梅芳	文傳學報	2009.08
22	通識理念下的現代詩教學設計：以輔英科大教學為例	陳淑滿	通識學刊：理念與實務	2016.10

「現代詩寫作教學理論」，及第三章的「現代詩寫作教學設計探究」中，所涉及到的期刊篇章，將標註於這些章節的行文當中，在此不另標明。

最早的一篇，為一九七三年六月張默的〈略談現代詩的創作精神語言及批評〉，最晚的為二〇一六年十月陳淑滿的〈通識理念下的現代詩教學設計：以輔英科大教學為例〉，前期（一九九四年以前）期刊發表者，談論的內容以詩語言的定義、現代詩的分類為主要敘寫對象，是現代詩尚在形塑的階段，所使用的舉例甚至還有古典詩歌的影子，與本研究「現代詩的寫作教學」頗有差距；後期則在現代詩創作教學有實務經驗的中學教師與大學教授為主，在教學設計上多有著墨與探討。

　　一九九四年九月，《台灣詩學季刊》第八期，有「新詩教學經驗談」專題，收錄楊文雄〈我的新詩教學經驗〉、楊師昌年〈「國立」台灣師範大學國文學系「新詩」教學〉、張健〈現代詩教學〉、趙衛民〈黃河之水天上來〉、焦桐〈迷人的陷阱——關於新詩教學〉、蕭蕭〈現代大學生需要什麼樣的現代詩教學〉、葦鳴〈新詩教學設計〉、沈志方〈現代詩教學管窺〉、游喚〈現代詩教學辛酸史〉，及由葉維廉、李瑞騰、尹玲、白靈、向明與會的〈現代詩教學座談會〉紀錄，共十篇作品。這個專題是給在各大學開「現代詩欣賞與創作」課程的教授們，一個分享如何教這門課的場域。以現在的觀點來看，當年現代詩課程的教法，有的過於簡略無從考證，有的甚至從古詩詞開始教起，有的面臨到大環境對現代詩輕視的壓力，有的則坦誠目前並未找到良好的教學模式……，對現代詩教學尚在摸索的階段，而現代詩創作教學更在草創時期，整體而言較偏情意式的勸導。

　　二〇〇〇年十一月，《國文天地》第十六卷六期，有「現代詩教學專輯」，收錄李敏勇〈關於一首詩的形成〉、吳清員〈我如何教「詩歌改寫」〉、林瑞景〈創意新詩教學——看水果寫新詩〉、陳嘉英〈在排列組合中尋找詩——新詩創作教學示例〉、仇小屏〈試談中學生新詩習作的批改〉、劉滌凡〈從語言學看現代詩神思的效用〉，共六篇作

品。李敏勇從創作詩的動機講起,而劉滌凡較偏向語言學的解析,林瑞景是教導中學教師自由創作,其他三篇,都是高中國文老師於課堂中的現代詩實作,無論是「詩歌改寫」、「詞類組合」,或是「批改原則」,比起前期都具體許多,對本論文的助益甚大。

就表格所列的內容而言,〈讓想像的翅膀飛翔——蕭蕭談現代詩教學〉及〈思維與夢想——談新詩教學〉中,都強調「欣賞先於創作」的觀點,並各自介紹詳細的賞析流程;〈論一首現代詩歌的創造「生成」〉及〈詩的創作與譯述〉,都強調「詩性思維」的重要,在現行的實作步驟之前,如能引導學生體會創作的「原動力」,能更有效掌握寫作的要點。〈創意想像力的教學策略〉、〈顏色的無限想像——談創意聯想〉、〈一本現代詩習作教學的左右手——一首詩的誕生〉、〈大家來教現代詩〉及〈新文藝教學設計(三):國中現代詩教學設計「習作篇」以「車過枋寮」、「一枚銅幣」、「竹」為例〉,則以各式各樣的教學手法,來鍛鍊學生的「聯想力」、「想像力」及「創造力」,給筆者許多教學上的設計巧思;〈由賞析「散文詩」引導初學者寫詩〉及〈新詩創作教學——藝術語言篇〉,則就修辭與語言錘鍊的技巧來做深入的探討,帶領筆者另一個思考的方向。〈走入新詩美麗的園地——新詩創作教學的幾個策略〉與本師潘麗珠教授的〈現代詩教學課程設計與實踐〉,分別就現代詩創作的「意象」、「語言」、「形式」及「韻律」,做系統性的課程設計,對教學實務參考價值極高。

綜上所述,現代詩創作教學相關的期刊,由早期以理論、評析為主,漸漸轉為大學教授、中學教師的教學實務經驗分享,代表現代詩創作教學,已於國文教學當中萌芽茁壯。其中,以發表在《國文天地》的文章數目最多,且大多為中學教師於課堂上的一到二節現代詩寫作教學課程,引領學生進行不同切入方式的現代詩創作遊戲,對於現代詩寫作的理論與步驟確立,提供了寶貴的資料。

（二）學位論文

　　現代詩寫作的相關論文中，最早的有二〇〇〇年秦素娥的《現代詩教學研究》[21]，其中的第四章為「現代詩的創作教學」，由於只是一個章節，能探討的主題較少，雖然論述中有涉及寫作步驟及放上學生實作，但系統性的建立不夠，且學生的作品良莠不齊，欠缺縝密的教學設計及作品修改方式讓人遵循。由於教學對象是高中生，於本研究的對象相同，第三章會對此論文做更詳盡的探討。

　　同一年尚有蔡麗敏的《國中現代詩創作教學研究》[22]，是針對現代詩創作而進行的研究論文。第一章為〈前言〉，說明研究動機、目的、內容及方法；第二章〈現代詩創作的基礎〉又分成判斷現代詩和散文的差異、養成閱讀和觀察的習慣兩部分，是現代詩習作的前置步驟；第三章〈現代詩創作的入門功夫〉強調引導學生「聯想」的重要，並進行想像、比喻、轉化的創作遊戲；第四章〈循序漸進的模擬習作〉則又分為「現代詩填空」、「猜題遊戲」及「現代詩的推衍續寫」三部分；第五章為〈創作教學的理論與實踐〉，主要是以修辭及章法學來分析及實踐；第六章則為〈結論〉。這本學位論文，就題目而言，與本研究最為相關，不過一來由於教學對象為國中生，進行的實作方式及學生實例，於本研究的難易度落差較大；二來此論文的第三章、第四章、第五章設計步驟的方式，無法清楚反映出創作課程的程序及脈絡，是本研究可以借鏡與反思的地方。

　　二〇〇四年賴玫君的《專題導向學習策略融入國中語文現代詩教學之研究》[23]，是一本探討「專題導向學習策略」應用於現代詩教學

21　秦素娥：《現代詩教學研究》（高雄師範大學教學碩士論文，2003年6月）。

22　蔡麗敏：《國中現代詩創作教學研究》（高雄師範大學教學碩士論文，2003年6月）。

23　賴玫君：《專題導向學習策略融入國中語文現代詩教學之研究》（淡江大學教育科技學系在職專班碩士論文，2005年6月）。

的用書，論文重點在引導學生藉由「專題」的方式，小組分工合作，完成「現代詩探源」、「現代詩創作與鑑賞」、「詩集製作」這三步驟，著重在分析、設計、發展、評鑑，亦即對此專題融入國中國語文課程的觀察，對於現代詩寫作的創作理論及批閱方式較無涉獵，且步驟的安排還可以更富有邏輯性。

　　二○二○年曾期星《國中現代詩教學設計及其實踐》[24]，依「感官聯想」發動，結合「譬喻」、「轉化」、「摹寫」以及「通感」四種表意辭格，進行一系列現代詩的教學設計與實踐，包括〈詩的意象和虛實〉、〈詩的修辭和聯想〉、〈詩的擴寫和續寫〉、〈詩的仿寫〉、〈一首詩的完成〉，搭配運用「意象九宮格」、「思維三角」、「現代詩分析模組」等模組，使學生經由實作逐步累積創作能力，最終完成一首詩。實作完成後，再依「美」「思」「力」三項創作能力的內容，來評定學生實作成果。此論文由意象出發，經由引導讓學生最終完成一首詩，循序漸進的教學步驟，與筆者的理念最為扣合，而後面前測與後測分析，更為深入。唯可能受限於對象是國中生，在整體的現代詩寫作教學步驟設計上，於豐富度、廣度，還有引導的多元及深度上，略有不足。

　　針對上述四本論文，筆者除了在理論方面再做釐清、整理外，將專就創作教學設計與實務來討論，盡力提供各步驟的具體解說及實際的作品呈現，以期協助有志於現代詩創作教學的教師在教學上的實作。

---

24 曾期星：《國中現代詩教學設計及其實踐》（臺北教育大學語文與創作學系語文教學碩士在職專班碩士論文，2020年6月）。

第三節 研究架構與方法

一 研究架構

本文《現代詩寫作教學研究》，側重於現代詩寫作教學流程的系統性建立及學生實作，最後將教學成果呈現，再重新檢討教學設計是否需要修正，全文共分為五章：

第一章〈緒論〉。對研究動機與目的、研究現況的探討、研究架構與方法，詳細陳述。說明筆者之所以研究這個課題的理由，最終的目的，是使現代詩寫作能徹底落實在國文教學之中。

第二章〈現代詩寫作教學理論〉。此章分為二節，第一節為「現代詩形式技法論」，內容又分為「意象論」、「語言論」、「形式論」及「韻律論」；第二節為「現代詩創作教學論」，內容再分為「行動研究理論」、「讀者反應理論」及「合作學習理論」。筆者企圖通過這些論點的整合，構築出現代詩寫作無論在形式或創作上的理論價值。

第三章〈現代詩寫作教學設計探究〉。此章為探討臺灣現有的現代詩寫作教學現況，分為「詩人的現代詩寫作教學研究」、「學者的現代詩寫作教學研究」及「網路現代詩創作遊戲」。藉由這三個面向，囊括現有的現代詩創作論述，並分項評析這些著作的優缺。

第四章〈高中現代詩寫作教學實踐〉。此章為本研究的研究重心，筆者將坊間所有的現代詩創作演練消化過後，建立出一套系統性的教學流程，除了鉅細靡遺地條列出教學步驟外，尚有實施這些步驟所花費的時間、可能遇到的問題、如何順利執行的小技巧，每個步驟之後另附上學生的寫作成果，提供給教學者當作參考，在執行時，也可以列印這些成果讓學生更清楚創作的方向。本章第二節，有筆者帶領學生在學校辦的「手工詩集展」，及「學生意見回饋表」的分析整

理，還有「學生作品成果」的報告呈現，將此章的實施成效補充得更為完整。

　　第五章〈結論〉。首先對本研究的成果加以說明，敘述「現代詩寫作教學研究」在教學上有其實施的必要性，及學生接觸整體教學流程後具體的成長與心得，以印證本研究的理論正確性。同時有對教學步驟的總檢討，期望以此研究，幫助中學教師能更順利地推行「現代詩的寫作教學」。本研究之架構與進程圖，見圖一：

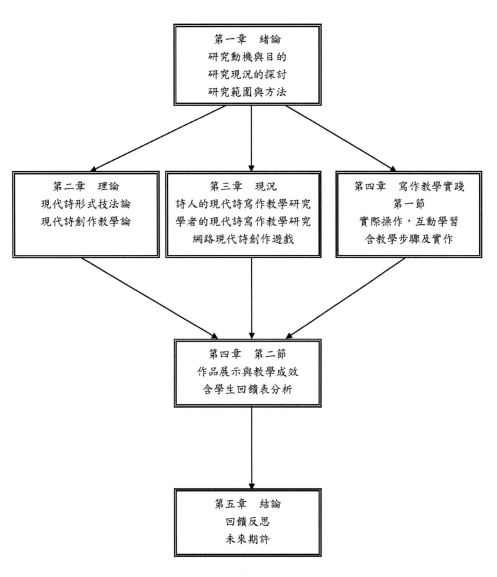

圖一　研究架構圖

二 研究方法

「現代詩寫作」經由知名詩人、學院派學者及各中小學教師的努力研究，使相關著作與期刊紛紛出籠。但不管是學位論文或是專篇，或與現代詩創作相關的專著，都未能建立一套富含理論及實作，使人便於遵循的現代詩寫作教學系統。為求本研究論述之完整，筆者採用下列四種研究方法：

（一）文獻探討法

文獻蒐集從早期現代詩創作理論的探析開始，以楊師昌年的《新詩創作與賞析》為起點，連結到現代詩寫作教學的應用：白靈的《一首詩的誕生》、《一首詩的誘惑》及《一首詩的玩法》；蕭蕭的《現代詩創作演練》，《現代詩遊戲》及《蕭蕭教你寫詩，為你解詩》；本師潘麗珠教授的《台灣現代詩教學研究》；仇小屏的《下在我眼眸裡的雪──新詩教學》、《詩從何處來：新詩習作教學指引》，以這幾本著作為開展核心，並以秦素娥的《現代詩教學研究》教學碩士論文及多篇單篇為輔，以求理論建樹上的完備。

（二）質性研究：「教室觀察法」

依據質性研究的五種特徵[25]，本文以實際教學場域（actual setting），筆者所教的班級[26]作為直接資料的來源，而筆者本身則是「研究工具」，為求深刻正確的體悟研究現象，研究者不僅是資料收

---

25 參見Robert C. Bogdan & Sari Knopp Biklen著，黃光雄主譯：《質性教育研究（*Qualitative Reserch For Education*）》（嘉義市：濤石文化出版社，2001年）。

26 一開始的兩個步驟為板橋高中高一118、119、120三個班的學生實作，後面大部分步驟在板橋高中高二202及220兩個班級的學生完成。

集者，也是資料意義的闡述者；才能掌握當時情境之行為的內在意涵。因此學生在學習現場所（即班級）中所經歷的學習歷程、成果實作等資料，均是本文研究探析的對象。

本文從研究過程蒐集而來的資料，是以文字或照片、圖像的形式呈現，不是量化而具體的數字（除回饋表封閉式題目外）。這些資料包括教學案例、學生作品、學習創作過程、學習單、照片、回饋表等紀錄，筆者試圖從這些豐富的資料來分析，並盡可能地接近這些資料的真實性與完整性。

質性研究的目的在於發現被研究者的信念、價值、觀點和動機，而且要從團體內部成員的觀點，了解這些信念和價值如何發展與改變；也就是要身歷其境，以親身的體驗，敏銳的眼光，將察覺到的意義和事實呈現出來。[27]因此，筆者在本研究中所關注的，不僅是成果，而是整個研究歷程，包括學生的佳作分享、小組之間的遊戲競賽及討論、現代詩寫作教學的歷程、學生個人的手工詩集等，並且應用歸納的方法來分析資料，歸結研究成效及整理成表格的方式呈現於論文當中。

（三）行動研究法

所謂行動研究，是「將『行動』與『研究』二者合而為一，由實務工作者在實際工作情境當中，根據自己實務活動中所遭遇的實際問題進行研究，研擬解決問題的途徑與策略，並透過實際行動付諸執行，進而加以評鑑反省回饋修正，以解決實際問題。」[28]行動研究的課程發展，是以改進課程問題、增進課程知識為目的。而課程專家歐

---

27 歐用生：《質的研究》（臺北市：師大書苑，1989年出版），頁1-34。
28 參考自蔡清田：《教育行動研究》（臺北市：五南出版社，2000年出版）。

用生認為「行動研究」與課程改革、學校本位課程發展、教師發展和質的課程評鑑結合，已成為引導學校教育改革的一種策略。[29]「行動研究」以實務問題為主要導向，重視實務工作者的研究參與，在實務工作的情境中，重視彼此的協同合作、對話、討論、溝通、協調、團體反省、批判，它的焦點在於立即性解決問題和即時的應用。因此，行動研究計畫是屬於發展性的反省彈性計畫，是不斷反省、修正研究問題的假設和研究方法，用以適應實際情況的需要。它的研究結果可改善實務工作，並可促進專業成長。

　　本研究的目的是為了鼓勵學生創作現代詩，筆者期望透過有系統的行動研究，從發現問題、蒐集教學資源、計畫策略、執行方案到評鑑的歷程中，改善實務問題並作知識分享，利用筆者所設計的一套現代詩寫作教學步驟，達到提升學生寫作能力、想像力及創造力的教學理想。

（四）合作學習法：「共同學習法」[30]

　　在現今的美國教學實務界，合作學習已成為教室課堂中經常被使用的一項學習策略，同時也被公認為教育改革中最成功的一個項目。究其原因，Slavin（1995）認為有三個主要的因素：其一，合作學習可以有效提升學生的學習成效，改善同儕間的人際關係，及提高學生的自尊；其二，合作學習有助於促進學生的思考能力，解決問題的能

---

29 歐用生：〈行動研究與課程教學革新──課程行動研究的問題與展望〉，《中華民國課程與教學學會》（臺北市：揚智出版社，2000年出版），頁225-239。

30 共同學習法是由D. W. Johnson及R. T. Johnson所發展出來的合作學習法，它特別強調積極互賴（positive interdependence）、面對面助長性互動（face-to-face promotive interaction）、個別責任（individual accountability）、人際與小組技巧（interpersonal and small group skills）及團體歷程（group processing）等五大基本要素的落實，適用於各學科及領域。

力、及統整應用的能力；其三，合作學習有利於促進不同背景（如種族、社經等）學生間的人際學習，培養出合宜的社會技能（social skills）。愛倫斯（R. L. Arends）亦認為，學生在合作學習的情境中，被鼓勵組成小團體的型態以承擔相同的學習任務，團體的形成包含來自各種族、文化、性別及不同學習成就者，以期完成共同的學習目標，包括：提升學業成就、習得多元包容及接納的態度、及良好的社交技巧發展（Arends,2004）。[31]

「共同學習法」實際之實施流程包括：課前決定、說明活動程序與完成作業的方法、學生進行小組合作學習、確定個別責任及表揚、小組反省檢討、及老師綜合講評。本研究之第四章〈高中現代詩寫作教學實踐〉中，即引用「共同學習法」的觀念，試圖透過活動的方式，指導學生在自我學習及同儕相互激盪之下，一方面理解現代詩的重要元素，一方面吸收現代詩的理論知識，並進入現代詩創作的殿堂，實踐由「引起動機」到「互助合作」再到「提升學習成就」的理想。

---

31 參考自黃政傑、吳俊憲：《合作學習：發展與實踐》（臺北市：五南圖書出版社，2006年9月初版）。

第二章

現代詩寫作教學理論

　　這個章節裡，對於現代詩寫作教學的理論，分為兩個部分來探討，即「現代詩形式技法論」及「現代詩創作教學論」。前者著墨於現代詩當中重要的四個元素，後者則著重在現代詩創作教學時可援引的教學理論，以下即做詳盡的理論分析。

第一節　現代詩形式技法論

　　現代詩當中最重要的四個元素，即為「意象」、「語言」、「形式」及「韻律」。這一節即以這四個元素，來進行「意象論」、「語言論」、「形式論」及「韻律論」的探討，各自分成「定義」、「內容」、「創作」這三個面向來做開展，希冀在現代詩創作教學之前，為現代詩的形式技法打好基礎。

一　意象論

　　意象一詞被廣泛運用，起始於現代英美詩壇的「意象派」詩人集團。[1]「意象派」在西洋源於一九〇八年英國批評家兼詩人休謨（T. E. Hulme, 1883-1917）組織了一個詩社，從一九〇九年春天起，社員每星期四在梭河聚餐並誦詩。最初參與者全屬英籍，稍後美籍詩人開始

1　簡政珍：《詩的瞬間狂喜》（臺北市：時報文化出版企業公司，1991年初版），頁100。

加入，形成所謂的「意象派」。這一群詩人對十九世紀的作品不滿，對創作技巧之創新有興趣，遂互相結成一群；「意象派」的形成，不僅是現代詩的濫觴，也是現代詩的縮影。傅孝先在〈意象派：現代詩的先河〉一文中提及休謨的主張：

> 要想掌握真實必須由直覺入手，而直覺是無法用抽象語言來表達的，唯有依賴意象。詩人的責任便是運用意象來表達直覺所體驗到的真實世界。這便是為何休謨（T. E. Hulme）重視意象的緣故。意象最基本的條件是具體明確。他強調創造不外是使空中樓閣逐漸固體化的過程。詩人千萬不能使用簡單的敘述，因為它毫無效果；必須永遠記住用譬喻，僅有譬喻方能創造另一個世界。[2]

在此，意象被定義為是一種「使空中樓閣逐漸固體化的過程」。除了西方之外，中國也有所謂的「意象」，如三國時的王弼〈略例明象〉篇所提到的「意→象→言」的關係：

> 夫象者，出意者也；言者，明象者也。盡意莫若象，盡象莫若言。言生於象，故可尋言以觀象；象生於意，故可尋象以觀意。意以象盡，象以言著。

如果我們把「象」解釋作「外在的景象」，「意」解釋為「內在的情思（心意）」，那麼這段話就是在說明：外在景象的浮現，是出自情思的作用（心意的活動）；而「言」（語言文字的活動），是為了顯現經由

---

2 傅孝先：〈意象派：現代詩的先河〉，收錄自《中外文學》第3卷第10期（1975年3月），頁9。

情思作用之後所浮現的景象。[3]從以上兩則可以確知，「意象」是將內在的情感具體化的過程。

　　「所有文類中，詩最倚賴意象的經營。」這是簡政珍在〈意象思維〉一文中的宣告[4]。陳瑞山也說：「詩是文學類型裡密度最大、最集中的形式，而意象便是構成詩做為有機生命體的重要血脈。」[5]由此可知，現代詩的創作當中，意象的經營是最為重要的。本篇「意象論」中，先為其下一個定義，再談現代詩中意象的經營，最後討論意象教學在創作當中需要注意的部分。

（一）意象之定義

　　詩人艾略特（Thomas Stearns Eliot, 1888-1965）說：「表情達意的唯一藝術方式，便是找出『意之象』，即一組物象、一個情境、一連串事件；這些都會是表達該特別情意的方式。如此一來，這些訴諸感官經驗的外在意象出現時，該特別情意便馬上給喚引出來。」可知，意象是詩作品基本的構成單位，意象即為物象與心象結合的過程。關於「意象」的定義，歷來詮解不一，筆者在此依序舉一些名家詩人對「意象」所做的定義，再進行歸納統整。

　　覃子豪提到：

> 詩的本質，既基於詩人的想像，使想像凝固而給讀者以美感的
> 印象的，便是意象。意象是經過了詩人對事物印象陶冶之後的

3　本師潘麗珠教授：〈從「女低音狂想曲」談現代詩的意象經營〉，收錄自《中國學術年刊》第16期（1995年3月），頁182。

4　簡政珍：《詩的瞬間狂喜》，頁100-105。

5　陳瑞山：〈意象層次剖析法──並試辨羅門的超現實之謎〉，收錄於《門羅天下》（臺北市：文史哲出版社，1991年），頁99-117。

再現；這再現的印象，經過了詩人的思想和感情的淨濾後的創
造，已不復是詩人初步攝入的印象，而成為可感的意象了。故
為想像的詩境，非現實的「實境」，但具有藝術的真實感。[6]

覃子豪對意象的定義，為「詩人對事物印象陶冶之後的再現」，且是
屬於「想像的詩境」，而非現實的實境。商禽則認為：

在詩中，「文字」的職責是「意象」的表現，在詩中「文字」
是事物的「象徵」，而不是「意義」的傳譯。意義是可解的，
而意象要求被感受。如果我們全官能的開放去讀一首詩，我們
便已經為那詩中的意象在心中準備了舞臺，那些意象才能次第
的，重疊的在那裡上演。[7]

對商禽而言，「意象」表現而成文字，是象徵詩人心中的圖象，
且詩中的意象是可以讓讀者在心中「重疊的上演」的，這樣的解讀讓
「意象」更為動感。蕭蕭在〈意象是詩的第一面貌〉一文中指出：

詩以文字形成意象，音樂以音符形成意象，美術用色彩形成意
象，雕塑的意象則藉木石而呈露。換言之，詩人心中的
「意」，必須轉化為「象」，才能傳達到讀者心中，讀者再經由
此「象」還原出詩人心中的「意」，因此，讀者所獲得的意是
否相當於詩人心中原來的意，那就要看「象」的轉化與還原所
擔負的能力如何……不論是具象或是抽象，都能成為意之傳達

6　覃子豪：《論現代詩》（臺北市：普天出版社，1971年11月再版），頁22。
7　紀弦主編：《八十年代詩選》（臺北市：濂美出版社，1976年初版），頁254。

的工具。象，在於「能象」，不在乎是真象或假象，具象或抽象。詩情畫意，都必須有象可循。[8]

由上文可以讀到，「象」必須要有所選擇，以能轉化及還原詩人心中的「意」的為最佳。簡政珍說：

> 形象經由意識轉化成意象，詩是詩人意識對於客體世界的投射。意象是詩人透過語言對客體的詮釋，是詩人的思維。既是思維，它牽涉到觀察的角度。意象的輪廓經由語調、敘述人稱呈顯。詩人對人生的感受不是搬用既有的形象，也不是藉由抽象語的理念。他將一切的感悟濃縮成意象。讀者從意象裡看到詩人的智力與才情。[9]

簡政珍認為，意象是「詩人透過語言對客體的詮釋，是詩人的思維」，同時也是詩人的智力與才情的展現。

　　綜上所述，「意象」兩字主要的差別，在意是意境，象是形象，兩者結合成一個有意之象；且意是內心，象是外象，內在之意借外在具體事物、行為、感官等「象」來表達。「意象」的作用在傳達詩人心中的世界，一首詩的好壞，就在於詩人能否嫻熟地營造「意象」，使這個「象」能成功地承載並轉化詩人心中的「意」，讓讀者在閱讀詩作時，能生動精準地使詩人心中的圖像「再現」。

　　如果詩作只注意詩句的流暢與音調的和諧，而未注意意象的創造，則詩缺少意象的傳達，便成為情意的說明，而不是藝術的呈現。

8　蕭蕭：〈詩與詩人──現代詩泛論──意象是詩的第一個面貌〉，收錄自《文藝月刊》第129期（1980年3月），頁74。

9　簡政珍：《詩心與詩學》（臺北市：書林出版公司，1999年12月初版），頁100。

情意的說明不能給讀者深切的感觸；唯有情意藉意象來表現，才能深植讀者腦中，由腦到內心，給予讀者強烈的感應。

　　由此，我們可以肯定，就詩歌創作的立場而言，「意象」的經營，是現代詩創作當中，不可或缺的元素。

（二）意象之經營

　　詩要能感人動人，必須出之於意象。如跟人說：「妳好美。」遠不如以譬喻來描摩外在的形象，如《詩經》〈衛風〉篇當中的〈碩人〉：「手如柔荑，膚如凝脂。領如蝤蠐，齒如瓠犀。螓首蛾眉，巧笑倩兮，美目盼兮。」來得更令人印象深刻。現代詩當中，意象經營是否成功，常是決定一首詩是好是壞的關鍵。究竟該如何經營現代詩當中的意象呢？以下即舉詩作來做說明，如紀弦〈狼之獨步〉：

> 〈狼之獨步〉　紀弦
> 我乃曠野裡獨來獨往的一匹狼。
> 不是先知，沒有半個字的嘆息。
> 而恒以數聲悽厲已極之長嗥
> 搖撼彼空無一物之天地，
> 使天地戰慄如同發了瘧疾；
> 並刮起涼風颯颯的，颯颯颯颯的；
> 這就是一種過癮。

紀弦在中國現代詩壇上，一向是獨來獨往的人物，這首〈狼之獨步〉，允為他的自畫像：「在中國詩壇上，他的出現猶如狼之獨步於曠野，那該是多麼目中無人，多麼矜持，多麼令人過癮的事」[10]。

10　張默：〈淺談現代詩的欣賞〉，收錄於《文藝月刊》第99期（1977年9月出版），頁72。

　　全詩只有七行，只捕捉一個意象：「狼」，形容狼在曠野上獨步時的卓爾不凡，而這匹狼就是作者自己。作者在此刻畫出來的狼，雖是孤獨的，但並不寂寞；「我乃曠野裡獨來獨往的一匹狼」，隱隱有自得的味道。「而恒以數聲悽厲已極之長嗥／搖撼彼空無一物之天地，／使天地戰慄如同發了瘧疾」，意想以一己之發聲，搖撼廣漠大眾，使大眾及整個詩壇「戰慄」，最末兩句：「並刮起涼風颯颯的，颯颯颯颯的；／這就是一種過癮」，一連使用六個「颯」字，增加此詩的音響效果；此兩句將作者的才氣與自負表現得淋漓盡致，令人擊節稱快。這首詩是以「狼」這個意象自喻，全詩其實就圍繞著同一個意象來作刻劃，這樣的經營方式是很容易學習的。

　　除了圍繞同一個意象之外，也可以學習另一種經營方式，如洛夫〈子夜讀信〉：

　　　〈子夜讀信〉　洛夫
　　　子夜的燈
　　　是一條未穿衣裳的
　　　小河

　　　你的信像一尾魚游來
　　　讀水的溫暖
　　　讀你額上動人的鱗片
　　　讀江河如讀一面鏡
　　　讀鏡中的你的笑
　　　如讀泡沫

洛夫一向善於創造語言，塑造繁富的意象，他的詩也以意象濃密瑰奇

著稱，簡政珍說：「以意象的經營來說，洛夫是中國白話文學史上最有成就的詩人。」[11]這首〈子夜讀信〉，意象並不繁富，而貴在「晶瑩如一顆小小的鑽石」[12]。

作者於深夜展讀朋友的來信，此詩第一段，即以一個鮮明的意象吸引住讀者：「子夜的燈／是一條未穿衣裳的／小河」，將夜晚渲染上一層詩意而浪漫的色彩；而高妙的是，全詩的意象，都圍繞著第一段的「小河」來做經營。燈是「一條未穿衣裳的小河」，那麼信，就「像是一尾魚游來」，在溫暖明亮的河水裡悠游自得，且化用「魚雁往返」的典故，自然不落俗套。後面的句子：「讀水的溫暖」、「讀你額上動人的鱗片」、「讀江河如讀一面鏡」、「讀鏡中的你的笑／如讀泡沫」，也無一不是由第一段的「小河」意象延伸而來；你的信是溫暖的，文字是動人的，我讀到你的信，就如同回到了我們曾共有過的回憶，想起了你的一言一語，你的面貌笑容，驟起驟滅，如同泡沫，短暫而又深刻。

此詩有統一的意象貫串到底，一氣呵成，各個意象之間有著邏輯上的關連，能讓讀者輕易理解詩意，卻又不影響詩中意象本身的飽滿。如果說〈狼之獨步〉全詩只有圍繞「狼」這個意象，那麼〈子夜讀信〉就是以一個意象「小河」為主題來做開展，其他的都是「小河」意象的延伸。這樣的意象經營方式，能夠很快讓創作者抓到要領，也能使讀者在閱讀詩句時，有跡可循，不致墮入晦澀難解的現代詩迷思。

客觀事物的種類繁多，因此現代詩在意象中的表現也不勝枚舉。根據何邦泰、焦堯秋合著的《形象思維學概論》一書中指出：「意象

---

11 簡政珍：〈洛夫作品的意象世界〉，收錄於蕭蕭所編的《詩魔的蛻變》（臺北市：詩之華出版社，1991年出版），頁61。
12 張默：〈淺談現代詩的欣賞〉，收錄於《文藝月刊》第99期（1977年9月出版），頁74。

的種類是以攝象的分類為基礎，再加上意造新象的思維特點所能反映出事物的本質而確定意象的種類有：動態意象、靜態意象、局部意象、整體意象、無形意象、隱形意象、變形意象等七項」[13]，這七項分類，主要是針對詩文當中的意象，給予定義及分類，與筆者在此所要探討的「意象經營」及之後要探討的「意象與創作」較無關連，在此不做開展。

（三）意象與創作

　　現代詩創作當中，最重要的，是意象的經營。將心中抽象的情意具體化為富渲染力道的文字，使讀者自然在心中產生圖象，成功接收到作者心中的情意，就是一首詩好壞的關鍵。但是，意象經營在現代詩創作中，仍有過猶不及的毛病。若一首詩全部是情意的闡述，而缺乏意象的雕琢，那固然毫無詩意可言；但若一首詩當中，句句力求表現，一句一個意象，那卻又雕琢太過，令讀者喘不過氣。

　　洛夫向有「意象大師」之稱，詩學家李英豪在〈論洛夫《石室之死亡》〉中指認：「洛夫是最能使意象及修辭的張力達到自給自足的一個。」[14]就意象而言，洛夫可說是「興多才高」、「仗氣愛奇」，乃至「不惜時而犯一些因詞害意的錯誤，尤其在前期的《石室之死亡》等作品中，甚至給人以跡近『雕琢』的印象。」[15]，以下即舉這個時期的作品為例來觀看：

---

13 何邦泰、焦堯秋合著：《形象思維學概論》（南寧市：廣西人民出版社，1989年1月第1刷），頁98。

14 李英豪：〈論洛夫《石室之死亡》〉，原載香港《好望角》雜誌第11期，見侯吉諒主編《洛夫〈石室之死亡〉及相關重要評論》（臺北市：漢光文化事業公司，1988年），頁90。

15 沈奇：〈現代詩的美學史〉，收錄於《洛夫世紀詩選》（臺北市：爾雅出版社，2000年5月20日初版），頁16。

〈石室之死亡〉　洛夫

一

祇偶然的昂首向鄰居的甬道，我便怔住

在早晨的虹裡，走著巨蛇的身子

黑色的髮並不在血液中糾結

宛如以你的不完整，你久久的慍怒

支撐著一條黑色支流

我的面容展開如雲，苦梨也這樣

而雙瞳在眼瞼後面移動

移向許多人都怕談及的方向

我是一株被鋸斷的苦梨

在年輪上，你仍可聽清楚風聲，蟬聲

洛夫早期的詩作，尤其是《石室之死亡》一書，「詩的語言張力皆被撕扯分割於局部，著力於句構，不求篇謀，是以意象密集，氣息沉鬱，有濃得化不開的語境，讀之處處怵目，步步驚魂」[16]，這樣的意象經營，給讀者的閱讀感受是壓迫的，為求意象的奇詭而壓縮了詩作的濃度，使讀者不易親近。

又如本師潘麗珠教授在〈從〈女低音狂想曲〉談現代詩的意象經營〉[17]中，以林燿德的〈女低音狂想曲〉第二段為例[18]，逐一爬梳此

---

16 沈奇：〈現代詩的美學史〉，收錄於《洛夫世紀詩選》（臺北市：爾雅出版社，2000年5月20日初版），頁16。

17 本師潘麗珠教授：〈從〈女低音狂想曲〉談現代詩的意象經營〉，收錄於《中國學術年刊》第16期（1995年3月出版），頁179-188。

18 林燿德〈女低音狂想曲〉第二段原詩如下：「請不要再拒絕擁抱自己不要再以沈默取代自己的聲音／我蜷捲肉身呼吸著腋毛與乳腺交織蒸散的奇異氣息／緊繃背肌，冥想一座覆上雷獸皮膜的龐碩銅鼓／聆聽，聆聽子宮內部空空寂寂的陰冷迴聲／也

段的「圖象」：

一、呼吸著腋毛與乳腺交織蒸散的氣息的「蜷捲肉身」

二、一座龐碩的、覆上雷獸皮膜的「銅鼓」

三、有陰冷迴聲的「子宮」

四、赤艷的動脈

五、花崗石般的大氣

六、黃道帶上、冰河期前徜徉地球的曼妙珍禽

七、無數金綠斑紋、蘊含珍珠的扇貝

八、懸崖上帶著鬚根的城堡

九、黎明前的霜林與一整片矢車菊

十、在輪盤中追撞的琥珀丸子

十一、張開雙臂有如翅膀的軀體

十二、掙扎上岸的魚

十三、滿月的大海

十四、鼓噪的蟾蜍

十五、千萬枚蠕動甦醒的化石蛹

許我將用靜脈書寫自己的墓誌銘，在此之前／我卻要以赤艷的動脈噴湧我的詩／撥開花崗石般的大氣我眺望母系世界的紫色記憶／伸手拍醒黃道帶上那冰河期前徜徉地球的曼妙珍禽／莊嚴地唱出我的，我們的低音合響／讓女性狂恣的創造力在幼想曲的旋律中釋放／飄流出無數金綠斑紋、蘊含珍珠的扇貝／從懸崖上拔升帶著鬚根的宏偉城堡／一整片矢車菊在霜林的黎明前聳然站起／我聽見體內所有的基因騷動如琥珀丸子在輪盤中追撞／於是我伸展軀體張開雙臂呼喚自己的翅膀／如第一隻掙扎上岸的魚呼喚自己的手足／在化妝術和農耕術發明以前／在脆弱的神經系統攀緣到顏面肌以前／滿月的大海，蟾蜍沙啞地鼓噪／一小撮泥土連結整顆星球／這個世界已經準備完成／我知覺千萬枚化石的蛹甦醒蠕動在腳下／一尊唯美的維納斯瞬間粉碎／粗拙的地母從石膏的假相中脫胎而出／這胸前結滿纍纍乳房的神祇現身逆光的地平線上／此刻她的額頭觸及金星，回復太古時代的高度」。

十六、粉碎的維納斯石膏
十七、胸前結滿纍纍乳房、額頭觸及金星的神衹

這些圖象誠如洛夫所言：「只感到一排排詭奇而強烈的意象逼人而來，致使在閱讀中幾無喘息餘地。」[19]此詩固然為氣勢磅礡之作，但短短一段當中，竟有十七種圖象需讀者仔細想像解讀，的確無法避免本師潘麗珠教授所說的「讀者的精力已在目不暇給的昏眩和氣勢的震懾中消耗殆盡」[20]的情況。這兩首詩，都不免犯有意象太過繁富的毛病，令人讀來望之卻步。究竟該如何安排意象，才能算是成功的現代詩創作呢？

現代詩創作當中，意象的經營，必須要注重「留白」的原則。要能「合理使用意象，在敘述性語式清清簡簡疏疏朗朗地娓娓道來中，於不經意處生發意象，輝耀全篇，使熟句（非意象語）變生，生句（意象語）變熟，張弛之間，妙趣橫生」[21]。以往教學者著重在教導學生化用意象，主要是希冀達到刺激聯想、激發學生想像及運用字彙的能力，但若只著重佳句，雕琢太過，反而無法有佳篇的產生。意象經營必須留意「要有足夠的空間，詩句不能句句爭先，一直處於高亢的情緒當中，必須犧牲某些句子以調節意象的節奏，這是意象疏密的邏輯性，也是意象剪裁的問題」[22]，若能在一首詩中極力刻劃同一個意象，或是抓緊一個主題做延伸，詩句之間的邏輯性變強，讀者也較易順著作者的思維，抓住作者隱微的幽思，並且保留足夠的空間，讓讀者自行以想像去填滿，詩作會更有韻味。

---

19 見洛夫所寫決審意見〈意象逼人而來〉一文，《中國時報》，副刊，1994年10月31日。
20 本師潘麗珠教授：〈從「女低音狂想曲」談現代詩的意象經營〉，頁180。
21 沈奇：〈現代詩的美學史〉，收錄於《洛夫世紀詩選》，頁17。
22 本師潘麗珠教授：〈從「女低音狂想曲」談現代詩的意象經營〉，頁188。

二　語言論

　　現代詩的創作當中，除了意象的經營外，最重要的，就是語言的精鍊了。為何要用「語言」二字而非「文字」呢？向明在《新詩50問》中有提到：

> 　　說詩是語言的藝術是現代主義盛行以後的主張。法國象徵派詩人梵樂希曾經說過一句話：「我們不是用思想或感情寫詩，而是用語言。」為什麼會說是用語言？因為思想與感情是散漫無章，也是粗糙直接的，如果原封不動的用文字紀錄下來，也會是一堆散漫粗糙直接的文字，不具備詩的條件。而所謂詩的語言其實仍是以文字作工具，祇不過是經過藝術手法篩選出來的文字，透過這種技巧性文字顯現出來的思想情感將具精純簡鍊的美感，同時更有含蓄沉穩的深度。換言之詩的語言是經過思考推敲後的文字表現。（頁48）

　　向明認為，詩的語言就是使用具藝術手法篩選出來的文字，兼具美感及深度，即經思考推敲後的文字表現。那怎樣才能算是「詩的語言」呢？歸納起來，最重要的兩個字，就是「精鍊」。詩是最精鍊的語言藝術，在詩的創作中，會要求「能用一個字表達的，不用兩個字」、「用這個字最好，就決不用另一個字」，所以詩的創作者往往是「捻斷數根鬚」地尋找「最恰當的字眼」，當然，有時也難免有搜索枯腸而不得的苦惱；古代詩人有所謂「苦吟」的說法，甚至到了「二句三年得，一吟雙淚流」的地步，都是為了這個原因。
　　究竟該如何才是好的「詩的語言」呢？精鍊是否等同於晦澀？明朗是否等同於毫無「詩意」？本論文以下即針對這些問題，做簡要的

爬梳；先為「詩語言」下一個定義，再看「語言精鍊」的例子，最後歸結到「語言與創作」之間的關係，為「詩的語言」做一個系統性的呈現。

（一）詩語言之定義

承上所述，究竟何謂「詩的語言」？覃子豪對詩語言的定義為：

> 詩的語言，應力求注意的是：新鮮、精確、簡鍊、生動、優美。這幾個原則看起來很簡單，實際上頗難達到。因為，語言有其時間性，某一時代有某一時代的語言，過了時的語言，就成為與生活缺少關聯的死的語言。詩追求活的語言。[23]

這裡除了說明好的詩語言的特點為新鮮、精確、簡鍊、生動、優美之外，還強調其「時代性」，好的詩語言應是能符合時代潮流，以這個時代的語言來做最完美的表達。

詩的語言除了要符合以上的特點外，從中也能看出一個詩人的才華。白萩說：

> 語言的力量產生在語言找到新的關聯時才迸發出來，一句非常簡單的語言，只要找到新的適當的關聯使用，便能衝擊人類的精神到一生難忘的境地。操作語言尋找新關聯的能力，便是詩人能力的指數。[24]

詩的語言是具有力量的，在適當的聯結下，一句簡單的話甚至可以

---

23 覃子豪：《覃子豪全集》（臺北市：覃子豪全集出版委員會，1965年），頁237。
24 白萩：《現代詩散論》，臺北市：三民書局，1972年出版。

「衝擊人類的精神到一生難忘的境地」。當然，詩的語言也非常要求「精鍊」，蕭蕭說：

> 現代詩企圖以最精少的語言來表現詩的深奧，廣大和無限。……詩的語言並不圍限在某些已被認知的字彙上。[25]

綜上所述，所謂「活的語言」、「操作語言尋找新關聯的能力」，以及「用最少的字來表現詩的深奧廣大和無限」，這些都已掌握現代詩語言的重要特質。其中整理的最完善的，莫過於張默了。張默說：

> 創造中國現代詩的語言，應該注意到下列數點：
> ①詩的語言必須確切。
> ②詩的語言必須放射以及產生最大的歧義性。
> ③詩的語言必須獨立，而沒有過多的敘述性甚至附屬性。
> ④使用方言，俚語，甚至外國文字，必須有其表現上的理由。
> ⑤詩的語言要由作者自己努力不斷的創造。（重複自己，抄襲別人都是不應有的現象。）
> ⑥詩的語言是「未知」。[26]

以上是張默對現代詩的語言，下的一個堪稱「多元」的定義。不過，就張默而言，在定義以上數點前，也不禁坦誠「雖然寫詩寫了廿多年，但是要我給詩，給詩的語言下一個明確的定義，我是辦不到的」，只能「一再重複T‧E‧休姆的話：『恒追求那硬的，確定的、個

---

25 蕭蕭：《鏡中鏡》，臺北市：幼獅出版社，1977年出版。
26 張默：〈略談現代詩的創作精神語言及批評〉，《人與社會》第1卷第2期（1973年6月出版），頁60。

人的字』，我以為這是對創造詩的語言最好的詮釋」。由此可見，要明確定義何為「詩的語言」，是有其困難性的。

　　歸納起來，好的現代詩語言，一定具備「凝鍊」及「歧義性」的特質。然而，這些特質是否等同於「晦澀」？答案當然是否定的。一首詩的耐人尋思，並不一定非以晦澀來表現不可，淺顯易懂的文句，一樣能鼓動每一根陌生的心弦，在陌生的讀者心底有了真正的生命。以明朗、純淨的語言，去表達內心豐富的情感，反倒因為不刻意作字辭的修飾，著重呈現的是整首詩的詩質，使得整首詩有深刻、完整的意象，能更輕易與讀者產生共鳴，這也就是成為一首好詩的條件之一。

（二）語言之精鍊

　　現代詩當中，語言是否精鍊，能否以最少的字涵蓋最多的詩意，常是決定一首詩格局高低的關鍵。在教學現場中，該如何讓學生了解何為「詩的語言」與「散文的語言」呢？其實要讓學生體會詩與散文的不同，最基本、最好的方式，就是將此二者對照起來，一目瞭然。如下表：[27]

---

27 仇小屏：《下在我眼眸裡的雪——新詩教學》（臺北市：萬卷樓圖書公司，2001年2月初版），頁87-88。

表一　詩與非詩的比較

非詩	詩
窗外，雨一直下著，時間流逝，夜越來越深	敲窗的雨聲／來不及開口／夜已經深了（馮青〈無題〉節選）
被深深的思念折磨著，時間過得如此之慢	而遭思念長吻住的愛啊／一分鐘竟比一個峽谷寬（白靈〈愛與死的間隙〉節選）
我又跌入回憶之中	往事影子般潛伏過來了（焦桐〈往事影子般潛伏過來了〉節選）
地表上的萬事萬物，彷彿都在傳遞著一個訊息	我把整個地球／濃縮成一個訊號（羅青〈登U洲臺歌〉節選）

讓學生多看一些這類散文與詩句的比較表格，且讓他們多多嘗試將散文句轉化為詩句的練習，可以幫助他們創作出精鍊的文字。此外，渡也對新詩與散文之間的區別歸納如下：

①在文法上，詩文法往往是跳躍性的，散文文法則是因果性的、邏輯性的。

②新詩較重濃縮、壓縮，透過去蕪存菁、精煉，透過象徵、比喻等技巧，使詩具有含蓄之美，給讀者較多想像的空間。

③詩多用曲筆表達，散文則常用直筆。

④比較而言，詩是以「點」，且是以「跳點」方式表達，散文則是以「線」的方式表達。[28]

---

28 渡也：《新詩補給站》（臺北市：三民書局，1995年12月初版），頁191-196。

這些也是判讀詩或散文之間差異的好方法。除此之外，精讀一些好的詩作，也有助於理解何為「精鍊的語言」。如許悔之的〈絕版〉：

〈絕版〉　許悔之
妳我相遇於風中
彼此用手掌
小心翼翼地將這段相逢
呵護成唯一的序
早在遙遠的三千年前
便寫入蒹葭的傳說裡
如今
風翻開的每一頁
都不可圈點
是孤本，且永遠絕版

這首〈絕版〉是在描繪詩人對一段過往感情的失落與傷懷。在這裡，詩人藉著「絕版」之含意傳達出心中那一份失落而不可再得的感情。詩題上，「絕版」二字可說是用的非常貼切；而詩行中，也可看到許多與書籍相關的辭彙，如「序」、「寫入」、「翻開」、「頁」、「圈點」、「孤本」、「絕版」等等。透過這些辭彙，詩人不僅呈現了心中所欲表達之情，更使得整首詩，擁有了藝術性。

　　王國維在《人間詞話》曾經提到：「《詩》〈蒹葭〉一篇最得風人深致。」〈蒹葭〉第一段：「蒹葭蒼蒼，白露為霜。所謂伊人，在水一方。溯洄從之，道阻且長；溯游從之，宛在水中央」，那種戀慕所愛之人卻又無法接近的心情，使得整首詩餘韻猶存。而當詩人在記憶深處，每每再次圈點、閱讀「那段相逢」、「惟一的序」時，序中的每一

字一句將再次觸動詩人傷口；風翻開的每一頁、一圈點，易感的心將
再度悲從中來。這一份失落的情感已不可再得，重新翻閱亦令人感
傷，但在詩人心中它卻是無可取代的，所以詩人感慨的說：「是孤本，
且永遠絕版」。短短一首小詩當中，除了意象環環相扣之外，語言的
簡淨豐富，讓全詩氛圍統一，深情耐讀。詩的語言，誠如向明所說：

> 「外形凝煉，而內蘊深永」是詩的應用形象。所以唐代大詩人
> 劉禹錫就認為詩應該是「片言可以明百意，坐馳可以役萬
> 景」。王維也認為該以「咫尺之圖寫千里之景」的這種最高圖
> 畫境界來要求詩。由於要像這樣「一粒沙中藏大千」，所以詩
> 應該是「藏深思於語言之中，發天趣於撲題之外」。這樣詩才
> 會有言外之意，含蓄不盡，予人啟發。[29]

由此可知，語言的精鍊是現代詩創作中不可或缺的元素，而精鍊的
目的，是為了創造出富有言外之意的詩句，從而達到餘韻不絕的最高
境界。

（三）語言與創作

　　現代詩中的語言，就讀者閱讀的立場來說，希望經由作品的語言
淺顯、風格明朗，進入詩人營造的意象中，了解詩的內涵與產生的心
靈共鳴；另一方面就創作者的立場而言，詩人可以為創作而創作，抒
發自己的心情和想法，吸取西方超現實主義書寫的特色，採用實驗性
的語言，改變語言的表達規則，開創自己一條新的路，不需為任何人
負責，為自己而創作。這兩種不同的面向，若各自往極端發展，影響

---

29 向明：《新詩50問》（臺北市：爾雅出版社，1997年），頁24-25。

所及,就會產生詩的語言或過於散化,或過於晦澀的弊病。

　　張默說:「中國現代詩目前在語言方面的缺失,至少包括以下幾項:即『散文化』、『概念化』、『舖陳化』和『粗俗化』。」簡而言之,「散文化」意謂著信筆塗鴉,誤以為現代詩即散文的分行,或者是詩人對語言的怠忽所致;而「概念化」則是詩根本無意象可言,內容除了名稱的連綴之外一無所有;「舖陳化」往往是因為作者的野心太大,明明用廿行可以完成,卻寫成四十行,造成結構鬆弛;而「粗俗化」,有時候是詩壇盛行寫鄉土與社會性詩的負面影響,一任語言胡亂的泛濫所導致。[30]這些都是在現代詩創作上,所要極力避免的問題。除了張默所探討的這幾點外,現代詩當中的語言過度「晦澀」,也是一個極為重要的議題。

　　洛夫之所以成為褒貶兩極化的爭議對象,關鍵在於「晦澀」二字。超現實的自動書寫,對當時現代詩的語言影響頗大,它造成詩的意識流寫法,對語言的直接影響,即打破語法的成文與不成文規定,有的甚至被過分扭曲,而誇大與不合邏輯性成了此時語言的最大特色,這種顛覆閱讀的語言習慣,成了詩語言的革命。本論文在「意象的經營」當中,亦曾探討過洛夫的〈石室之死亡〉,意象層層逼近,語言過度晦澀,而造成讓讀者不易親近的問題;這也是近現代以來,諸多讀者或學生視現代詩為畏途的重要因素之一。

　　一個好的現代詩創作者,如果能勇敢地革除以上這些語言上的弊病,他的作品一定能達到相當程度的改善。筆者最後以向明的話來作結:

---

30 張默:〈現代詩的語言──回顧與檢討〉,《明道文藝》第35期(1979年2月出版),頁61。

> 詩之為詩的基本條件是除了讓人明白了解之外，仍須含有無限
> 的言外之意，讓人去玩味……理想的詩的語言應是知性與感性
> 並重，讓具體而鮮活的意象來感動人的語言，決非平舖直敘的
> 散文的語言，也非符咒似的一團黑漆的語言。[31]

教學者如能切實掌握詩的語言的疏密，選擇一些質量俱精的詩作給學
生多方閱讀，必能有效提昇學生鍛字鍊詞的能力，無論在現代詩創作
及作文教學上，都能避免過度口語化的弊病，文字會更加典雅優美。

三　形式論

　　詩的形式遊戲由來已久，如蘇伯玉妻所作的〈盤中詩〉[32]、竇滔
妻〈璇璣圖〉[33]等，蘇軾也作過「神智體」[34]的〈晚眺〉[35]，可見詩的
形式遊戲古今皆然。高友工指出形式之於詩的重要性：

31　向明：《新詩50問》，頁48-49。

32　〈盤中詩〉是晉代蘇伯玉之妻所作名詩。伯玉使蜀，久不歸，其妻於長安作此詩以
　　寄，傾訴思念之情。全詩二十七韻，四十九句，寫在一盤中，故名「盤中詩」。屈
　　曲成文，從中央以周四角，寓宛轉纏綿之意。盤中詩實不屬迴文詩，因不能回讀，
　　不過詞序上的經營，也同後來的迴文有些相似，故也不妨說是迴文的先導。見：
　　http:// www.yasue.cc/si_chui2.html。

33　〈璇璣圖〉網址：http://home.educities.edu.tw/f5101231/indexk7.html。

34　所謂「神智體」，指以意寫圖，使人自悟，因為設想新奇，啟人神智，故名「神智
　　體」。神智體是在空間上作字形大小，筆劃多少、位置正反，排列疏密……等的巧
　　妙利用。

35　〈遠眺〉這幅「畫」中，亭字長，景字短，「畫」字下面沒有作行體字的「人」
　　字，「老」字寫得特別的大，「拖」字打橫，「筇」字竹頭特細，「首」字反寫，
　　「雲」字被拆開成為「雨」、「云」，「暮」字下方的「日」斜寫，「江」字中間的直
　　豎作曲狀，「蘸」字倒放，「峰」字的山部在側邊。於是〈遠眺〉一詩讀作：「長亭
　　短景無人畫，老大橫拖瘦竹筇。回首斷雲斜日暮，曲江倒蘸側江峰。」

詩的形式在創作過程的形成中起著不可或缺的作用。因而,在一首成功的詩作中,形式是詩人構思中不可或缺的一部分,它與詩人意境的實現不可分離。只有這樣,形式才能稱得上具有了自身的「形式的價值」……在這形式價值的背後還存在各式各樣的問題,諸如詩人如何在形式所限定的範圍內構造他的詩作,他要選擇什麼樣的主題加以表述,為什麼是這一種形式而不是另一種。正是這一包含了如此眾多的玄奧而有趣的問題的撲朔迷離的領域,我把它稱之為「潛在的美學」。它是「潛在的」,因為在大多數的情況下,它一直是朦朧不明,而且是難以捉摸的;從事創作的詩人甚至不可能覺察到它的存在,更不要說明認識到所作選擇的複雜性了。它是「美」,因為正是這種選擇的整體構成了詩的美感和價值。為方便起見,可以將這些選擇看作完全有意識的:它們顯示出詩人在形式方面的構思,他對結構方式的理解,他如何運用規則以適應其創造性的想像,以及如何努力通過這一特定的形式而達到他的意境。[36]

此段文字說明了形式的選擇必然有其意義,不能脫離意義而獨自存在;另一方面,意義也透過形式的表達,彰顯了詩的美感與價值。

現代詩的創作當中,意象經營及語言精鍊,屬於詩的內容層次;詩的形式種類,則可以讓讀者一目瞭然,在視覺上給人強烈的第一眼效果,容易留下深刻的印象,以下即針對詩的形式來做探討。

---

36 高友工:《中國美典與文學研究論集》(臺北市:臺灣大學出版中心,2004年3月初版),頁209-210。

（一）形式之定義

　　一篇文學作品中，內容與形式同等重要。所謂形式，包括結構、斷句、分行、修辭、文法、押韻等。詩形（poem's shape）不僅是構成詩的文體範式及詩體的基礎，也是呈現詩人的詩藝水準的重要指標。

　　「分行為詩」成為鑑別一件作品是詩還是散文的簡單而重要的文體標準。詩通常分行書寫，詩行是表示詩的韻律、意義和形式的視覺體現。因此，重視視覺的詩和重視聽覺的詩在文本上是有差異的。所有詩作一旦被印刷，都在一定程度上具有視覺感。[37]而視覺感的最主要來源，就是現代詩的形式。

　　詩的形體是否完美，是詩是否是最高的語言藝術，是否是人的語言智慧的典型範例的重要標準。[38]詩人哈特·克萊恩說：「哦，多難呀！詩人必須浸入辭彙的江河中，以便在恰當的時候用恰當的片語成恰當的形式。」[39]D·湯瑪斯把詩描繪為：「耗費體力和腦力去建立一個形式上天衣無縫的詞的框架……用它來保留創造性的大腦和身體和靈感僅僅是一種突如其來的體內能量，向構造和技巧能力的轉化。」[40]人們可以感知到詩的形式，即以語言為媒介，呈現出詩歌文本的聽覺形式及視覺形式，其中尤其是後者具有符號特性。與小說、散文等其他文體迥異的是，詩不僅是一種高度重視形式的特殊文體，而且無法將詩的形式與內容截然分離，應當用「有意味的形式」來指稱詩的形式。詩的形式主要指詩的視覺形式和聽覺形式，後者主要由「韻律」來呈現，前者主要由「詩形」來呈現。韻律的部分本文將在

37　王珂：〈論新詩的詩形建設〉，《臺灣詩學學刊》第9號（2007年6月出版），頁109。

38　同上註，頁117。

39　伊莉莎白·朱著，李力、余石屹譯：《當代英美詩歌鑒賞指南》（成都市：四川人民出版社，1987年出版），頁33。

40　同上註，頁33。

下一單元「韻律論」來做探討，以下則針對「詩形」來做分析。

（二）形式之種類

詩的形式與內容是有緊密聯結的，除了最基本的「分行詩」之外，現代詩著名的形式遊戲大約可分為：「圖象詩」、「符號的戲仿」、「行動遊戲」、「十四行詩」及「網路詩」這幾類。

1　分行詩

現代詩與散文最大的差別，在於形式上的分行分段，使人能在第一眼就能區別出這兩種文體。但現代詩絕對不是「分行的散文」，之所以選擇在哪個字、哪個詞彙分行，具有實質上的意義。以下舉洛夫的〈日落象山〉一詩來做探討：

〈日落象山〉　洛夫
好多人在山頂
圍觀
一顆落日正轟轟向萬丈深谷墜去

讓開，讓開
路過的雁子大聲驚呼

話未說完
地球已沉沉地喊出一聲
痛

若按照詞性，形式安排成如下樣貌也無不可：「好多人在山頂圍觀／

一顆落日正轟轟向萬丈深卻墜去／／路過的雁子大聲驚呼讓開，讓開／話未說完／地球已沉沉地喊出一聲痛」。比較洛夫原詩與重作安排後的情形：將「圍觀」獨立成行，則可承上啟下，就視覺效果而言，不但突出這個詞彙的重要性，也使原詩第三句因句式拉長而增加了氣勢；將「讓開，讓開」挪前，使語勢先聲奪人，引起讀者閱讀上的興趣；詩末將「痛」字獨列，視覺上更加引起注意，也增加了全詩的音韻效果。[41]

綜而言之，新詩的斷句與分行，渡也將之歸納為五個理由：

①太長的一個句子，斷為多句或分成數行。
②為押韻而斷句、分行。
③為了製造視覺效果。
④為了製造時間、節奏感。
⑤為了予人似斷非斷、似連非連的效果。[42]

由此觀之，分行詩雖為新詩形式的基本，但善加運用，對於詩形結構反覆斟酌，將可以使詩的含意更加豐富，具趣味性。

2 圖象詩

中國文字本身的圖象性，符合圖象詩的需求。林亨泰在一次訪談中說：

作為一個經常使用象形文字的中國人而言，不去動這個念頭

---

41 參考自本師潘麗珠教授的《現代詩學》〈現代詩的形式結構析論〉（臺北市：五南圖書出版社，1997年9月初版），頁3-26。
42 渡也：《新詩補給站》，頁183-190。

（圖象詩）才怪，因為中國文字不但是一種紀錄語言的工具，同時也可以當作客觀的存在看待，也就是說：可以把文字當作物，乃至「對象」，借文字的多態、筆劃、大小、順序等的感覺效果來指揮詩的效果，換句話說，本來詩是表現存在，但符號詩除表現存在之外，也可以把語言當作存在來表示。中國文字的特質使這種所謂「符號詩」成為可能。如果換歐美的音標文字，如阿保里奈爾的一些詩之效果即不如中國文字的理想，我先考慮到中國文字的特質，然後才去嘗試「符號詩」的，並不一味地跟著西方走。[43]

西方圖象詩的圖象效果，乃是利用文字排列所「製造」出來的，而臺灣圖象詩的圖象效果，則是利用文字排列，將漢字的圖象基因與建築特性所彙聚而成的圖象特質，「表現」出來的結果；相對之下，這是漢字本身所潛藏的圖象生命本質的自然釋放，而非刻意「製造」。[44]臺灣現代詩是從很早就發展圖象詩的[45]，如詹冰〈水牛〉、〈三角形〉，林亨泰〈風景〉、〈車禍〉、〈房屋〉，白萩〈流浪者〉、洛夫〈長恨歌〉等，成熟且具遊戲精神。

---

43 呂興昌編：《林亨泰全集八》（彰化縣：彰化縣立文化中心，1998年9月初版），頁65。
44 丁旭輝：《臺灣現代詩圖象技巧研究》（高雄市：春暉出版社，2000年12月初版），頁18-19。
45 從詩的外在形式來看，張漢良將臺灣具體詩分為四類：一、藉文字之印刷安排（Typography）達到象形作用，如白萩〈流浪者〉。二、藉文字之外的視覺符號，以達到具體效果，如碧果〈鼓聲〉、丁雄泉〈日出〉。三、藉詩行或意象語之重複或平行排列，造成無限之空間疊景，如林亨泰〈風景No.2〉；或藉單字之重複，透過視覺或聽覺效果，造成無限的空間疊景，如葉維廉〈絡繹〉、蘇武雄〈林口組曲：蛙〉。四、一種特殊的具象詩，把中國文字的象形、象意，和形聲作用，藉詩人豐富的想像力與說文解字詮釋過程，重新具體地發揮出來。理性的詮釋是詩，前面的篆文是詩的本體或具體化（Concretization），如王潤華〈象外象〉。見張漢良：《現代詩論衡》（臺北市：幼獅文化出版社，1981年2月第2版），頁107。

以下來看一首圖象詩的代表作，顏艾琳的〈速度〉：

> 在
> 我駕馭著速度
> 一四○的指數上
> 如此看見　　時光退後：：：：：：　　歷史退後　悲歡退後　愛情退後　馬路退後　夕陽退後　霓虹退後　高樓退後　人，退後　河，退後　雲，退後　樹，退後　山，退後
> 唯我進前。

此詩完全表現出未來主義中活力、速度、精力、機械力，與一般現代生活的變化和騷動。此詩名為〈速度〉，首先能夠感受到「速度」的，是將詩行安排成一個箭頭（←）的模樣；其次，是詩句中物象的排列，先看到山、樹、雲等的物象，有如人在高速行駛的車內向外看，其實是人在動，但人在快速前進時彷彿車外的一切景物都在倒退，後由實轉虛，愛情、悲歡、歷史在腦海中一一閃現，卻終要退後，暗指時間飛逝，故過去的種種情感成為不得不拋棄的包袱，繼續未完的旅程。[46]以這樣的方式來呈現〈速度〉一詩，很能達到內容和形式上面的統一。

整體而言，圖象詩（Concrete Poetry）混合著「讀」與「看」的經驗，它利用了你的「腦筋」，並且也利用了你的「眼睛」。它使以往千篇一律的形式面孔成為表現它本身獨特的形式，就如那件事物的本身站在那兒向你逼視；是能讓讀者產生深刻印象的最快途徑。

3　十四行詩[47]

十四行詩，源出普羅旺斯語sonnet。起初泛指中世紀流行於民

---

46 曾琮琇：〈戲耍與顛覆──論八○年代以降臺灣現代詩的形式遊戲〉，《臺灣詩學季刊》第9號（2007年6月出版），頁64-65。

47 「十四行」是西方詩體名，所指的是義大利「前八後六」的詩體結構，或是英國「莎士比亞體」十四行，三段隔句押韻的四行詩，最後兩行同韻腳詩句結尾，對前面內容加以評論或總結。

間、用歌唱和樂器伴奏的短小詩歌。義大利中世紀的「西西里詩派」詩人雅科波‧達‧連蒂尼（生年不詳，約卒於1246至1250年間）是第一個採用這種詩歌形式並使之具有嚴謹的格律的文人作者。十四行詩有固定的格式，每行詩的末尾押韻，它和歌謠，抒情短歌同為當時義大利抒情詩中流行的體裁。

　　一九二○年代若干詩人嘗試以中文寫十四行，聞一多首先將十四行詩譯為「商籟體」，是第一個注意商籟體的人，而新月派詩人有較多的嘗試。馮至在《十四行集》再版自序中曾引李廣田的評語，認為十四行詩「層層上升而又下降，漸漸集中而又解開，以及它的錯綜而又整齊，它的韻法之穿來而又插去。」奚密則認為這種詩體為詩人提供一個「以形式本身來象徵限制中的自由、拘束中的開放。」[48]一九五一年，余光中就有〈昨夜你對我一笑〉的作品（採四—四—六的韻體），之後對十四行作品探索最深的當推楊牧，如〈十四行十四首〉、〈再見十四行〉、〈旅人十四行〉等，其後張錯、王添源、陳黎、夏宇等也有傑出的十四行詩的作品出現，十四行詩在詩人筆下不斷有新的嘗試與創新。

　　以下舉一首膾炙人口的王添源〈給你十四行——一九八七年夏至日〉：

　　　　〈給你十四行——一九八七年夏至日〉　王添源
　　　　給妳，其實一行就夠了。可是對妳的懷念
　　　　就像夏至的陽光，炙熱、鮮紅、悠遠
　　　　就像切斷的連藕，弱小、白皙、纖細的絲
　　　　愈拉愈長。因此，我才瞭解，對妳的愛戀
　　　　永遠無法一刀兩斷。要向妳說的話永遠

48　奚密：《現當代詩文錄》（臺北市：聯合文學，1998年11月出版），頁102。

　　無法言簡意賅。於是，我就要寫十四行

　　來想妳，纏妳。先寫三行半，運用意象

　　暗喻我拉扯不斷理還亂的思緒。再寫三行半

　　平鋪直敘我難以捨棄的，對妳的情感。接著

　　四行，是要解釋怕妳看不懂，我字裡行間

　　深藏的意義。然後在十三行之前空下一行，讓妳思考

　　等妳都明白了，再讓妳看最後兩行

　　給妳我所能給的，並且等待妳的拒絕

　　流淚，是我想妳時唯一的自由

「在十三行之前空下一行／讓你思考，等你都明白了，再讓你看最後兩行」。最後兩行總結了前幾段內容「給你我所能給的，並且等待你的拒絕／流淚，是我想你時唯一的自由」。最後發現，即便說了那麼多，自己能做的只有付出所有的愛以及等待拒絕；深陷愛戀當中，身不由己地無法克制自己的思念，只有流淚的時候才能紓解情緒，得以自由；這首詩在安排段落上內具這樣的規範，韻腳也使此詩更為鏗鏘有力，為現代詩增添新的風貌。

4　符號的戲仿[49]

　　當代詩人對形式遊戲的經營、拆解，幾乎到了無所不能的地步。陳黎〈一首因愛睏在輸入時按錯鍵的情詩〉乍看是一篇錯字連篇的「情詩」：「情礙的，我發誓對你終貞／我想念我們一起肚過的那些夜碗」、「我想念我們一起淫詠過的那些濕歌／那些生雞勃勃的意象／在

---

49 曾琮琇：〈戲耍與顛覆——論八〇年代以降臺灣現代詩的形式遊戲〉，《臺灣詩學季刊》第9號，頁72。

每一個蔓腸如今夜的夜裡／帶給我飢渴又充食的感覺」、「我們的愛是純碎的,是捷淨的／如綠色直物,行光合作用／在日光月光下不眠不羞地交合／／我們的愛是神剩的」,詩人透過這些令人捧腹又顯而易見的錯別字,暗示情詩與情色詩是沒有畛域的,隱藏在愛情表層底下的,是蠢動著性慾的潛意識;真理反而從不慎的錯誤中解放出來[50]。

　　此類遊戲到了《摩擦・無以名狀》更為明顯,整本詩集完全是前一本詩集《腹語術》剪下來之後重新排列組合,白靈《一首詩的玩法》中將詩的拼貼作為創作法之一:「『剪貼詩』也者,無非將彼等標題『還原』為更小的元素或單位,讓他們自由『漂浮』,成為詩作者可以隨興使用的辭彙或詩句,在『無言』、或『有意』的偶然碰撞間,產生詩的火花。進而成為詩作的靈感泉源。」[51]陳義芝以為《摩擦・無以名狀》源自於達達主義的創作手法[52]。詩人對語言進行拆解並重組,回到幾乎是語言純物質的部分,再一個一個將詩句「拼貼」起來,是這類型詩作的特色。

5　行動遊戲

　　羅蘭・巴特(Roland Barthes, 1915-1980)提出「作者已死」的理論,認為作者的寫作創造了文本不過是一個假象,他說「文本是由各

50　詳見焦桐:《台灣文學的街頭運動》(臺北市:時報出版社,1998年11月初版),頁129。

51　白靈:《一首詩的玩法》(臺北市:九歌出版社,2004年9月初版),頁225。

52　達達主義(Dadaism),創始人崔斯坦・查拉(Trestan Tzara,1896-1963)的達達宣言中有這樣的創作方法:「要寫一首達達詩／拿一張報,／拿一把剪刀。／如果你正想寫詩就選一篇文章。／把文章剪下。／把文章裡的字一個個剪下放進一個袋子。／溫柔地晃晃它。／然後將那些碎紙屑一一取出按它們離開袋子的順序／仔細抄錄下來。／這首詩就像是你。／而你一個作家在此堂堂出現,創意無窮感性／這人雖然沒有一個老百姓看得懂。」引自陳義芝:《聲納──台灣現代主義詩學流變》(臺北市:九歌出版社,2006年),頁199-200。

種引證組成的編織物，它們來自文化的成千上萬個源點」[53]，統一的作者瓦解了，每個讀者即是讀者，也是作者。臺灣當代詩受到其理論的影響，邀請讀者參與文本，加入遊戲。

一般咸以夏宇的〈連連看〉[54]開創互動遊戲詩的先例：

信封	圖釘
自由	磁鐵
人行道	五樓
手電筒	鼓
方法	笑
鉛字	□□
著	無邪的
寶藍	挖

這首詩沒有固定聯結，也沒有固定答案，讀者可憑個人經驗和直覺，自行聯想，賦予意義，意符與意指的關係不再是絕對的。倡導遊戲教學的白靈、蕭蕭等詩人，也擅長以互動方式激發習詩者的想像力；鴻鴻〈超然幻覺的總說明〉、陳昱成〈開往□□的電車〉則留下空白處（□□）等待讀者置入。[55]

---

53 羅蘭・巴特著，懷寧譯：《羅蘭・巴特隨筆選》（天津市：百花文藝出版社，1995年3月初版），頁305。

54 夏宇：《備忘錄》，頁27。孟樊指出這首詩可以說是臺灣第一首「主動」邀請讀者參與詩人創作遊戲的語言詩，見孟樊：《臺灣後現代詩的理論與實際》（臺北市：揚智文化，2003年），頁247。

55 曾琮琇：〈戲耍與顛覆——論八〇年代以降臺灣現代詩的形式遊戲〉，《臺灣詩學季刊》第9號，頁72。

　　除了紙面上的互動，八〇年代初期由杜十三、白靈等詩人籌劃的
「詩的聲光」，結合詩與朗誦、音樂、舞蹈、繪畫等元素，走出詩的
象牙塔，詩人亦是表演者，掀開幕簾面對讀者；網路時代的來臨，
以網路為媒介的超文本文學（hypertext literature）與讀者的接觸更為
頻繁。

6　網路詩

　　九〇年代「網路詩」大量出現，須文蔚認為其中包含「新具體
詩」、「多向詩」、「多媒體詩」、「互動詩」、「造景」等，利用這些聲
光、音樂、影像、顏色、動畫等新科技，使得詩的表現形式千變萬
化，特別是在圖象性上[56]，正如蕭蕭曾預言的「在網路上，圖象詩會
大量出現。」[57]

　　杜十三則提倡「多元文本化的詩」（包含以舞臺朗誦和電子合成方
式演出的詩作、裝置詩、和空間詩）、「多元媒體化的詩」、「遊戲化和
終端機化的詩」、「製作精緻、藝術化的個人詩」等「新現代詩」[58]。
在呈現的方面，詩走向「動態」，不只是圖象影音的加入，即使是文
字，也常以「旋入」、「淡入」、「跑出」、「疊出」等各種方式進入螢幕
之中，不只「改變」且「緩慢」、「延遲」了閱聽者接收的速度，同時
也常變動文字的立體位置。白靈認為：

> 詩之「動態化」應視為詩的拓展和變革，它在為詩開疆闢土、
> 增加詩與群眾、閱聽人接近的機會，使其在平面文字的弱勢族

---

56 須文蔚：〈網路詩創作的破與立〉，《創世紀》第117期，1998年12月出版，頁80-95。
57 蕭蕭：〈伸長脖子的鹿不一定是長頸鹿〉，《創世紀》第118期，1999年3月出版，頁
　　13-14。
58 杜十三：〈論詩的「再創作」──兼談「新現代詩」的可能〉，《創世紀》第111期，
　　1997年6月出版，頁89-90。

群、小眾化之外，主動地站在閱聽人面前，一如很多廣告文案以詩文字展現、不少流行歌曲的歌詞使用詩的筆法以突顯其特色（如林夕、雷光夏、羅大佑的歌詞）。筆者與羅青、杜十三等人於一九八五年起致力於提倡「詩的聲光」，把將近一百首詩先後與戲劇、相聲、舞蹈、錄影、國術等不同媒介結合，其立意亦同。二十一世紀以來，臺北市文化局舉辦詩歌節的用意，其理亦近。[59]

詩的形式展現，由傳統的紙上形式遊戲，到網路化後的立體呈現，不停地轉換詩的風貌，一方面希望能以更多元的方式精準傳達創作者的意圖，一方面也希冀形式的轉換，能吸引更多讀者的注意，使詩能真正走向大眾，這樣的努力值得肯定。本文將在第三章第三節〈網路現代詩創作遊戲〉呈現網路詩的大體風貌，到時再做更深入的探討。

（三）形式與創作

與小說、散文等其他文體迥異的是，詩不僅是一種高度重視形式的特殊文體，而且無法將詩的形式與內容截然分離。詩的形式主要指詩的視覺形式和聽覺形式，後者主要用「韻律」來呈現，前者主要由「詩形」來呈現。對於詩的形式設計，曾琮琇提到：

> 八〇年代以來，詩人不僅吸取古典詩及臺灣現代詩早期的形式遊戲精神，加以發揚光大，走出詩的另一條道路，政治社會的多元性更提供現代詩多元的性格。詩人們用各種圖象、聲光及行動的遊戲，一再顛覆一般讀者對現代詩即是分行文字的刻板

---

59 白靈：《一首詩的玩法》（臺北市：九歌出版社，2004年9月10日出版），頁248。

印象，使臺灣現代詩的面向不再侷限於一隅；在詩的想像的競技中，我們不只觀看，也是遊戲的參與者，在想像的遊戲場一齊丈量世界的寬度、高度。[60]

圖象詩經由視覺、聽覺等感官營造出真實與虛擬，詩與現實錯落的圖景；除此之外，對於固定的語言符號也試圖予以顛覆，用錯別字、圖畫拼貼、不規則排列、取消讀者與作者之間的分際等方式，試圖為詩開展出新的風貌。

以網路為媒介的超文本作品顛覆傳統的創作方式與閱讀方式，重新給予作者與讀者更自由不拘的創造性空間。以加達默爾的詮釋學觀點來看，在超文本遊戲中讀者不再扮演被動的角色，而從「觀看的人」成為「參與的人」，互動遊戲在網路媒介下顯得更為多元、多向。唯要注意的是，詩的形式不能喧賓奪主，如果刻意追求詩的形式技巧，而忽略了其他意象語言的本質的話，非但無法達到相輔相成的效果，反而是種捨本逐末的形為，提供給教學者當做參考。

四　韻律論

在所有文學體裁當中，詩的音樂性最強。詩能誦，可歌；自遠古以來，不分中外，詩的音樂性極受重視。陸機在〈文賦〉中說：「暨音聲之迭代，若五色之相宣。」新月派聞一多在《詩的格律》中，提倡「音樂之美」。法國象徵主義詩人魏爾侖則乾脆說：「詩，不過是音樂罷了！」由此可知音韻在詩歌當中的重要性。

---

60 曾琮琇：〈戲耍與顛覆──論八〇年代以降臺灣現代詩的形式遊戲〉，《臺灣詩學季刊》第9號，頁82-83。

　　固然詩不等同於音樂，但詩具有音樂性，具體表現在兩個部分：
「詩的聲情表達」及「詩形本身的節奏」。詩的聲情表達，乃是借由
詩的朗誦，音調起伏變化而產生的聲情之美，其音樂性表現在「朗
誦」與「歌詠」，[61]以及朗誦者從聲音角度對於詩作重新的詮釋[62]；詩
形本身的節奏，則是當詩不發於聲時，透過讀者的閱讀，內心對詩中
的文字所創造出來的意境與情感的感悟，換言之，詩的形式本身的節
奏及情感的表達成為詩的音樂性的要件。[63]本文為現代詩創作的研
究，固較偏重於第二部分，即「詩形本身的節奏」，以下即針對這一
部分來做探討。

（一）節奏之定義

　　近年來，臺灣的學者與詩人在討論新詩的節奏時，對詩的音樂性
有所著墨，楊師昌年對新詩的節奏下的定義為：

> 節奏是指詩的詞彙，句法的輕重、高低、抑揚、頓挫的音節。
> 與隱藏在詩作中情緒的旋律，和一種只能感覺而不能看到的韻
> 味。[64]

對於節奏，楊師昌年認為是由音節的變化及隱藏在詩作中的情緒所產
生的韻味，也就是除固定的音節之外，多了隱藏的「情韻」意涵。對

---

61 本師潘麗珠教授：〈現代詩歌聲情藝術及其美學義涵〉，《第八屆「文學與美學」國
　 際學術研討會論文集》，2003出版。

62 林煥彰：〈「花叫」已成絕響——朗誦詩人彭邦楨名作「寒林·范德比爾花園」兼談
　 詩的朗誦〉，《創世紀》第135期，2003年6月出版，頁137。

63 李翠瑛：〈詩情音韻——論新詩的內在節奏及其形式表現技巧〉，收錄於《臺灣詩學
　 季刊》第4號，2004年11月出版，頁64。

64 楊師昌年：《現代詩的創作與欣賞》（臺北市：文史哲出版社，1995年出版），頁57。

於節奏與音樂性的關係,楊師昌年的定義為:

> 詩的音樂性分內在和外在,內在的是節奏,是自然的,外在的
> 是韻律,是人為的。節奏隨著新語言的產生,也隨著新語言的
> 變化而變化……所以節奏可求豐富,韻律日見狹隘。[65]

詩的音樂性是由節奏所構成,而節奏的關鍵就在語言的變化。新語言
的變化產生新的節奏,而節奏則是詩內在構成音樂性的條件。覃子豪
對詩的節奏和韻律作了詳盡的分析比較,他說:

> 節奏是句子和句子間的抑揚頓挫,又叫節拍,韻律是句子末尾
> 的押韻,又叫諧音……節奏是變化無限的,韻律是受到限制
> 的。節奏是內涵,而韻律是外貌。節奏有助於內容的完整明
> 快,韻律則容易傷害內容的真實,節奏容易使詩的形式新
> 奇,韻律極易使得詩的形式僵化。所以,在必要時,韻律可
> 以揚棄,因此目前的詩,多半注意節奏,不注意韻腳。節奏
> 是詩的特徵。[66]

從以上覃氏的分析,我們可以知道現代詩的音樂性已經不是一種聲韻
現象,它的音樂性是隨著詩人情緒的波動,呼吸的吐納,心跳或者脈
搏的跳動而自然活潑的形成。[67]除了節奏與韻律的探討外,也有對造
成節奏的因素所做的研究,如蕭蕭認為語言的結構安排妥當,就是音
樂結構,而造成語言結構的方法就是「重複」,也就是在「對等位置

---

65 楊師昌年:《現代詩的創作與欣賞》,頁56。
66 見向明:《新詩50問》(臺北市:爾雅出版社,1997年2月15日初版),頁96。
67 同上註,頁96。

上安排相同或類似的聲韻」並認為「節構與節奏可以相疊相合」[68]。本師潘麗珠教授對於「詩的節奏」所下的定義為：

> 注意長句的情緒與短句的情緒如何淋漓盡致地傳現詩情，長長短短的句子交織成詩情的脈動，這便是詩的節奏。[69]

本師潘麗珠教授對於詩的節奏的看法，是從詩句的長短變化，來說明情緒的脈動。長句的節奏比較舒緩平和，而短句的節奏比較緊張激昂，這是從詩的形式技巧來切入。

　　綜上所述，詩的節奏是一種自然的律動，因著情境內容而變化，隨著情緒而波動，此一觀點大致能獲得認同。不依靠外在的韻腳約束，而能使讀者在閱讀時產生情意上的連結，予以適當而適合的節奏感，使節奏的形式要素符合情境的內容，以達成內容與形式完美的結合。那麼如何以人為的技巧完成現代詩中自然的律動？以下即來探討「節奏之經營」。

（二）節奏之經營

　　對於新詩的節奏，除去外在規定的「押韻」外，內在節奏的經營，可分排比、重複這兩個主要面向來看：

1　重複

　　聲音的重複會產生節奏感，常見的是以類疊的修辭方式使節奏活潑，如渡也說的：「依賴反複與重疊兩種方式來謀求生動活潑的節

---

68 蕭蕭：《現代詩學》（臺北市：東大圖書公司，1987年出版），頁331、340。
69 本師潘麗珠教授：〈現代詩的聲光教學〉，《臺灣現代詩教學研究》（臺北市：五南圖書公司，1999年出版），頁335。

奏。」[70]類疊是文字重複出現，在多音節的重複之下，達成節奏響亮、活潑、明快的效果。[71]如陳黎的〈一茶〉：

於是我知道
什麼叫做一杯茶的時間
在擁擠嘈雜的車站大樓
等候逾時未至的那人
在冬日的苦寒中出現
一杯小心端過來的，滿滿的
熱茶
小心地加上糖，加上奶
輕輕攪拌
輕輕啜飲
你隨手翻開行囊中
那本短小的一茶俳句集：
「露珠的世界；然而
在露珠裡——爭吵……」
這嘈雜的車站是露珠裡的
露珠，滴在
愈飲愈深的奶茶裡……（節選）

此詩運用修辭格上的類疊法，讓疊韻的聲音重複出現，陳黎詩中常以這樣的方法來增加詩作的節奏感，不厭其煩的重複，讓詩作產生迴環

---

70 渡也（陳啟佑）：〈聲韻學在新詩上的一項試驗——「無調之歌」的節奏〉，孟樊編：《當代臺灣文學批評：新詩批評》（臺北市：正中書局，1993年出版），頁457。
71 李翠瑛：〈詩情音韻——論新詩的內在節奏及其形式表現技巧〉，頁75。

往復，文句相扣的情景。詩中不僅有疊字「輕輕」，也用了重複的詞語如「茶」、「小心」、「加上」、「露珠」等詞彙，增添了詩作的節奏感。

　　絕大部分的音樂都來自「重複」，重複字，重複行，重複一整個段落的形式，重複同一個主題。[72]大量的重複造成長句的氣勢，造成速度感；重複也可以產生「連續」的感覺，使讀者覺得親切且流暢。類疊與重複的使用在新詩中數量很多，在此不一一列舉。

2　排比

　　前面談的是字或詞的重複，這裡是句式的重複，也就是修辭學上的「排比」。排比是句型一再出現，使節奏因重複而產生規律的節奏與美感。新詩中有些詩的結構完全是利用句子的排比，產生詩的音樂節奏，如蘇紹連的〈「問劉十九」變奏曲〉：

> 從綠色的裡面借一些寧靜，好嗎？
> 從紅色的裡面借一些溫暖，好嗎？
>
> 我為你釀一壺酒，好嗎？
> 我為你燒一爐火，好嗎？
>
> 我在綠色的裡面和紅色繾綣，好嗎？
> 我在紅色的裡面和綠色擁吻，好嗎？
>
> 爐火把我的身影投射在天空，好嗎？
> 你看到我的身影就來喝一杯，好嗎？

---

72 鯨向海：〈我彈奏自己〉，《臺灣詩學季刊》第3號（2004年6月出版），頁55。

把我釀成酒，好嗎？

把我燒成灰，好嗎？

此詩作者採用音樂性的節奏法，完全是以排比的句型寫成，再加上疑問句不斷反覆出現，使詩的節奏感規律而具有歌唱的作用。此詩的句式排列如下：

從□色的裡面借一些□□，好嗎？

我為你□一□□，好嗎？

我在□色的裡面和□色□□，好嗎？

□□□我的身影□□□□□，好嗎？

把我□成□，好嗎？

雖然都是以「好嗎？」作結，但是四個句式不盡相同，使句式的變化產生不同的節奏感。因而，此詩的節奏既有重複的規律，也有變化的句式，產生如歌般的音樂效果。[73]

有時詩句不一定以前後句排比的句型出現，而是以段為單位，每一段都重複出現相同或相似的句子，以產生節奏的反覆，如陳黎的〈小丑畢費的戀歌〉一詩中，共分三段，每一段的第一句都是「僅僅因為半個世界的快樂都枕在鼻樑／小丑畢費一夜不能睡」，以此句貫串整首詩。

無論是字或詞語的重複，或是句式、段落排比句法的重複，都使得詩作就閱讀而言，更增添了內在韻律的節奏感。

---

73 李翠瑛：〈詩情音韻——論新詩的內在節奏及其形式表現技巧〉，頁83-84。

（三）節奏與創作

　　詩內在的節奏感，與情感、意境的表達，必需藉由快、慢、緩、急的節奏，來傳達詩作當中的喜、怒、哀、樂，將創作者的節奏與情意的結合作最完美的演出，而如何創作出詩中的節奏呢？李翠瑛在〈詩情音韻──論新詩的內在節奏及其形式表現技巧〉中說：

> 該止則止，該行則行，這種流暢度就是詩的整體節奏，檢驗的標準必須在心中反覆誦讀，或讀出來，以感受詩中蘊藏的情意流動……在於讀者或創作者對於文字的敏銳度。[74]

由此可知，詩作是否具節奏感、該如何具節奏感，最直捷便利的方式，就是反覆在心中誦讀，以感受詩中蘊藏的情意流動。

　　然而，整體的詩的節奏是由細部的詞句之間所共同完成，因此詩的形式技巧是具體而明確的影響節奏的部分。在現代詩創作教學中，可經由帶領學生誦讀節奏性強的作品，再讓他們觀察詩作中「重複」所帶來的音樂效果，循序漸進地運用在創作現代詩上。無論是類疊的使用，或排比句法、段落的運用，都能強化詩作中內部的韻律，使人讀來更鏗鏘有力；唯要避免黃慶萱在《修辭學》一書中所說的：「重複太多，會變成單調，使人覺得怠倦。」這樣的情況，需要經年累月的閱讀及誦讀富節奏感的優良詩作，方能形成自我內在的韻律，使詩作中內在的節奏與意象的融會配合得更好。

---

74 李翠瑛：〈詩情音韻──論新詩的內在節奏及其形式表現技巧〉，頁88。

第二節　現代詩創作教學論

在現代詩創作教學理論當中，筆者本身為實務工作者，以學生為施行對象，進行一系列的現代詩創作演練活動，符合「行動研究理論」的精神；注重讀者（即學生）創造性的閱讀文本，藉由參與創作，對文本的本質有更進一步的了解，是「讀者反應理論」的精義；筆者所設計的「現代詩寫作教學實踐」當中，透過活動的方式，指導學生在自我學習及同儕相互激盪之下，進入現代詩創作的殿堂，即是化用「共同學習法」的觀念。以下即針對這三個理論來作開展：

一　行動研究理論

現代社會裡，愈來愈強調「多元發展」的價值。面對中小學國語文課程一再被縮減，學生國文能力普遍低落的情況下，教師一方面必須比以前更積極推廣閱讀，一方面為了因應沒有範圍的國文科基測、學測、指考，投注更多的心力在教材的準備上，而現代詩教學的領域，就筆者這幾年的觀察來看，是屬於較容易被忽略的部分。除此之外，考試領導教學似乎是無法避免的，基於大考不考現代詩創作，教師們較著重學生的作文寫作，對學生的現代詩創作部分則付之闕如。學生正處於「年少情懷總是詩」的年紀，在讀詩、誦詩之餘，若能再鼓勵他們創作，對於學生情感的抒發、修辭的鍛鍊、寫作的熱情，相信會有一定程度的啟發。本文第四章為〈高中現代詩寫作教學實踐〉，寫作教學的理論基礎來自《教育行動研究》[75]的理論，分述如下：

---

75 以下之資料，皆參引自蔡清田：《教育行動研究》，臺北市：五南圖書出版公司，2000年4月初版1刷。

（一）教育行動之意義

　　「行動研究」顧名思義，是透過「行動」與「研究」兩者結合為一，企圖縮短理論與實務教學的差距，強調實務工作者的實際教學行動與研究的結合。鼓勵實務工作者採取質疑探究和批判的態度，在實務教學過程中進行反省，以改進實務教學工作，增進對實務教學的理解並改善實務教學的情境。

　　行動研究，關注研究結果的立即性與及時性，強調行動及研究的結合與不斷循環的檢證。行動研究要求實務工作者必須隨時檢討實際工作，不斷修正行動研究計畫內容以符合實際情境的需要，這也是行動研究強調「行動」二字所代表的意義，更是其不同於探究反思之處。

　　整體而言，行動研究的社會基礎是「參與實務」；行動教育基礎是「改進實務」；其運作需求是「革新實務」。行動研究具有實驗精神，希望能行動中追求改變，並從改變中追求創造進步，因此行動研究的特點，至少具有以下幾點：（一）以實務問題為主要導向；（二）重視實務工作者的研究參與；（三）從事行動研究的人員就是用研究結果的人員；（四）行動研究的情境就是實務工作環境；（五）行動研究的過程強調協同合作；（六）強調解決問題的立即性；（七）問題或對象具有特定性；（八）發展反省彈性的行動計畫；（九）結論只適用於該實務工作情境的解放；（十）成果可以是現狀的批判與改進，並促成專業成長。

　　在了解其意涵及基本特色後，接下來闡明行動研究的理論與實務之間的關係。

（二）行動研究的理論基礎

　　行動研究有其基本的理論基礎，包括行動研究的實務反省與批判解放。

1 行動研究的實務反省

關於實務反省的部分，蔡清田所著的《教育行動研究》一書中說：

> 行動研究至少包括診斷問題、選擇方案、尋求合作、執行實施
> 與評鑑反應等五種不同的實務行動。上述這些行動區分，可以
> 協助實務工作者辨別行動研究的實務行動之不同層面反省思考
> 模式……就實務反省領域而言，行動研究的反省思考，包括下
> 述五種不同的反省思考模式，第一種分析診斷，是有關於「診
> 斷問題」的反省思考；第二種慎思熟慮，是有關於「研擬方
> 案」的反省思考；第三種協同省思，是有關於「尋求合作」的
> 協同合作夥伴反省思考；第四種監控反省，是有關於「執行實
> 施」的反省思考；第五種評鑑回饋，是有關於「評鑑反應」的
> 反省思考。[76]

行動研究提供解決實務問題的行動方案，具有井然有序的程序架構。
行動研究歷程更是一個繼續不斷反省的循環，每個循環均可能包含：
（一）了解和分析一個須加以改善的實務工作情境或解決的困難問
題。（二）有系統地研擬行動方案策略以改善實務工作情境或解決困
難問題。（三）執行行動方案策略並衡量其實際成效。（四）進一步澄
清所產生的新問題或新工作情境，並隨之進入下一個行動反省循環。
可見，行動研究是一種系統化的探究歷程。有鑑於本研究第四章的重
點著重於教學內容實施的方式，故上述五種不同的實務行動只考量了
診斷問題、研擬方案、執行實施及評鑑反應，作為主要的理論基礎。

---

76 參引自蔡清田：《教育行動研究》（臺北市：五南圖書出版公司，2000年4月初版1
 刷），頁32-33。

2　行動研究的批判解放

　　批判解放的理論重視自我意識的反省與行動，蔡清田所著的《教育行動研究》一書中說：

> 行動研究的批判解放觀點，主張學校教育實務工作者有能力從
> 學校社會組織體系的結構運作當中，獲得行動的解放。此種行
> 動研究的批判解放之起點步驟，是由學校教育實務工作者，特
> 別是教師本身開始反省檢討並批判其受到社會意識形態結構的
> 型塑與影響之方式，並思考意識形態是否掩飾了其所製造的社
> 會結構屬性，特別是批判檢討意識形態對學校教育生活詮釋方
> 式的影響，使學校教育實務工作者的活動獲得合理解釋。[77]

本研究所設計的「現代詩寫作教學實踐」是基於對傳統教學方式的反思與批判，希望能在現有的教育體制及傳統的教室教學中，改變原有的現代詩刻板教學方式，並能順應資訊時代的潮流，使現代詩創作教學能落實在國文教學之中。

（三）行動研究理論之目的及功能

　　本研究所設計的「現代詩寫作教學實踐」欲透過教育行動研究的理論，達到改善教學情境的目的。蔡清田所者的《教育行動研究》中提到：

> 教育行動研究是一種教育革新的手段，旨在診斷治療特定情境
> 中的教育實務問題，或改善某一特定教育實際工作情境，縮短

---

77 參引自蔡清田：《教育行動研究》，頁35-36。

實務與理論的差距。教育行動研究，缺少基本研究的知識推論
與預測控制的功能，但是，教育行動研究卻能提供有異於傳統
教育問題解決之另類方法與變通途徑。教育行動研究是改善
教育實務與教育理論之間關係的工具，可以縮短教育實際工
作和教育學術理論研究間的距離，矯正傳統的基本研究無法
提出明確之解決問題處方的缺點。教育行動研究也是教育實
務工作者的在職進修方式，特別是可以協助教育實務工作者
獲得新的技術和方法，增強其解決問題能力，提高其教育專
業地位。[78]

因此，行動研究理論的主要目的至少有三項：第一項是增進教育實務
工作者因應教育實務工作情境問題的能力，第二項是增進教育實務工
作者的教育專業理解，第三項是協助獲得「教育實務工作者即研究
者」的教育專業地位。除此之外，行動研究可以協助教育實務工作者
洞察更多發生在教室中的事物現象，擴增、堅實和組織他們原有的
資料庫內容，亦即提高資料的整體結構性，增進他們作決定的速率和
效率。

除了上述三項目的之外，行動研究理論尚具有幾項重要的功能，
根據蔡清田的看法，包括激發教師的研究動機、改善教師教學態度、
改進教師教學方法、發展學生的學習策略、加強教師教室管理、建立
考核評鑑程序、提高行政效率和效能、將教育理論用於實際。行動研
究可以用來幫助教師以處於真實情境中的方式，認識到許多重要的教
學現象，因而可以增進他們整合不同教學面向的能力。由此可知，行
動研究是一種促進教師專業發展的最有效能的方法。

---

78 參引自蔡清田：《教育行動研究》，頁53。

　　基於上述目的與功能，本研究的設計朝向將教學理論化為實際，藉由新的教學方式和工具，嘗試在傳統教室的教學當中有所突破，從實務教學工作情境中發掘問題，加以反省、探究，並提出解決問題的方案，進行改善教學的情境，達到更好的教學成效。

二　讀者反應理論[79]

　　一九八〇年，簡・湯普金斯（Jane Tompkins, 1790-1860）將與讀者閱讀接受的代表性論文收集起來，出版了《讀者反應批評》一書。自此之後，此一批評思潮便被稱為「讀者反應理論」（Theory of Reader-Response）或「讀者反應批評」（Reader-Response Criticism）。實際上，「讀者反應理論」並未具有一嚴密共同理論主張，在一共同派名之下，其內部批評主張、概念系統、理論傾向上各有歧異，但是，整體而言，「讀者反應理論」仍具有一些基本而普遍的特徵。首先，文學並非是一被侷限於文本之中，且孤立存在的事實，而是一種必須藉由讀者的閱讀才可實現的動態過程。此乃意指文學批評家開始將其批評的注意力自作品本身（文本）轉至讀者及其反應之上，讀者及其反應逐漸受到重視。

　　其次，文學作品中所包含的特點——敘述、情節、人物性格、文體風格、結構等，都必須經由讀者的解碼與感受體驗，才具有意義，包括對讀者期待的滿足、悖逆、延展。因為，文學作品的意義取決於

---

79 在此探討的《讀者反應理論》一書，皆為龍協濤：《讀者反應理論》臺北市：揚智文化，1997年出版。又，「讀者反應理論」與「接受美學」，都是以讀者為中心來做探討的理論，本研究於這個部分，也一併參考「接受美學」理論書籍：Robert C. Holub（赫魯伯）著，董之林譯：《接受美學理論》臺北市：駱駝出版社，1994年6月出版。

讀者個人的創造性闡釋,作品所產生的意義實際上是由讀者所製造的「創造物」。

　　筆者藉由這個概念,意圖讓學生創造性的閱讀文本(詩作),經由文本與讀者(學生)間的交互作用,引導學生在創作當中,更可以領略詩人寫作時心中的藍圖,達到深入理解文本的目的。

(一)讀者反應理論之定義

　　讀者反應理論,雖如前所述,並未具有一嚴密共同理論主張,但其中對於「讀者創造性地閱讀作品」的主張是一致的。如下所述:

> 喬納森・卡勒和哈羅德・布魯姆受到法國結構主義和後結構主義的顯著影響,分別關注「讀者創造性地閱讀作品」和「閱讀中的影響的焦慮」等問題……讀者反應批判家們都認識到,文學絕不僅僅是侷限於本文之中而孤立的事實,而是必須依據於讀者的閱讀才能實現其效應的動態過程,因此,讀者反應理論主張把文學批評的注意力從作品本身(文本)轉移到讀者和反應上來。這是一個十分重要的轉移。標誌著讀者反應批評與新批評所堅持的「作品是文學意義產生的唯一依據」的論點之間存在著根本性的差異。[80]

　　在此之前,研究者所關注的對象,集中在「作者與文本」之間的關係,甚或是「文本本身」;但讀者反應理論更重視的,是讀者閱讀後的反應及接受的程度,是此理論與其他理論最大的差別。

　　這個理論除了廣泛使用在文學研究上,也可以經由這個理論落實在教學上面。如:

---

80 龍協濤:《讀者反應理論》,頁6-7。

美國學者詹姆斯・R・斯夸爾（James R. Souire）。他認為，對於教師來說，研究文學不僅應該考慮到文學作品本身，還應該考慮到學生對文學作品作出的反應。斯夸爾以52名九年級和十年級的學生為實驗對象，把學生在閱讀一篇短篇小說過程中所說的任何話語都作為反應詳細記錄下來。然後用統計學方法集中對記錄進行分析。每種反應的表達按文學評價、闡釋、敘述、聯想、自我介入、約定俗成的判斷等類別進行登記。分析結果表明，闡釋類的陳述為數最多。他還發現，闡釋的說服力一般與實驗對象的智力和閱讀能力無關；而自我介入類的陳述與文學評價類的陳述有明顯相似之處，同一種反應往往同時包括這兩類陳述。他指出，儘管青少年的閱讀反應表現出某種群體性傾向，可是每個讀者能力、素質和經驗背景的獨特影響仍然造成了個別的變化。這就是說，讀者的反應是主觀性的，它制約著作品的意義。[81]

一部作品的內容與意識不會隨著作者的意圖而窮盡，即使時空流轉，作品之中的內涵、意義永遠都會遭到讀者的摘取，甚至會出現作者在創作時始料未及的詮釋。因此讀者的存在可以說掌握了文學意義的關鍵，「重視讀者」在文學批評理論的潮流中有逐漸轉為主流的趨勢，在美國有「讀者反應理論」、在德國有「接受美學」的產生，主張文藝作品在創作活動結束後並未完成，只能算是「文本」，只有經過接受之後才能算完成，也就是說要經過讀者的閱讀，作品的意義才會被建構出來。

---

81 龍協濤：《讀者反應理論》，頁23-24。

（二）讀者反應理論之實務

1　具體化

　　文本與讀者之間，勢必存在著許多的「斷裂」。例如，如果我們讀這樣一個句子，「這孩子正在拍球」，我們在這個表現的客體中遇到了無數的「斷裂」。這孩子是十歲還是六歲，是男是女，棕色的還是白色的皮膚，紅髮還是金髮——所有這些特徵並不包含在這個句子中，因此構成「斷裂」或模糊點。每個孩子必然有年齡、性別、皮膚與頭髮的顏色，但如果這個存疑的句子或接下來的句子規定了孩子的這些屬性，那麼其他方面必然也還保留著含混或模糊之處。[82]

　　因此，讀者承擔的最重要活動，是消除或填補文本中的那些不確定的斷裂，英伽登通常把這種活動稱為「具體化」：「沒有具體化的過程，審美與它所展示的世界，就不可能從策略的結構中浮現出來。」[83]填補文本當中的「空白」，就是讀者可以主動去創造性閱讀的想像空間。

2　個人經驗

　　坦利・費許（Stanley E. Fish, 1938-）認為，人們不能光憑看到一部作品的兩種截然相反的解釋中，哪一種解釋把文本的材料安排得更好，就據此決定一行艱深費解的詩是什麼意思；更恰當地說，一個人必須求助於讀者在順著這首詩的時間次序，遇到這一行詩句時的體驗。如果這行詩看來模稜兩可，一會兒似乎是這個意思，一會又是另一個意思，那麼它的意思就既不是此，也不是彼，而實際上必須由讀者自己來決定是什麼意義。重視讀者的個人經驗，鼓勵讀者以自身的

82　Robert C. Holub（赫魯伯）著，董之林譯：《接受美學理論》，頁28。

83　同上註，頁29。

經歷去詮解文本，即使造成認知上的「曲解」也沒有關係，這樣的論述給予讀者更多的自由解釋與想像空間。

3　文本召喚結構

伊瑟爾（Wolfgang Iser, 1926- ）《文本的召喚結構》中提到：

> 文本的未定性與空白成為聯結創作意識和接受意識的必不可少的橋樑，是前者向後者轉換的必不可少的條件。它們的作用在於能促使讀者在閱讀過程中賦予文本的未定性以確定的含義，填補文本中的意義空白。體現在作品中的創作意識只有透過讀者才能以不同的方式得以現實化或具體化，並作為效果以不同的面貌重新出現。作品的未定性與意義空白，促使讀者去尋找作品的意義，它呼籲、導引、召喚、邀請讀者，賦予他參與作品意義構成的權利。因此，未定性與意義空白構成作品的基礎結構，這就是伊舍的「召喚結構」。[84]

在所有文體之中，最具「未定性」與「意義空白」的，當屬詩作了。由讀者主動參與作品意義構成的權利，而不是由評論家、賞析家甚或作者本身給予文本定義，能更鼓勵讀者以自身的角度去詮釋文本、去填補文本當中的意義空白。

　　伊瑟爾說，未定性與空白在任何情況下都給予讀者如下可能：把作品與自身的經驗以及自己對世界的想像聯繫起來，建構或生成意義，這種生成是因人而異的。從這種意義上說，接受毋寧是一種創造過程。所以，文學的特點就在於未定性與空白給予讀者反思和想像的

---

84 Robert C. Holub（赫魯伯）著，董之林譯：《接受美學理論》，頁102。

餘地，由讀者本身的個人經驗，去詮解文本的含義，這也就是一種「再創造」。

（三）讀者反應理論之目的及功能

1 曲解的必要

曲解──或者使用霍德‧布魯姆的詞彙「誤解」──是一種對閱讀、解釋和文學史的建構活動。永遠不可能像一位傳統的評論家所相信的那樣，複述或接「近」一首詩及其意思。我們能做得最好的事情是譜寫另一首詩，這種重構甚至是對母體詩歌的曲解。那麼，評論家與我們自己評論或解釋詩歌的區別就僅在於前者的誤解歷來比後者更為極端。如下所述：

> 詩人對詩的曲解比評論家的曲解或評論更激烈，但這僅僅是程度上的一種差異，而且並不全面。沒有解釋，只有曲解。（布魯姆：《影響的焦慮：一種詩歌理論》The Anxiety of Influence: A Theory of Poetry, Oxford: Oxford University Press, 1973, PP.94-5.）

在這裡，評論被視為「在唯一的創造性誤解活動之後的一系列轉向」，儘管最出色的解釋被解讀成為曲解，但它是由最富於想像力和相對的文本構成。簡言之，讀者的「曲解」非但有其必要性，並且也活化並豐富了文本本身所具有的含義。

2 可寫的文本

羅蘭‧巴特《從作品到文本》當中提到「可寫的文本」這個概念：

可寫的文本要求讀者參與到意義的生產中去。當讀者在面對一
個要求透過識別文本的複調來進行意義生產的整個複性本文
時，讀者就不再是一個無所事事、多餘累贅的消費者，而能自
由地對能指作用的發揮作出響應。而那種可讀的文本則只是一
種「供消費的貨物」，是作為讀者被動地消耗的文本。可寫的
文本是指一種創造性活動，它要求讀者積極配合，要求讀者參
與作品的生產和寫作，打破原有的靜態的結構觀和系統觀。[85]

「可寫的文本」這個概念，在臺灣最被廣泛使用在網路詩的互動遊戲
當中。如米羅‧卡索的「flash超文本」，就設計了九十六首以上的網
路詩，藉由讀者的主動操作（電腦、滑鼠、鍵盤等），將作者所想要
完整傳達的詩作概念，由主動而積極的讀者配合完成。迥異於以往的
紙本經驗，詩作變成完成於作者與讀者相互合作之下，相形於「被動
的消耗文本」，這種「可寫的文本」更積極地開創了作品的可理解與
廣泛接受的空間。讀者因直接的「參與」，對於創作出來的作品，能
更抱持著開放的態度去欣賞、去面對。

3　創造性閱讀

讀者如何進行「創造性閱讀」呢？姚斯（Hans Robert Jauss,
1921-）《審美經驗與文學解釋學》[86]認為：「讀者的既定期待視野與作
品之間存在著一種審美距離。讀者對每一部新作品的接受，總是透過
對先前既存經驗的否定來完成『視野的變化』，從而把新經驗提高到
意識水平而進入視野的。正是期待視野與作品間的距離，決定著文學

---

85 龍協濤：《讀者反應理論》，頁50。
86 〔德〕耀斯（Robert Jauss. H.）著，顧建光、顧靜宇、張樂天譯：《審美經驗與文學
解釋學》（上海市：上海譯文出版社，2006年4月）。

作品的藝術性。距離越小，讀者就越容易接受。反之，有些優秀作品
之所以在其誕生之初往往並未贏得廣泛的讀者，是因為它們徹底打破
了讀者原有的『期待視野』；當先前成功作品的讀者經驗已經過時，
失去了開創性、新穎性而成為某種固定的『套路』時，就說明新的期
待已達到更高一步的水準，到了這個時候，它便具備了改變審美標準
的力量。換言之，作品的審美標準，已由以往的評論家、作家手中，
轉移到了讀者的身上。」

就像尼采疾呼上帝已死一樣，羅蘭·巴特在一九六八年向世人宣
布：「作者已死」（the death of the author）。羅蘭·巴特的意思是不管
作者的意圖為何，文本只有在原作者身上才具有某種程度的「一義
性」，但文本一旦被發表或呈現，讀者在與文本的相遇（encounter）
中會以其文化脈絡創造了讀者自己的意義：讀者的那些文本，因此始
終在變動、不穩定，而且容許質疑；解釋的任務也不在於去尋找作品
的終極意義，不在於關注它的普遍結構，而是在於閱讀的創造性。

羅蘭·巴特曾說：「一部作品之不朽，並不是因為它把一種意義
強加給不同的人，而是因為它向每一個人暗示了不同的意義。」他主
張作品本身是存在於作者以外的獨立生命，作者與作品的關係，在作
品完成的瞬間即宣告結束。羅蘭·巴特認為作品不存在什麼單一的意
義，重要的是讀者賦予它什麼樣的意義。所以解讀權已釋回在讀者手
中，象徵了作者已死，而讀者再生。

這樣的現象在網路上更容易被觀照得到。從後現代論述裡觀看網
路中的作者與讀者，在網路中，文本、作者與讀者之間的角色產生的
奇妙的變化。在參與網路活動時，使用者不僅有單方面的閱讀行為，
更能透過網路的互動特質參與文本論域，對於文本進行回應，由讀者
轉化為作者，建構、創新出一份新文本意義。把讀者提升為文本的生
產者和文本描述，在讀者及文本之間，產生相互作用的力量。讀者反

應理論消除了對閱讀自由的一切限制（認可人們可以完全現代的觀點去讀解一部過去的作品），羅蘭‧巴特極力堅持閱讀和寫作的生產是等價的。

　　基於上述的目的與功能，並配合時代的發展，本研究的設計朝向將這些理論化為實際，除了鼓勵學生將詩作的「斷裂」以想像及個人經驗將之「具體化」之外，也對學生創作出來的詩作抱持開放的態度，讓學生有更多師生及同學彼此相互討論交流的空間，希冀學生在「創造性閱讀」之外，更能藉由參與創作，對文本的本質有更進一步的了解。

三　合作學習理論[87]

　　在現今的美國教學實務界，合作學習理論已成為教室課堂中經常被使用的一項學習策略，同時也被公認為教育改革中最成功的一個項目（Jacob, 1992; Slavin, 1999）。究其原因，Slavin（1995）認為有三個主要的因素：其一，合作學習可以有效提升學生的學習成效，改善同儕間的人際關係，及提高學生的自尊；其二，合作學習有助於促進學生的思考能力，解決問題的能力、及統整應用的能力；其三，合作學習有利於促進不同背景（如種族、社經等）學生間的人際學習，培養出合宜的社會技能（socialskills）。愛倫斯（R. L. Arends）亦認為，學生在合作學習的情境中，被鼓勵組成小團體的型態以承擔相同的學習任務，團體的形成包含來自各種族、文化、性別及不同學習成就者，以期完成共同的學習目標，包括：提升學業成就、習得多元包容及接

87　以下如無特別附註，內容均摘自黃政傑、吳俊憲：《合作學習：發展與實踐》，臺北市：五南圖書出版社，2006年9月初版1刷。

納的態度、及良好的社交技巧發展（Arends，2004）。

　　在合作學習的過程中，教師扮演著極為重要的角色，不僅要配合學習目標選擇或自編素材，而且要在學習過程中，引導學生主動去探索新的知識，最後要確定學生所獲得的新知是自己用知識及經驗建構而成的。學生要綜合運用交談、書寫、解決問題、藝術表現……等等行為，有效建構起自己的知識，這樣重視學生學習責任的作法，是未來中小學教學型態的主流。

（一）合作學習理論之定義

　　目前的學生學習活動主要有三種類型，第一種是個別化的學習，第二種是競爭式的學習，第三種是合作學習。合作學習，不僅可以增進學科方面的學習效果，而且可以促進社會及情意方面的學習效果，因此，「合作學習」成為較受矚目的學習方式。

　　教師將班級內的學生分成數個學習小組，然後設計活潑多元的學習活動，協助學生在動手做與互動中，進行有意義的學習，設計豐富有創意的學習活動，以達成深入的理解。（本研究所使用之合作學習，為「共同學習法」[88]（Learning Together）。）

　　「共同學習法」係參照Johnson & Johnson（1999）所提出之教學流程來進行。本研究之第四章〈高中現代詩寫作教學實踐〉，即引用「共同學習法」的觀念，試圖透過活動的方式，指導學生在自我學習

---

88 共同學習法是由D. W. Johnson及R. T. Johnson所發展出來的合作學習法，它特別強調積極互賴（positive interdependence）、面對面助長性互動（face-to-face promotive interaction）、個別責任（individual accountability）、人際與小組技巧（interpersonal and small group skills）及團體歷程（group processing）等五大基本要素的落實，適用於各學科及領域。實際之實施流程包括：課前決定、說明活動程序與完成作業的方法、學生進行小組合作學習、確定個別責任及表揚、小組反省檢討、及老師綜合講評。

及同儕相互激盪之下，一方面理解現代詩的重要元素，一方面吸收現代詩的理論知識，並進入現代詩創作的殿堂，實踐由「引起動機」到「互助合作」再到「提升學習成就」的理想。

（二）合作學習之理論基礎

隨著近來許多新的教學理論或觀點的陸續出現，合作學習一方面在理論研究上納入這些新的理論或觀點，另一方面也藉以發展更多元、革新性的合作學習理論基礎。大致可分成四個方面：

一、認知學徒制及精緻化認知學習策略[89]

二、多元智慧理論[90]

三、社會建構理論[91]

---

89 情境學習是近代認知心理學所發展出的一種教學方式，強調知識是學習者與情境互動的產物，深受社會脈絡及文化的影響（徐新逸，1998）。克林斯、布朗和紐曼（A. Collins, J. S. Brown & S. E. Newman）及羅格夫（B. Rogoff）等人由此一觀點出發，而後發展出「認知學徒制」（cognitive apprenticeship），它其實是一種「做中學」的形式，將學習的任務置於真實情境中，主張學習必須從實際工作環境的社會情境中產生，並著重學生的認知及後設認知（Collins, Brown, & Newman, 1987; Rogoff, 1990），此正與合作學習的觀點不謀而合。唐塞祿（Dansereau, 1998）即以此作為基礎，藉以發展出「配對式合作學習」，此即一種認知學徒制合作學習。他認為如果只是讓學習者使用自己的方式來達成合作學習的目標，其效果將是有限的，但若能藉由配對式合作學習，小組成員彼此間透過認知互動的過程，將更能促使學習者達成共同的學習目標。

90 合作學習有個非常重要的目的，在於透過學習過程教導學生如何相互合作的社會技能。這種社會技能對於學生未來踏出社會後的工作常帶有極大的影響。尤其是現今社會多元與多變的特性，「單打獨鬥」的成果已經抵不過團體的智慧，只是現今許多年輕人卻缺少團體的社會技能，反而經常與團體成員無法溝通、格格不入。愛倫斯指出，合作學習能幫助人們習得社會技能並改善合作行為，而此正可符合嘉納斯所提出的八項多元智慧之一的「人際智慧」（Arends, 2004;357）。

91 在合作學習的過程中，學習者被視為一個主動的知識建構者，會主動地與這些環境因素進行互動，以建構所需的知識。因此，教導學生時必須營造一個可以嘗試錯誤、實驗及互動的學習環境，教師必須允許每個學生可以建立屬於自己的理解範

四、民主教室的概念[92]

(三) 合作學習之目的及功能[93]

　　自林佩璇、黃政傑的《合作學習》一書中歸納合作學習的目的與功能包括：一、增進學業成就，二、提高學習動機，三、擁有和諧的班級氣氛。

　　綜上所述，合作學習在學生的認知表現上，不僅有助於基本知識和技能的獲得，更有助於學生高層次的認知能力的提昇。在情意學習方面，能建立學生的自尊心、積極的學習態度，且增強學習動機及更主動投入學習活動中。在技能方面，合作學習強調社會技巧培養，對人際溝通、領導的角色，能更有效的提供同儕支持與協力、以改善班級氣氛。有鑑於此，筆者以「合作學習」為理論基礎，落實於「現代詩寫作教學實踐」當中，期能達到學生主動參與、教學相長的目的。

　　疇；然後，建立社會學習目標，促使學習者在學習活動中有自己的聲音和選擇，能成為一個謙恭的傾聽者，也能尊重其他人的想法（Watson, et. al, 1998: 149-152）。

92 杜威的教育理念主張教室即生活學習的實驗室，必須將教室形塑成一個具有民主氣氛的學習環境，它同時也是一個充滿愛、正義、關懷、信任、有責任感的學習社區，讓學生學習參與社會及處理人際關係間的程序和問題（Arends, 2004:358; Kesson, et al, 2002:9）。邇來，有若干學者（如Kauchak & Eggen, 1998；丁惠琪，2000；李咏吟，1998；李秋芳，2002）已開始對合作學習提出一些檢討與改進之道，其中關鍵性的問題大多在於合作學習歷程中教師對於秩序的管理失當，小組成員間的討論不夠開放，個人的責任感不足，學生不清楚自己在小組中扮演的角色，小組成員異質性不夠等。因此許多合作學習的研究重新強調杜威民主教室概念的重要性，除了進一步思考解決合作學習實施過程的問題，也期能尋繹出如何建立更民主的教室學習情境。

93 摘自林佩璇、黃政傑：《合作學習》（臺北市：五南出版社，1996年4月初版1刷），頁130-133。

第三章
現代詩寫作教學設計探究

　　筆者在這幾年教學生涯中發現，現代詩的鑑賞容易落實於教學當中，但對於現代詩創作的部分，卻成為很多老師及學生，極少去碰觸的領域。為什麼會有這樣的情況出現？很多人認為，現代詩是少數具有敏感心靈及創作天分的人，才有資格去創作的文類。然而，創作詩本身，能夠帶給學生什麼呢？除了對文字的敏感度之外，創作教學，能夠把學生帶領到什麼異於單純鑑賞的層次？

　　當今詩壇，也是有一些常人認為是「天賦異稟」的詩人，孜孜矻矻於教導現代詩創作的領域之中，其中尤以蕭蕭及白靈，各擅勝場。除此之外，學者對於現代詩創作教學，研究成果也相當豐碩。自網路發達以來，詩人由紙本創作，投入到網路互動的超文本flash動畫，將現代詩創作帶入到一個新的領域。以下即以這三個面向，去分析討論，架構出當今臺灣現代詩寫作教學概況。

第一節　詩人的現代詩寫作教學研究

一　白靈

　　一九八〇年代以後，臺灣出版許多創作方法的析論，除了之後會討論到的蕭蕭之外，白靈繼《一首詩的誕生》[1]之後，又出了《一首

1　白靈：《一首詩的誕生》，臺北市：九歌出版社，1991年12月30日初版。

詩的誘惑》[2]、《一首詩的玩法》[3]等專著，討論現代詩創作的方法，深入且具體可行。白靈在《一首詩的誕生》裡面，引用赫曼赫塞的話：「寫一首壞詩的樂趣甚於讀一首好詩。」認為「作一名蹩腳的作者勝過當一名高明的讀者。」[4]以下即針對白靈這三本著作，來作簡單的論述。

（一）《一首詩的誕生》

此書除了序言〈從讀詩到寫詩〉之外，共有七個主題：〈比喻的遊戲〉、〈想像的捕捉〉、〈煎出一首好詩〉、〈意象的虛實〉、〈尋意與尋字〉、〈形態的分析〉、〈特性列舉法〉，和附錄〈想像力的十項運動〉。七個主題都是在指引讀者作詩的要領，及白靈自身對創作詩的一些心得與想法。

這本書當中，筆者以為最重要的觀念，是在打破時人對新詩創作的迷思。白靈在〈從讀詩到寫詩〉的序中，一開頭就提到：「很多人都以為一首詩的誕生就像是嬰兒的臨盆般，是頭腳齊全地來臨的，殊不知它們經常是靠一隻鼻子找到一張臉，憑一根腳趾找到一條腿的。當然，就更少人願意相信，你可以同時憑著五根無名指找到五隻不同的手掌，然後再四肢齊全……又何妨也試試遊戲般、充滿各種可能的『卵生法』？」這樣的言論，對現代詩創作而言，是極具革命性的。將新詩創作，從神聖嚴肅光宗耀祖的偉大象牙塔中，加入了遊戲和親和力的因子，使讀者也由中燃起了「也許我也能做得到！」這樣的雄心壯志。有了這樣的想法之後，白靈也提出了他對於寫詩的心

2　在此用的是白靈：《一首詩的誘惑》，臺北市：九歌出版社，2006年2月10日初版，但白靈在河童出版社早已出過相同的書，是1998年5月1日出版。

3　白靈：《一首詩的玩法》，臺北市：九歌出版社，2004年9月10日初版。

4　白靈：《一首詩的誕生》，頁2。

得，那就是「比喻」和「想像」的重要。

　　布魯東說：「將性格極為邈不相及的兩個對象拿來比較，或者，以任何其他方法將它們驚人且突兀地收作一處，始終是詩所企望的至高要務」，村野四郎乾脆把詩當作「比喻的文學」，這些都是鼓勵寫詩者要善用、廣用、愛用比喻[5]。在〈比喻的遊戲〉[6]這一篇中，白靈提倡經由兩種方式的擴大引伸，可以確實的落實比喻的技巧：

　一、將四個名詞擴大為數十個名詞。

　二、由上述名詞再任意引伸出各類辭彙，便可擴大吾人想像活動的
　　　範圍。

　　簡言之，即是排列出十到十五項相關的兩個名詞（寫於A欄及B欄），各自寫出引伸的各類辭彙（寫於C欄），之後以「XX的XX」的形式，來相互聯結A、B、C三個欄位，留下稍有新意的句子，來排列成詩句。主要是藉由二個或是數個辭彙，做意義及想像之間的衝撞，試圖留下隻字片語的靈感，來連綴成幾句富含詩意的句子。這個方法的優點，在於名詞與名詞之間，名詞與比喻的引伸之間，存有很多想像與聯結的空隙，可以讓初學者在詞語與詞語之間，去思考是否存在著互相聯結的可能，打破既有僵化的固定概念，而對新詞語產生新的聯結方式。這種方法，很適合於課堂當中使用。[7]但是這個方法，也存在著現實教學中可能出現的困難點有待突破。例如詞語之間的聯結，該如何斷定怎樣是成功的、怎樣是失敗的？要由誰去選擇哪些句子富

5　白靈：《一首詩的誕生》，頁14。

6　白靈：《一首詩的誕生》，頁13-25。

7　讓學生分組，一組想兩個名詞，然後給五到十分鐘，讓他們這一組去思考，這兩個名詞，能夠得到什麼樣的延伸辭彙。等各組都想好了，開放時間讓學生去看各組的成果，然後再給時間，讓學生去串連自己這組及其他各組的辭彙，能夠得到什麼樣的聯結方式。最後時間到了，一組以能想到最多「XX的XX」的句子的組別，為最優勝。之後再請學生選出幾個自己認為最有詩意的句子，最少三到四句，回家串連成一首詩。（筆者可能的課程設計）

有詩意，哪些句子則沒有？有這麼多詞語去排列組合，出現不好聯結的可能性是偏高的，有些錯誤聯結，如果善加詮釋即可成為好詩，但該如何去剪裁較為妥當？會不會造成有佳句而無佳篇的情況產生？白靈在這篇的後面，有舉到夢幻藝術畫家米羅說過：「我需要一個起點，這或許只是一粒塵埃，或許是一道光芒，這些形式皆能使我創造出一系列作品，一件東西會衍生另一樣東西，因此，一條線便能讓我啟動整個世界。」也許這就是白靈，對這個〈比喻的遊戲〉，所作的最佳註解吧！

此書中第二個值得注意的要點，是〈想像的捕捉〉[8]這個篇章。創作一首詩，最重要的，是聯想及譬喻的能力。想像常用的手法——接近、類似、對比三個聯想原則[9]，一首圓熟的詩即是此三種聯想的交互運用。白靈先於表格中簡介關於這三種聯想的基本定義及運用手

8　白靈：《一首詩的誕生》，頁27-40。
9　出自白靈：《一首詩的誕生》，頁28。

聯想法	接近聯想	類似聯想	對比聯想
性質	所述對象均為相近事物或同一類事物	所述對象之間非為同類而為某種性質相似者	二事物間因大小、強弱、色彩、時間、空間、善惡……等成對比者
用法	舉出描寫對象的特性、形態、背景，和形成的原因等	運用強制關聯法，使兩不相干事物產生聯想	將二對比強烈事物並置使產生關係常需誇張、反諷或否定等
示例	風聲牽回來叮嚀一聲駝鈴／走過的坎坷便被輕輕掃平了	當風的彩旗像一片被縛住的波浪	就在昨天／凱撒的一句話還能抵擋全世界
修辭學名詞	賦　示現	比　類比　比喻	賦或比　倒反　誇飾
使用難易度	不易用	容易用	難用

法，接下來便是以「XX的XX」為基本句式，運用接近、類似、對比聯想寫出任何可以想到的辭彙（名詞、動詞、形容、副詞均可），以此方法，來形成所謂的「聯想的大樹」。如此書中舉「蠟燭的火光」及「畫布的天空」為例，依此原則來展開兩株聯想的大樹。「畫布」運用接近聯想，得到「水彩、風景、色彩、窗簾、顏料、畫家、潑墨、花朵、心扉、梵谷……」，這些詞彙再依照接近原則，又得到「追求、永恒、美麗、不修邊幅、浪漫」等詞語，再運用對比原則得到「拘謹、短暫、醜陋、現實」；「畫布」本身，又可以運用類似聯想，得到「桌巾、地氈、舞臺、草原、大海」等詞彙；「天空」這個詞語，運用接近聯想，可以得到「寬廣、小鳥、白雲、飛翔、風箏、穹蒼、夕陽、落日……」，這些詞彙再依照接近原則，又得到「小孩、奔跑、拉扯、拔河、停止、爭執」等詞語，整個彙集起來，即形成一個聯想的大樹，之後再按照先前「比喻的遊戲」的方法，把各個詞語之間，以富含詩意的方式做各種聯結，如：「夕陽在天空擠了滿天的顏料」、「你曾經在畫布的天空裡放過風箏嗎」、「整個黃昏是白晝與黑夜浪漫的爭執」……，最後，再選擇幾句相關的句子連綴起來，即成為一首小詩。

　　簡言之，無論是〈比喻的遊戲〉還是〈想像的捕捉〉，白靈在這本《一首詩的誕生》中所開出的視野，都是以詞語的互相激盪，來開展出「遊戲詩」的另一個局面。一樣是藉由詞語的連綴來開展出詩句，「比喻」的主題較為跳躍，而「想像」則有三聯想原則為依據，離主題不會太遠，這是這兩種模式不同的地方。但共同需要解決的課題是：「如何篩選出富有詩意的句子，並將之聯結成一首詩」，這是落實在實際教學之中，對於不是詩人的教學者、老師而言，比較困難提點學生的地方。除此之外，本書最大的優點，是把新詩教學中常淪於抽

象的理論，以舉例的方式，讓讀者易於理解。如關於「詩與非詩」[10]，常見的說法如「散文如散步，詩如舞蹈」或「散文如白開水，詩像醇酒」這種雖富含詩意，卻令學生難以理解的抽象言論；但白靈能舉實際的散文及詩句，來一一說明為何這句是散文，把實詞代換成虛詞，即可成為新詩的理由，這是此書的優點。

　　但此書仍有其時代的侷限。對於自身為詩人的白靈而言，「教導別人如何創作新詩」，這樣的理想和現實仍有段不小的落差。如此書其他的章節〈煎出一首詩〉、〈意象的虛實〉、〈尋意與尋字〉、〈形態分析法〉、〈詩性列舉法〉，對於實際從事現代詩教學的中學教師而言，文字上的使用及教學上的建議，仍是太過困難。如其中的「虛實二十法」[11]，雖講解清楚、舉例明白，但要實際消化為教學上指導學生之用，仍只限於教學者自身批改學生作品，而較難直接用於教導學生創作之上。又如「詩的換骨法」、「詩的脫胎法」[12]，彷彿較適合已具有詩素的創作者自行練習，而非剛開始創作的學生起步之用。此書最後，附錄有〈想像力的十項運動〉[13]，對實際教學者而言，是非常精采而貼心的「類學習單」設計。除了先前提到的「比喻的遊戲」、「聯想的大樹」外，筆者認為「內省六何法」、「意象的練習」也是十分簡而易循的。在此篇章中，關於「詩的虛實法」及「動詞形容詞」，白靈在此用的是近似選擇題的概念，很能夠讓學生對比出詩所應具的質素。至於「換骨與脫胎」、「主題抽象化」、「形態分析法」及「特性列舉法」，尤其是後三者，比較著重的是對詩的賞析的層次，或是過於抽象的主題思維，需要動用較高的詩性判斷，就較難融入於中學教現

---

10 出自白靈：《一首詩的誕生》，頁58-59。

11 同上註，頁84-90。

12 同上註，頁101-110。

13 同上註，頁187-208。

代詩創作的領域。但對於現代詩創作的教學領域而言，白靈這本書仍是具有其功不可沒的時代意義。

（二）《一首詩的誘惑》

本書計二十個單元，論述十三個主題：〈說詩與說夢〉、〈詩與非詩〉、〈好詩與壞詩〉、〈形式與實質〉、〈晦澀與明朗〉、〈題材與角度〉、〈秩序與焦點〉、〈主題與表現〉、〈詩與散文詩〉、〈詩句比較〉、〈形式練習〉、〈詞彙選擇〉和〈詩的探險〉。內容有作品賞析，有創作方法，文字較為淺顯易懂。

此書與其說是「教導如何創作現代詩」，不如說是「教你如何判斷創作的是好詩還是壞詩」，與《一首詩的誕生》、《一首詩的玩法》內容稍有區隔。除此之外，在抽象的說明好詩與壞詩的定義時，能夠明確地舉出實例，來讓讀者更為理解。如現代詩中，最難說明的，是所謂的「意象」。白靈如何解釋呢？

> 「搖撼傀儡的手指頭」、「被車撞了一下」、「給他一把梯子」……等等，是日常用語，都是實用句，都只有「象」，並無虛擬的情緒在其中，而「搖撼傀儡的生命」、「被美撞了一下」、「給夢一把梯子」……等等句中的「生命」、「美」、「夢」的字眼，均是肉眼無法掌握的，是虛擬的情「意」，當它們與前述各句的「象」相連結，詩意便出現了。[14]

簡單的一個段落，前後對比舉出例證，能夠使人很快地抓住要點。又如一開始學創作的初學者，可能會苦於沒有題材，白靈就會說：「詩的好壞常不在題材的選擇，也不一定在作者觀察角度的不同，不

---

14 白靈：《一首詩的誘惑》，頁20。

同的角度一樣可寫出味道迥異的詩來。但觀察是否入微、表現形象是否精確，卻深深影響一首詩的好壞。」[15]雖是身為創作者的信手拈來，但對於不敢輕易嘗試創作的入門者而言，卻是相當懇切的建議。

　　除此之外，一開始接觸詩的人，常會有到底詩是要讓人看得懂？還是要讓人看不懂才算是好詩？諸如此類的疑惑。我們平時在閱讀的詩集，也往往呈現兩極化的寫作策略。如銷售量極佳的席慕蓉詩集《七里香》，即是走平易近人路線；而學術上給予極大關注的詩集，如洛夫的《石室之死亡》，卻是以超現實手法，及晦澀艱深而出名的。白靈在此書中，對明朗與晦澀也做了一番解釋：

> 如果明朗代表可解，晦澀代表不可解，則好詩常常落在明朗與晦澀之間，在可解與不可解之間……明朗是不怕你懂，晦澀是就怕你懂。明朗是不用你費力，晦澀是就要你費力，這也是為什麼讀者易接受明朗而常排斥晦澀。問題出在於：明朗離平淡平凡很近，晦澀離無解的死結也很近。詩若能避免這兩個極端，則明朗與晦澀都不算太差的詞。[16]

後面白靈又舉了鍾鼎文的〈瞭望者〉與羅智成的〈觀音〉來說明，這兩首詩前為明朗後為晦澀，因作者使用的寫作策略不同，所想要帶給讀者的畫面也不同，但這兩首詩都不失為好詩。除了現代詩的語言外，題材與寫作的角度，也值得玩味。同樣的題材，在不同的詩人眼中，成為不同的存在。白靈以溪流為主題，舉了三首詩[17]，以鑑賞分析的方式，去比較這三首詩所帶來的視野、角度、動靜、想像空間、

---

15 白靈：《一首詩的誘惑》，頁31。
16 同上註，頁68。
17 傳文正〈溪流〉，陳坤崙〈溪流〉，聞一多〈小溪〉。

努力程度及獲得的樂趣。用這種比較鑑賞的方式，使讀者體會，現代詩創作中最重要的，不是特殊的題材，而是對日常事物，投射以渲染上自我色彩、及詮釋能力的眼光。無論是什麼樣的題材握在手中，都能夠自在地切入一個詩意的角度；這就是一種創作能力的提升。

　　有了題材之後，白靈進一步去探討，「題材」與「主題」之間的關係：

> 題材常是指外在客觀世界的「人」、「事」、「物」，主題則多指內在主觀自省或認定的「情」、「思」……當想寫的是已存在於外在世界、較具體的題材時，那麼需往內心世界去尋求「主題」，看看有什麼情思可以「點燃」這些題材，讓題材不只停留在表面的現象上，而能與我們內心某些「感覺」、「觀念」，乃至「結」或「盲點」觸類相通。一首詩如果從內心世界出發，這時就反過來，需朝向外在世界的事物中去尋求附著，看看有什麼具體可見的東西可以間接呈現我們內心的感覺或企求，如此方不致使「主題」落空。亦即有了「題材」必須加上「主題」，有了「主題」必須加上「題材」，才有可能完成詩的「表現」。[18]

後面一樣是附上實例，使這些抽象的文字有實例可以依據。如寫一個題材「小舟」，如果真的只寫具象的「小舟」，當然無法給人什麼特別的印象，而是要寫其可能的象徵義，或是它所延伸出去，具特殊含意的一個概念（此舉蓉子與方旗的〈小舟〉為例）。同樣的，如果今天要寫一個主題「寂寞」，與其浪費筆墨寫你如何憂愁哀傷眼睜無法驅

---

18 白靈：《一首詩的誘惑》，頁118-119。

除等等感覺層面，不如將其具象化為「寂寞是一張單人床／向夜的四週無限地開展」（余光中），這寂寞就有具體的「床」可以依附。[19]這些給初學者的入門建言，不妨也可以視作給教學者批閱學生作品優劣的依據。

書中另一個主題〈詩句比較〉[20]，其形式大約在《一首詩的誕生》即出現，出現在其〈想像力的十項運動〉當中。一樣是以選擇題的形式，各列舉出二到三個詩句的選項，讓學生去判斷哪一個選項能涵蓋較多的詩意、表達的最好。不過在此書中，有附錄學生實際選擇的結果，及之所以選擇此項的原因，足以供教學者及創作者當作參考。學生可藉由看到原作的正確答案，去思考之所以選項這樣排列、或用這種詞彙的目的；而附上實際操作的結果，也能讓這本書的讀者了解理想與現實之間可能的差距，進而達到思考如何引導自己或他人得到正確答案的途徑。

白靈最後在〈詩的探險〉[21]中，引黑格爾的一段話來鼓勵現代詩創作者可加強的天賦能力：

> 哲學家黑格爾在《美學》第一卷裡就提到創作的主要條件有三：①要有明確掌握現實世界中現實形象的資賦和興趣，且牢牢記住所觀察的事物；②要能熟悉人的內心生活、各種心理狀況中的情慾及人心中的各種意圖；③是在以上的雙重知識之外，還有一種知識，即熟悉人的內心生活通過什麼方式才可表現於實在界、才可通過實在界的外在形狀顯現出來。[22]

---

19 白靈：《一首詩的誘惑》，頁136-137。

20 同上註，頁167-180。

21 同上註，頁205-218。

22 同上註，頁206。

在同一頁中，白靈呼籲有心創作的讀者多多加強自己的三種能力：

　　一、向外看的能力：對外在世界觀照細察的能力，亦即觀察力；

　　二、向內看的能力：對自我本身或內在世界省察的能力，亦即內省
　　　　力；

　　三、組織結合的能力：將相似事物或不相干事物透過思考──抽
　　　　象或具象思維將之重排組合的能力。

　　　這三種能力的培養，不是只讀完這本書就可以完成的，這本書所
提供的現代詩創作方法，基本上也是以這三種能力的培養為中心，去
開展設計出來的。白靈在這本書中，所想要傳達的概念，是詩固然不
是一蹴可幾的，但也非全然無從捉摸、沒有範式的。以中學教師的眼
光來看，此書與其說是適合當作可以直接上現代詩創作的教師用書，
不如說是適合推薦給剛剛起步的、對現代詩創作和鑑賞還感到無從捉
摸、無從評斷起的創作者和教學者，在實際創作及批閱前，可以拿來
建立對現代詩的正確理解與閱讀，及提供創作者可行的角度去切入，
題材去做選擇；用這樣的眼光來看這本書，可以從中獲得最多。

（三）《一首詩的玩法》

　　　本書計十六個單元，論述八個主題：〈詩的發生〉、〈卵生與胎
生〉、〈一行詩玩法舉隅〉、〈小詩玩法舉隅〉、〈散文詩玩法舉隅〉、〈圖
畫詩玩法舉隅〉、〈剪貼詩玩法舉隅〉、〈數位詩玩法舉隅〉，和後記
〈「一首詩的玩法」之玩法〉。此書除了創作方法之外，還結合了作者
實際教學的學生作品，文字更為平易近人，步驟較前兩本更為方便遵
循，書中甚至附錄圖畫詩、剪貼詩的作品，彩色圖文，豐富繽紛，引
人入勝。

　　　這本書非常推薦給中學教師們使用。其實仔細來看，白靈在這本
書中所提到的一行詩玩法、小詩玩法，其步驟仍是脫胎自《一首詩的

誕生》當中的〈想像力的十項運動〉，大抵上不出其範圍。但是白靈
在十幾年的教學生涯中，真正落實到教導的層面，而能對先前筆者所
提出的問題，做了很好的改善，並提供教學上的實證。

本書中對「胎生法」、「卵生法」[23]做了更詳細的解說，如下表：

表一　卵生法與胎生法的比較

創作途徑	筆意說法	動機	內心狀況	造情造文	靈感數目	創作說	困難度
胎生法	意在筆先 由意到筆	自然的	無意為文 欲罷不能	因情造文	一種等待	浪漫式創作	不易學習
卵生法	筆在意先 由筆到意 再到筆	不自然的	有意為文 鍥而不捨	因文造情	多種尋找	反省式創作	較易學習

白靈本身即為詩人，對於詩人們對創作所抱持的崇高理想、浪漫情懷，
一定了解至深。但就因為他本身是詩人，所以更要在現代詩創作教學
上，盡更大的努力，去說服別人，現代詩創作是可以教的。他說：

> 人類在整個成長過程中，歷經的情感、經驗儲存於心中實在已
> 多得不可勝數，很少人有機會仔細將它們一一沉澱反芻（結果
> 都落入潛意識中去了），如果能透過對語詞的觸碰而抓取這些
> 隱藏的種仔，一一落土在心中，則靈感的躍跳將不只一端而
> 已。[24]

在現代詩創作教學中，白靈認為「想像力」是最需要掌握的重點。他

23　白靈：《一首詩的玩法》，頁25。

24　同上註，頁27。

說：「詩的想像是霧，詩的句子是這些霧凝聚的露珠。」如果能經由教學，讓學生深入挖掘自己的潛意識，去採發那些他們本已有的、只是欠缺引導的礦藏璞玉，則人人皆可成為詩人，生活中無處無物不可入詩，詩對於時人就不再是高高在上的一門學問，而是日常生活中俯拾即得的親人文學。

　　除了講解卵生、胎生之外，本書值得一談的，是跳脫先前〈想像力的十項運動〉中，關於「詩的虛實法」及「動詞形容詞」是以選項的方式讓學生理解，在此書〈一行詩玩法舉隅〉[25]中，是以「填空格」的方式，去刺激學生思考，最後再公布詩人的答案，讓學生去比較自己所想的與標準答案之間，有什麼樣的異同之處。筆者認為，這是一個很適用於教學，並且富含教育價值的創作遊戲。學生由思考空格該填什麼辭彙當中，主動去參與一首詩的完成，對那些答對或接近的學生而言，這固然是一種鼓舞，一種肯定；對那些答出不同答案的同學，有的可以去思考自己的辭彙吸收量、詞語掌握度是否有可以再改進的地方，有的則可以進一步去思考，自己的答案是否有比原作更好。在大家互動討論的同時，就是一種「再創作」的衝擊，及刺激學生加強對文字的敏感度，這對現代詩創作教學而言，富含正向的教學意義。

　　而在《一首詩的誕生》之中，被筆者認為較難適用的「換骨與脫胎」法，在此書中也「奪胎」為「語言的擦撞」[26]遊戲，白靈將困難的文字與敘述，在此書中換成較簡而易循的學習單表格，使老師們在教學之中，能更輕易地執行。一樣是運用「詞彙的擦撞與聯結」這樣的概念，此書中增加學生實際創作出來的表格與聯結而成的句子，讓老師們能夠更有信心去操作這樣的教學模式。

25　白靈：《一首詩的玩法》，頁29-69。
26　同上註，頁43。

　　除了一行詩之外，另外值得一提的，還有〈小詩玩法舉隅〉[27]。一開始，白靈藉由「排比」的句式，列舉幾位詩人成功的作品，並且說出一段話：

> 於是我們可以理解，形式的重複即使在一首詩中會朝兩個方向發展：一個是相同的詞在每句詩的句首或句中或句尾不斷地使用，常見的次數是三至七次，一氣到底；一個是連用數次之後，為免呆滯死板，將意境轉開或盪離，以免陷落其中，有時若不運用，則分數次在各段中重複，可造成複沓感。[28]

成功的運用複沓感，可以增加詩的韻律，這在本文中「形式」的部分會討論的更詳細。白靈在這裡所舉的好幾首詩例，雖不見得對初學者而言是好模仿的，但在反覆朗誦當中，能讓讀者更加體會詩的節奏及韻律——即詩的音樂性——這一向是創作教學當中，最難教會的。除了節奏感之外，白靈還在這個篇章當中，提出了小詩教學的四個步驟——填空、分行、訂題、仿作，也是很適用於實際教學之中。

　　一、填空：「一口老甕／裝著全家人的□□□□（名詞，一至四字）／放在屋漏的地方接水／一家人的辛酸（動詞）」跟前面「填空格」的形式一樣，只是這裡是固定以同一首小詩〈雨天〉[29]，做這四個步驟的中心。

　　二、分行：告訴學生原作是將這四行詩句，排列成六行，請學生按照自己的認定，逐行看看是否哪幾句可分行。這個動作，可以訓練學生「跨行」的能力。

27　白靈：《一首詩的玩法》，頁70-112。
28　同上註，頁73。
29　全詩：「一口老甕／裝著全家人的／心，放在屋漏的地方／接水／彈唱一家人的／辛酸……」

　　三、訂題：讓學生去思考「題目」為何，這也是近幾年來大考的趨勢。等學生思考過後，與原作的〈雨天〉一同提出來討論，看哪個題目最能涵蓋最多的詩意。

　　四、仿作：可由續寫開始，如保留前兩行，後面模仿形式；或者直接就這首詩的形式來模擬，讓學生彼此互看練習的詩作，相互討論。

　　以上都是對教學者，較為簡單的現代詩創作教學模式。如果學生已有基礎，希望更進一步的話，此書也有更進一層的創作練習可供參考。如〈散文詩玩法舉隅〉[30]，讓學生閱讀四首散文詩，排出各自喜愛的順序，依形式讓學生去模擬其中的韻律及結構，創作出形同而內容不同的散文詩。這是屬於難度較高、適合程度較好的學生的創作遊戲練習。筆者更為欣賞的，是白靈在此章節中，放入杜十三的〈火〉的散文詩畫面，將學生由內在的自我賞析層次，外顯到將內心的想像圖畫化，使讀者產生更大的興趣。本章節中也有令人眼睛一亮的白靈學生的作品，看得出來極富詩性與巧思，但筆者對實際教學能否收到同樣絕佳的效果，仍持保留的態度。

　　此書最特別的地方，除了更加落實在教學層面上，還有增加了更多詩的趣味性及創新思考。如白靈讓學生作〈圖象詩舉例〉[31]及〈剪貼詩遊戲〉[32]，都從制式的詩文本，添加了學生勢必喜愛的圖畫及剪貼的元素，豐富了詩的多樣性。從現今社會流行幾米的繪本及朵朵小語當中，可以看出大眾對閱讀的口味，偏好輕薄短小、語近情深的小品，再搭上圖畫來延伸文字的想像空間；這當然也可看出讀者對文字的不夠耐煩，及電視、電腦等畫面對純文字所造成的衝擊。臺灣的現代詩壇，很能跟上時代的潮流，其實也是對日益疏離的讀者而言，相

---

30 白靈：《一首詩的玩法》，頁113-155。

31 同上註，頁197-202。

32 同上註，頁228-235。

當貼心而善於自省的。除了紙本之外，此書甚至有〈數位詩玩法舉隅〉[33]，對嫻熟於電腦的 e 世代、動輒擁有一個或一個以上的部落格的新生代而言，這是一種讓他們接近詩的一個窗口，也是讓不那麼熟悉數位化的中生代學習如何做 flash 超文本的操作模式。

筆者身為一個中學教師，樂見臺灣詩壇出現這麼一個諄諄教誨、始終貫徹自己理想的創作者，同時也是教學者，在自己的教法上精益求精、求新求變；讓同是新詩教學者的我們，在現實衝擊當中，仍能有一套模式去遵循，去架構出可能的現代詩創作範式。這是本結合理想與實際操作的現代詩創作書籍，雖然仍可看出此書的學生本身具有一定的詩素水平，不見得能完全適用於全國的中學學生當中，但瑕不掩瑜，誠心推薦給全國有志於現代詩創作的老師們使用。

二　蕭蕭

蕭蕭長久以來，為現代詩創作教學貢獻心力，由於本身即是南山高中的教師，所以更能以生動活潑的語言，深入淺出的講解技巧，提供現代詩創作教學者更多的方向，更簡明易懂的教學方式。他善於運用「聯想」的概念，讓學生自由去想像、練習，容易引起學生的學習興趣。蕭蕭說：「詩是想像的產物，惟有勇於發揮想像力的詩人，才可能成為傑出的詩人。」因此他所出的現代詩創作書籍，皆是以這個想法為中心，去伸展開來的；以下即依次以《現代詩創作演練》[34]、《現代詩遊戲》[35]、及《蕭蕭教你寫詩，為你解詩》[36]這三本書為中心，做進一步的探討分析。

---

33 同上註，頁247-274。

34 蕭蕭：《現代詩創作演練》，臺北市：爾雅出版社，1991年7月20日初版。

35 蕭蕭：《現代詩遊戲》，臺北市：爾雅出版社，1997年11月10日初版。

36 蕭蕭：《蕭蕭教你寫詩，為你解詩》，臺北市：九歌出版社，2001年6月10日初版。

（一）《現代詩創作演練》

　　此書分為兩輯：第一輯〈現代詩創作演練〉，含〈隨興幻想、定向聯想、矛盾聯結、偷龍轉鳳、超越時空、轉換角色、聲色雜陳、鏡中映象、亂麻快刀〉共九個單元；第二輯〈現代詩詩史流變〉，包括〈嘗試集的破舊立新、新月派的情采聲韻、象徵派的詭譎祕境、日據下的時代悲歌、知與情的春光秋色、超現實的大膽試探、老中國的文化鄉愁、大臺灣的現實藍圖、新人類的後現代風〉九篇文章。可知與創作相關的是第一輯，第二輯則屬詩史及批評觀的範圍。

　　在此書的〈自序〉中，有提到蕭蕭之所以寫成這本書，是因為一九八九年他擔任耕莘寫作會新詩組導師，由帶學生創作的過程中，逐漸形成這一整個演練的文本。蕭蕭又試驗於北一女中極光詩社，及輔仁大學新文藝習作課程，效果都還不錯。《現代詩創作演練》出版於一九九一年七月，比白靈的《一首詩的誕生》還要早（1991年2月），是同一類書籍的首創。由於這本書是試驗過後的作品呈現，能夠直接附錄學生的作品，比同一年出版的《一首詩的誕生》要來得更簡明易循。

　　此書仍是以「聯想」為全書的主軸。蕭蕭為「耕莘青年寫作會的會員」所上的第一堂課，就是〈隨興幻想〉[37]，強化他們的大腦聯結能力。他請學生自由聯想「棉花糖」、「安全島」、「杉林」，請他們就這些詞語的外形、色彩與特質做聯想，寫出聯想得到的句子。如棉花糖，除了「柔軟的雲絮。童年的歲月。蘋果的臉頰。甜甜的滋味。」等就外形而做的聯想外，還有與愛情相聯結的「很美的開始，不怎麼美的結束——惱人而甜蜜的愛情。」的句子，甚至可以得到「待嫁女兒心——顏色表現了喜悅，內在是雜亂不知如何面對未來的心。」等

---

37 蕭蕭：《現代詩創作演練》，頁3-18。

較為跳脫的聯想句。從這些會員所創作的句子當中,可以看出每個人的心中都有一個不為人知的小宇宙,將不同的詞彙投注進去,會幻化出不同瑰麗而繽紛的色彩,由中延展出詩的無限可能。

　　除了詞彙的聯想外,一個很有趣的練習是〈定向聯想〉[38]。蕭蕭為其做了一個定義:

> 所謂「定向聯想」,就是一種聯鎖性的聯想,由甲而乙,由乙而丙,由丙而丁,甲和乙要有思理上的必然,乙和丙要有感情上足以系聯之處,丙和丁在形相、顏色、聲音上要有可以通同的地方,如此連鎖下去,環環相扣,就不會是一首結構不良的詩。譬如說:由「海水」聯想八個名物,最後一個要與「火花」很自然很貼切地串接在一起,你會如何從「海水」慢慢思考到「火花」呢?這就是一種定向練習。[39]

這個定向聯想,很適合給學生做課堂練習之用。曾經有一個綜藝節目玩過「食字路口」,是以甲食物為開頭,必須一路玩接龍的遊戲玩到乙食物才算結束;這個定向聯想有些近似食字路口的概念,能成功刺激學生的想像,迫使他們在聯想與聯想之間,設法找到其中奧妙的關連性,進而完成這個演練的過程。除此之外,還有〈矛盾聯結〉[40]。此篇章作者舉出三組事物:磚塊與金屬、街道與河流、鴿子與老鷹,三組由兩樣不同性質的事物聯結在一起,或者是同一物類卻有不同屬性的兩件事物,找出他們的共通點何在?由寫作會的會員各自去思索三十分鐘,寫下自己思考的過程,再看看他人想到了什麼,他們探尋

38　蕭蕭:《現代詩創作演練》,頁19-18。

39　同上註,頁20。

40　同上註,頁33-56。

的歷程可能又啟發自己。這樣的活動重點不是要完成一首詩，而是自己思索的歷程，及與朋友之間相互衝激的互動作用。矛盾越大，可能造成的衝突也就愈大，聯結的可能與方式也就更豐富而多元。

除了各種形式的聯想方式之外，蕭蕭在這本書中，也創新使用「填空格」的方式，來加強學生再創作的動力。在〈偷龍轉鳳〉[41]這個篇章，他找來五首詩的句子，在關鍵字眼的地方缺空著，讓演練者自由去思考、去填寫。如他以洛夫〈河畔墓園〉的一小節，挖去其中最關鍵的四個字讓演練者去填寫：

我愛你
運來一整河的水
流自
我□□□□的眼睛

筆者尤其喜歡以此方式讓學生去練習。誠如蕭蕭在這一篇章所說：「如果是我寫這首詩，我會用什麼詞彙，點亮這首詩？這是第一次思考。然後每個演練者都提出自己思考的結果，這時可以相互比較、激盪。這是再度思考的機會。最後，提示原詩，帶來另一次衝擊，可以再有一次思考。」這樣的方式，可以讓學生反覆去思考、去衝撞自己本來具有的詞彙，增強自己遣詞造句的能力。筆者認為，這首詩就選材而言，是相當適合高中以上的學生去練習的。學生雖不見得會填出原作「積雪初融」的正確答案，但就筆者自身的教學經驗來說，學生在看到正確答案之時，會驚呼於洛夫造字遣詞之高妙，意象選擇之精鍊，這種千錘百鍊的意象之美，能帶給學生另一種層次的鑑

---

41 蕭蕭：《現代詩創作演練》，頁57-72。

賞與感動。

最後，本書中筆者很感興趣的，還有〈轉換角色〉[42]這個章節。梵樂希說：「詩是體驗的表現。」創作現代詩時，本身要融入詩句當中的文字，要能夠真誠面對自己詩中所想要營造出來的情境和氛圍。蕭蕭讓耕莘寫作會的成員，將自身轉換成未曾嘗試的角色，去寫出角色的外在形貌，並要能察知其心情、思慮，及他們的茫然。他讓這些成員轉換成三個角色：雛妓、死刑犯，及癌症患者，其中迭有佳作（礙於篇幅，這裡就不舉詩例）。這樣的練習，其實很近似戲劇課程當中的角色對調遊戲，設定一個角色，讓演練者去揣摩、去創作，是很實用也很新穎的教學手法。

綜觀全書當中所舉的實例，其實都營繞著同一個主題，那就是「聯想」的能力。第一輯內的各單元文章，提供的便是多重思考的方向，藉學員筆練，再舉實例比對，極富教學上的參考價值。唯有的單元給的方向太過抽象，如〈亂麻快刀〉——蕭蕭請學員回想近兩個月最值得描述的社會現象，以之做為訴求的對象，夾敘夾議，並要求「議的文字隱藏在意象的選擇裡，不可露骨地呈現出來」——這樣的提示和要求內容，對中學生而言，是過於抽象，而難以落實在教學當中了。但以一個現代詩創作用書的眼光來看，蕭蕭的這本《現代詩創作演練》，在那個年代中開了一個很好的典範，讓有志於教導現代詩創作的教學者，能夠有所依循，能很快地抓住教學的要領；此書功不可沒。

（二）《現代詩遊戲》

此書共分為「錯接、變造、星芒、游走、觸發、解構、匯通、衍

---

42 蕭蕭：《現代詩創作演練》，頁89-106。

生、叩訪、連橫、鬥魚、鬥智、異同、系聯、演義、調整、顯象、形色、刻痕、答問」共二十章，書末有一篇精采的心得分享〈後記──不讀詩已經沒有藉口了！〉。蕭蕭在這篇後記裡面提到，此書是他與眾多學生盡情游於藝的結晶，有輔仁大學、東吳大學「現代詩」課堂上的學生，耕莘青年寫作會會員，東吳大學「白開水詩社」社員，北一女中「極光詩社」社員，北一女中、景美女中上過蕭蕭課的學生，以及大安區「銀髮族寫作班」的長輩們；簡而言之，這本書同上一本書一樣，是匯集了眾多學生優秀的作品之後，所用心呈現出來的現代詩創作教學用書。

　　此書中有別於其他著作的，如第五章〈觸發〉[43]裡提到，我們常會造出很多的譬喻句，可是卻沒有逼自己去思考「為什麼」。蕭蕭對此發明了一個練習方式，如：

> 　　「人生就像球賽」，我們要做的思考是：人生為什麼像球賽？一次思考一個問題，將「人生」與「球賽」的類近點寫下來，逼問自己他們哪裡像，為什麼像，還有什麼地方像。如果是在班上遊戲，限定五分鐘寫下自己的思考所得，然後請同學將自己想到的東西寫在黑板，共同來討論、共同來思考，會撞擊出更大的漣漪……例句：「世界上有不同種族的人類，有不同類型的球賽。有不同歷練的人生，有不同規則的球賽。人生終會走到死亡的最後審判，球賽也有結局輸贏的時刻。」[44]

深層思考自己所造出的譬喻句與主題之關聯性為何，把自己所做出來的聯結方式紀錄下來，去和別人的互相比對，會發現每個人對同一個

---

43 蕭蕭：《現代詩遊戲》（臺北市：爾雅出版社，1997年11月10日初版），頁45-52。
44 同上註，頁46-47。

主題的聯結模式迥然不同，這也是一種激盪、一種影響。當自己的想法和別人的想法能產生衝撞、能引發你自身去碰撞出各種不同的可能時，好的詩思、詩材會應運而生，而傑出的詩作也就由此而來了。除此之外，此書中還有筆者相當欣賞的創作方式，在第十五章〈演義〉[45]，也就是「格言意象化」的活動：

> 我們讀過許多名作名句，他們都能讓我們的心，有些觸發、有些感動、有些體悟，多少改變了我們的抉擇，我們的走向。譬如說：「激流怎能為倒影造像（瘂弦）——心靜理明。」「水來，我在水中等你；火來，我在灰爐中等你（洛夫）——水火不能阻止的愛。」……因此，我們可以逆向操作，先思考一句銘言，再將這句銘言「具象化」、「意象化」。如果，連一句有哲理的話都無法創造出來，不妨以現成的格言加以「意象化」、「戲劇化」、「舞臺化」，如「助人為快樂之本」，是大家習知的佳言，我們可以改成這麼說：「蜜蜂傳播了花粉，卻也為自己釀成了蜜甜。」或者說：「花給了蜂柔情蜜意，自己笑得更燦爛！」[46]

筆者曾經就這樣的模式，參考北一女中邱素雲老師的學習單〈文學語言鑄造練習〉，給班上的學生做過這樣的寫作遊戲，學生們的作品都相當出色（這在筆者的〈高中現代詩寫作教學實踐〉一章裡，會做更詳盡的探討和介紹）。讓學生以遊戲的方式，把中性語言、科學語言，或是格言，改寫成文學性的優美句子，一個學生寫一句格言，讓兩位同學把他的格言改寫成文學語言，同樣地自己也要幫兩位同學的

---

45 蕭蕭：《現代詩遊戲》，頁147-158。
46 同上註，頁147-148。

格言改寫成文學性語言，到最後全部回收。在這樣的遊戲當中，自己本身已被激發兩次思考如何把格言意象化了，又看到同學們轉換自己格言的過程，這其中的落差就是一種驚喜；最後再由教學者把所有任教班級學生的作品全部匯集起來，找出其中的佳句，打成一張文學佳句分享單。筆者個人的經驗，因為是全體學生共同參與，又能趁此觀看各個任教班優秀的詩句，既滿足了學生的表演欲，也滿足了學生「觀看」或「偷窺」的欲望，最後把成果發給學生們時，大家都是迫不及待、充滿歡悅及驚奇在看自己或他人的佳作的。這是一個很適合推廣給中學教師嘗試的現代詩創作方法，對學生寫作能力的提升、口語文學化的運用，具有正向的教育意義。

此書也有白靈在《一首詩的誕生》中所提到的相同創作方法──「內省六何法」。《一首詩的誕生》裡，〈想像力的十項運動〉中就有提到「內省六何法」，是以「林家花園」為中心，分頭去思考其時空、背景、何事何物、感覺如何／何人，及何故，就這些主題去延伸出語句，最後再做串連。而蕭蕭此書中探討到的章節，是在〈答問〉[47]裡面：

> 寫詩也可以「六何」來完成，如腦中忽然興起這麼一句話：「煩憂是一個不可見的天才雕刻家」，接下來就開始思考：她為什麼是雕刻家？如何雕刻？什麼時候、什麼地方最易被煩憂所雕傷？什麼人最常為煩憂所困？什麼事（物）最易惹來煩憂、最易減緩煩憂？如何紓解？思考所得，賦與形象，檢清理路，經之營之，詩意豈會沒有著落？「六何」只是最基本的問題，當然可以「深化」問題去探測生命的底層，尋找生命的奧義。[48]

---

47 蕭蕭：《現代詩遊戲》，頁195-207。

48 同上註，頁198。

一樣是用「六何法」來帶出創作詩的思維，白靈所用的主題是「林家花園」，這種較具歷史性及人文藝術、需要一點資料收集的功夫及知識性的題材，而蕭蕭給學生創作的主題練習是──「歲月」，設計六個問題給學生思考：歲月最像什麼顏色？歲月如何刻畫？歲月能夠留下什麼？歲月為什麼要走？歲月為什麼飄忽？歲月去了哪裡？由這六個問題去延伸思維的深度。相比之下，蕭蕭的主題「歲月」兼具抽象的思考，與感性書寫的可能，學生不需要花太多心思去理解其背後衍伸出來的資訊，可以直接在課堂中使用，不需再加上收集相關資料的時間。就實際的教學便利度而言，蕭蕭所設計出來的主題，是較易落實在教學中的。此書中附錄的學生作品：「快速轉過身／你／不見了／躲在／深深的皺紋裡／抑是／泛黃的照片中？／藏在／浩瀚的天際／抑是／我小小的心房裡？」雖是語言還不夠錘鍊，但詩末也有令人驚喜的小品呈現。由「六何法」帶出的詩句想像空間，是可以任學生揮灑自如的。

　　書末有蕭蕭寫給所有國文老師的一篇文章〈後記──不讀詩已經沒有藉口了！〉，以現代詩被選入教科書為理由，大聲呼籲老師們更加投入鑑賞現代詩、現代詩教學的領域當中，要勇於面對現代詩這個文體，並期許二十一世紀的我們，能開創出承繼盛唐詩的另一個高峰，來彼此勉勵。這是一本兼具理想與現實的現代詩創作用書，有趣且易於實行，誠意推薦給教學者使用。

（三）《蕭蕭教你寫詩、為你解詩》

　　這本書分為兩卷：上卷〈蕭蕭教你寫詩〉，含「遨遊山林之間、遨遊山林之外、遨遊天地之間、遨遊天地之外、神奇的舊報紙、神奇的吹風機、神奇的沙發與沙士、神奇的布丁與布偶、相近聯想練習、相似聯想練習、先近似後反對的聯想、先反對後近似的聯想、『三路

發』的啟發、『小心肝』的啟發、『瓷杯』的啟發、『燈謎』的啟發、小S大S無所不在、霹靂蘋果、／／永遠的地平線、且是烏沙帽／且是神主牌、大膽的設計、簡單的符碼、任性的串聯、逆向的思考、圖象的模擬、映襯的效果、奇特的意象、風箏隨我飛、風箏隨他飛、風箏隨風飛」，共計三十個單元。下卷〈蕭蕭為你解詩〉，含「填詞試題研究、排序試題研究、辨物試題研究、認人試題研究、會意試題研究、識理試題研究」，共計六個單元。與創作相關的是上卷，下卷則是針對大考的現代詩題型，提供破解的方向及心得。

　　在上輯中，除了反覆強化「詞彙聯想」的能力外，三路發、小心肝、瓷杯、燈謎是關於字音的「雙關」能力培養，後面還有關於「物形」的聯想、映襯的效果、意象的經營，及詩作「視角」的轉換等，是相當多元而豐富的教學形式設計。和白靈一樣，蕭蕭也非常重視「聯想」的現代詩創作教學活動設計。雖然一樣強調聯想的重要，但在命名上，兩者乍看似乎有些許的不同。白靈分聯想為三種：接近聯想、類似聯想、對比聯想，及定義如下：

表二　接近、類似、對比類想比較表

聯想法	接近聯想	類似聯想	對比聯想
性質	所述對象均為相近事物或同一類事物	所述對象之間非為同類而為某種性質相似者	二事物間因大小、強弱、色彩、時間、空間、善惡……等成對比者
用法	舉出描寫對象的特性、形態、背景，和形成的原因等	運用強制關聯法，使兩不相干事物產生聯想	將二對比強烈事物並置使產生關係常需誇張、反諷或否定等
示例	風聲牽回來叮嚀一聲駝	當風的彩旗像一片	就在昨天／凱撒的一

聯想法	接近聯想	類似聯想	對比聯想
	鈴／走過的坎坷便被輕輕掃平了	被縛住的波浪	句話還能抵擋全世界
修辭學名詞	賦　示現	比　類比　比喻	賦或比　倒反　誇飾
使用難易度	不易用	容易用	難用

而蕭蕭的聯想也分為三種：相似聯想、相近聯想、相反聯想。相反聯想和對比聯想定義是相同的，蕭蕭對相似聯想、相近聯想的定義如下：

> 「相近聯想」的練習，我們會繞著這個詞語的週遭尋索；「相似聯想」時，我們卻要思考跟這個詞語的外型、特質相類似的事物有哪些？如「帽子」的「相近聯想」是西裝、外套、柺杖、呢絨、布，甚至於頭髮、髮箍、帽帶、官位等相關、相近之物；「相似聯想」則應該想到山、麥當勞、鴨舌、斗笠、傘等相類、相似的東西。即使是抽象的客體，「保暖」屬於「相近聯想」，「保護」則是「相似聯想」。[49]

就定義及用法來看，白靈與蕭蕭所倡導的這兩種方式，基本上是相同的，但是白靈的定義和舉例較「詩化」，對讀者而言，可能需要較多的時間和心力去消化這些字句；而蕭蕭所舉的例子簡單明瞭，能讓人很快就抓出他所想呈現出來的重點。

　　詞彙的聯想基本上大同小異，此書中尚有提到「圖象」的聯想，如〈／／永遠的平行線〉[50]，在等距之間保持似有若無的情意，似斷

---

49 蕭蕭：《蕭蕭教你寫詩，為你解詩》（臺北市：九歌出版社，2001年6月10日初版），頁59。
50 同上註，頁98。

還續的牽繫。蕭蕭以此為開端，請讀者去思考：你和他是怎樣的兩條線呢？你和父母又是什麼樣的「線」呢？讓讀者去思考，並舉出一些例句：「我和他永遠沒有交集，始終不能相會」、「親子之間跨越不了的鴻溝」、「月球上看到的長城」、「呆板，不知變通；固執，難以改變」、「看似接近，又似無限的遠離」……這些都是就圖象本身所做出來的延伸。蕭蕭希望創作詩的人，能夠隨時隨地保留一種柔軟的彈性，永遠不要輕易僵化成固定的思考模式，而要讓想像帶著詩句飛翔。

在〈簡單的符碼〉[51]這一篇章中，蕭蕭舉陳黎的〈戰爭交響曲〉的例子，告訴學生就算只是四個單字一再重複（兵、乒、乓、丘），也能構成相當大的震撼力。他的學生即模仿這首詩，創作了一首〈溫室效應〉，全詩以「森、林、木、十」四個單字一再類疊，把地球生態遭到破壞的慘狀，赤裸裸地顯露出來。原本是茂密的森林，經一再地砍伐、凋零、枯萎、滅絕，由森而林到木，最後只剩一根根的「十字架」在大地上哀悼；這無疑是一首相當成功的仿作。

最後一提〈奇特的意象〉[52]這一個篇章。意象教學，對教學者而言，是最困難提點學生的部分。這裡蕭蕭舉重若輕，以商瑜容的〈石〉為例，讓學生由這首詩中，看她如何以「石頭」為意象，貫串整首愛情詩；從「嶔崎如荒山」的巨石到「星空下的微塵」那麼小的沙粒，都負載著詩人深深的情意。詩中三段相同的結構，不同的情結，導致相同的無奈，讓學生理解，這是一首以奇特意象取勝的完整的詩。蕭蕭帶學生賞析過此詩後，即以「那你的愛情用什麼意象寄託呢？」為題目，引導學生去思考，這是他這個篇章的教學技巧。

整體而言，蕭蕭是個善於教學的詩人。他的語言淺白，定義明確，在教導學生定義之後，總能馬上舉出詩作及例句，讓讀者強化印

---

51 蕭蕭：《蕭蕭教你寫詩，為你解詩》，頁112-115。
52 同上註，頁137-142。

象，明白接下來的步驟。不過，講解清楚及實際操作之間的縫隙，需要留待教學者自行去填補，這恐怕對中學教師而言，是道不小的鴻溝。舉〈奇特的意象〉為例，讓學生知道何為意象、意象用得好的詩作有哪些，不代表學生馬上可以明白自己該如何去經營、怎麼去具體地落實之後的步驟，或如何去判讀自己的意象經營是成功或是不成功？這些都是有待討論的課題。

第二節　學者的現代詩寫作教學研究

自一九九一年開始，現代詩創作的教學研究用書便陸續出版，如蕭蕭《現代詩創作演練》於七月出版，白靈《一首詩的誕生》於年底應運而生，在大學開授新文藝課程的楊師昌年《現代詩的創作與欣賞》[53]於其間九月出版。在短短半年之中，便出版了三本重量級的現代詩創作用書，是巧合？抑或是時代的需求？楊師昌年在《現代詩的創作與欣賞》前面的序〈我與現代詩〉中提到：

> 返回師大，開的就是這種「丟在地上都沒人要檢」的「新文藝」。一九七五年九月，在蘭臺書局出版我有關現代詩的第一本教材《新詩研究》，總算為現代詩的理論、史料，作品評介等項，立下了一點基礎……在辭卸了沉重的行政工作之後，稍能有暇，得以全力整理我二十一年來教學、研究、析評的各項資料，彙編為《現代詩的創作與欣賞》一書。[54]

由此可見，「現代詩教學」在一九七〇、八〇年代，所面臨的外在環

---

53 楊師昌年：《現代詩的創作與欣賞》臺北市：文史哲出版社，1991年9月初版。
54 同上註，頁2-3。

境及資源，是極為艱困與匱乏的。直至今日，即使「現代詩」這門課程，在大專院校普遍能選修到，但對於這類文體抱持輕視態度的學者仍大有人在；遑論中小學的國文教師，能對現代詩做深入教學探討的，更是鳳毛麟角。高中國文自九五課綱以後，一冊必配置一課現代詩，較以往國文六冊裡面只有兩首現代詩而言[55]，比例算很高了；但是就筆者於高中國文教學觀察所見，「現代詩教學」仍是大部分教學者較難著力的地方，更不用提「現代詩創作教學」了。

　　鑑於現況，筆者於此章節，擬選錄「學者的現代詩寫作教學」中，富代表性的著作，提供給志於現代詩創作之教學者參考。除了在師範大學開現代詩課程的楊師昌年《現代詩的創作與欣賞》、本師潘麗珠教授的《臺灣現代詩教學研究》[56]可供參詢之外，另有現任教於成功大學的仇小屏出的《下在我眼眸裡的雪——新詩教學》[57]、《詩從何處來：新詩習作教學指引》[58]，還有高雄師範大學教學碩士秦素娥的畢業論文《現代詩教學研究》[59]這幾本書可供探討[60]。

---

55 國編本的高中國文教材，只有在高三下學期第六冊選錄新詩，作品為鄭愁予的〈錯誤〉及林泠的〈不繫之舟〉。

56 本師潘麗珠教授：《臺灣現代詩教學研究》，臺北市：五南圖書出版社，1999年3月初版。

57 仇小屏：《下在我眼眸裡的雪——新詩教學》，臺北市：萬卷樓圖書公司，2001年2月初版。

58 仇小屏：《詩從何處來：新詩習作教學指引》，臺北市：萬卷樓圖書公司，2002年9月初版。

59 秦素娥：《現代詩教學研究》，高雄師範大學：國文教學碩士班碩士論文，2003年。

60 其他著作，如楊鴻銘的《新詩創作與批評》、渡也的《新詩補給站》等，較偏理論分析（且分析過細），及缺乏學生習作，於教學者理解有餘，實用性較為不足。這類理論為主的著作，在此即僅舉楊師昌年之書為代表，其餘略過不談；蔡麗敏的《國中現代詩創作教學研究》及賴玫君的《專題導向學習策略融入國中語文現代詩教學之研究》和曾星期《國中現代詩教學設計及其實踐》偏向國中現代詩創作教學，在此亦不討論。

　　現代詩創作是現代詩教學內，極少人研究到的領域，筆者所選擇的這幾本學者的專著，作者皆是在國高中、大專院校擔任教職，非詩人而從事現代詩創作的教學工作，相信與身為詩人的白靈、蕭蕭的教學方式，會有更切合教學的情形出現。以下就以這幾本書為探討的主軸，來開展這個章節。

一　楊昌年《現代詩的創作與欣賞》

　　本書中除了自序之外，尚有第一章〈創作論〉、第二章〈中國近代新詩分期析介〉、第三章〈詩人與詩作〉及附錄〈青年優秀詩作析介〉。與本文較為相關的，當屬第一章〈創作論〉。創作論中分為七節，依次為：詩的界說、創作基本之研究、創作入門、創作表現之研究、詩作技巧舉隅、詩作風貌舉隅、詩作缺失析例，以下即針對這七節做論述。

（一）詩的界說

　　這一節裡，楊師昌年對詩下了一個定義：「詩是文學中的文學，一切文學中最為精鍊。以最精鍊而富有節奏的語言，將詩人對世界一切事物的主觀意念，予以形象化和意境的創造，而能給讀者以一種美感的，就是詩。」[61]除此之外，還錄有桑德堡在「試擬詩歌界說」一文中對詩的部分解釋，如：「濕的花根在泥土中拼命掙扎，然後在陽光照耀之下綻開花朵，詩就是那株花的根與花之間的沉默與談話。」和「詩是蜘蛛在晨間新織成的網，訴說它在夜月光下編織和等待的經過。」這些詩的定義，本身即具有詩質及形象化的美感，引人入勝。

---

61 楊師昌年：《現代詩的創作與欣賞》，頁1。

（二）創作基本之研究

　　此節中，認為詩創作基本的第一步是從「主題」出發，再選擇用什麼樣的「題材」去呈現，再加入「感情」，放入自身的「生活體驗」，甚至可以選擇「通變」：

> 文心雕龍中所標舉的「通變」卻是可行。鎔鑄之後，常能創新而與原作比美，甚至化腐朽為神奇。如王勃〈滕王閣序〉中的名句：「落霞與孤鶩齊飛，秋水共長天一色」即是採自庾信〈華林園馬射賦〉中的「落花與芝蓋齊飛，楊柳共青旗一色」而行的通變……新詩發展中，通變之跡多有……。[62]

後面再舉冰心與泰戈爾、瘂弦與何其芳、楊喚與綠原、徐志摩與克利斯丁娜、聞一多與蒂絲黛兒來說明這個「通變」的手法。楊師昌年在這裡所舉出的「通變」技巧，其實和白靈、蕭蕭所提的「奪胎換骨法」並無二致，都是選擇佳句，模仿它的節奏、或意象、或背景、或氛圍，這就是開創性的仿作技巧。最後，楊師昌年覺得創作最重要的，是「創新的精神與獨特風格的建立」，要有專屬於自己個人的風貌，才是一個創作者的最終目標。

（三）創作入門

　　此節中，第一部分探討的是「印像，想像與聯想」：學習詩創作必經過程，是要練習就印像材料通過想像、聯想發展為詩作材料。先給予這三者定義，之後再作例舉分析；就定義而言，和蕭蕭、白靈先前討論過的「聯想力」相差不遠，唯此書所舉之詩例，較偏向五四時

---

62 楊師昌年：《現代詩的創作與欣賞》，頁15。

期詩人之詩作,是屬於早期的作品舉例。而第二部分「自小詩型構入手」,舉四川萬縣詩人麗砂之詩作[63],說明由短詩表現一個明顯的意象較為容易,此較偏向讀者鑑賞的方式,對於如何創作小詩則缺乏明確可行的步驟。第三部分「自主從兩段對比方法入手」,則是舉美國詩人F. W. Bonrdillon之作〈夜有千萬隻眼〉[64]為例,說明同一個主題,用主、從兩段不同的對比突顯出來,詩作會更為出色。第四部分則是總結「創作程序」,說明其程序應為:一、主題的先決。二、題材的採取:印象。三、想像、聯想的運作、感情,生活體驗、通變的作用。四、句法排列。五、修飾完篇。第四部分是創作詩作一個很完整的步驟呈現,適合給初學者做為參考,以研究而言,所舉詩作涵蓋範圍較廣,且歸納清楚;但以教學者的眼光,及初學者的易用性來講,這樣的陳述方式,較難落實於教學當中。

(四)創作表現之研究

　　本節中,所探討的是關於現代詩的創作表現手法。第一是「格律」,第二是「音樂性」,現代詩一開始是針對其自由性,對格律及音樂性沒有特意要求。但一首新詩如能具有其特定的內在節奏,會更易使人記憶、使人琅琅上口。第三是「視覺美」,一開始舉柳永〈雨霖鈴〉,之後又舉〈菩薩蠻〉[65]當詩例,說明上半闋由遠景至近景特寫,

---

63 楊師昌年:《現代詩的創作與欣賞》,頁29。〈蝶〉:「你是春天的燈／在綠野上照明了／一條走向花林的路徑。」〈蚯蚓〉:「你錐破了完美的地殼／給大地加添著創洞／然後是疲倦了睡在粉碎的泥土下／而咒恨著粗暴的草根戮傷了你的夢。」

64 同上註,頁29。〈夜有千萬隻眼〉:「夜有千萬隻眼,／白天祇有一個;／當太陽死去時／世界的光亮也將熄滅。／心思千萬遍,／而心祇有一顆,／當我完成時,／生命的光彩也將隱退。」

65 〈菩薩蠻〉:「平林漠漠煙如織,寒山一帶傷心碧,暝色入高樓,有人樓上愁。玉階空佇立,宿鳥歸飛急,何處是歸程,長亭連短亭。」

下半闋由近景至遠景淡出，這是一種視角的視覺轉移；後舉現代詩例如泰戈爾的散文詩，及林亨泰著名的〈風景No‧2〉圖象詩，來說明詩可具有的視覺美。筆者認為，前面的說明與後面所舉的詩例，並不能完全相符。〈菩薩蠻〉所具的內在視角轉移，並不是外在形式的差別，是需要深入賞析才能查覺得出；而無論是散文詩，亦或是圖象詩，都是外在形式很明顯與一般的現代詩不同，是用肉眼即可覺查的。第四是「意象」，楊師昌年在此給意象做的定義為：「意象就是詩作『形象』和『意境』的省稱。」[66]筆者認為這個定義簡單明白，能切中要點。後面再解釋何為形象、何為意境、手法有哪些，是本節中舉例說明最精采的地方。第五講「結構」，以詞彙、詩句構造、詩的分行分段來分析說明，該達到什麼樣的條件才能成就一首好詩，也是說明與詩作並陳。第六是「節奏」，第七是「想像空間」，都能給現代詩創作更加生色。

（五）詩作技巧舉隅

這個章節分成兩個部分，一個是「表意」，另一個是「形式」。再把這兩個部分以「修辭」的手法再進行細部的分類，如表意又分為明喻、暗喻、象徵、擬物……，形式又分為對比、歐化、層遞、排比……，再各舉詩例去說明其中的修辭手法，是比較傳統的現代詩鑑賞分析模式，與本論文的研究方向關連較少，故在此略過不提。

（六）詩作風貌舉隅

分為「內容題材」與「形式風格」兩方面，也是以現代詩鑑賞分類的模式為主，在此略過不提。

---

66 楊師昌年：《現代詩的創作與欣賞》，頁37。

（七）詩作缺失析例

此節分為「含蓄的利與弊」、「晦澀」、「艱澀」、「矯揉」、「凡俗」、「淺明」、「失位」、「散文化」、「陳舊」、「單調」、「青年詩作常見的缺失」。筆者以為，對現代詩常見的錯誤，做了明確而清楚的分析歸納。這裡舉了很多詩例，可讓教學者易於判讀這些詩例所產生的弊病，進而達到引導學生規避這些問題的效果。「青年詩作常見的缺失」有：取材狹小、形象不夠精鍊、意境不足、詩句平淺俚俗、用詞重複晦澀或過分淺顯、太古典而不自然的用韻等，相信是作者千錘百鍊下來的批閱心得，在此提供給各位教學者當作參考。

二 潘麗珠《臺灣現代詩教學研究》

此書共有七章，第一章〈緒論〉、第二章〈近年來各階段的現代詩教學發展綜論〉、第三章〈現代詩史的教學內容與重點〉、第四章〈現代詩創作的教學方法〉、第五章〈現代詩作品批評觀的考察〉、第六章〈現代詩的聲光教學〉、第七章〈結論〉及附錄。與本文較為相關的，當屬第四章〈現代詩創作的教學方法〉，以下即針對這個章節來做分析。

（一）知名詩人的現代詩創作方法論

此節中，本師潘麗珠教授亦是以蕭蕭的《現代詩創作演練》、《現代詩遊戲》，白靈的《一首詩的誕生》、《一首詩的誘惑》為探討文本，在本文亦有論述，此處略過不提。

（二）不可忽視的網路現代詩教學

在此節中，作者先引羅立吾和李順興的說法，為網路詩做一個定義：

> 從最廣度的角度定義，凡是在網路上傳佈的現代詩，都是網路詩，如此一來，任何將傳統「平面印刷」文學作品數位化，而後張貼BBS文學創作版或刊登於www網站，都算是網路詩。另一方面，如從狹義的觀點思考，利用網路或電腦的媒介特質所創作的數位化作品，不同於平面印刷媒體上所呈現的詩作型態，方為網路詩。[67]

作者並於此介紹了許多網路詩作的網站，諸如「詩路」[68]、「妙繆廟」[69]、詩人向陽的「向陽工坊」[70]、詩人陳黎的「陳黎文學倉庫」[71]，以及「臺灣文學研究工作室」[72]、「歧路花園」[73]、「全方位藝術家聯盟」[74]等，並針對「詩路」這個由文建會所建立的網站，做細部的介紹。如創作者可以投稿至「新詩塗鴉投稿區」，若作品不錯，在版上停留較久的時間，甚至還有機會被刊登在《中央日報》副刊之上；若作品不佳，則很快就會被淘汰。以教學的眼光來看，可以刺激學生創

---

67 陳義芝：《不盡長江滾滾來：中國新詩選注》（臺北市：幼獅文化，1993年出版），頁159-160。

68 網址為：http://dcc.ndhu.edu.tw/poemblog/

69 網址為：http://www.sinologic.com/webart/

70 網址為：http://faculty.ndhu.edu.tw/~xiangyang/

71 網址為：http://www.hgjh.hlc.edu.tw/~chenli/index.htm

72 網址為：http://ws.twl.ncku.edu.tw/index.html

73 網址為：http://benz.nchu.edu.tw/~garden/garden.htm

74 網址為：http://poem.city.net.tw

作及表現的欲望，在日益電腦化、網路通路發達的現在，這勢必成為重要的學習管道。作者於此書中礙於篇幅，只針對「詩路」作大致的介紹，筆者將於下一節〈網路現代詩創作遊戲〉中，對網路創作教學相關的網站，做更詳盡的分析與比較。

（三）我的現代詩創作教學

此節是與本文最為相關的章節。本師潘麗珠教授說明此節之理念，是基於「合作式教學」[75]的觀念，強調學生與學生、學生與教師之間的互動；基於此理念，她的課程設計如下：

1 「詩句」的特異性與寫詩的方法

一般而言，教學者在教導學生區分現代詩與現代散文最重要的依據，便是「意象的經營」與「文字的密度」。但對實際要創作的學生而言，這兩項都是屬於抽象的理論，需要藉由教學者將之具體化，落實於學生可理解的範圍內吸收。本師潘麗珠教授在此使用三種方法：第一種是「名句仿作」，以隱地的「燈在書上寫詩」為例，讓學生以相同的句式加以仿擬；這是較為容易的創作方式，可以建立學生的自信心。再來便進入第二種「即席一句詩」，一個人經營一句詩句，最後選出十句較為精鍊、氛圍較相似的詩句來串連成一首詩，在此詩題為〈夜相思〉，可以讓學生主動參與、並享受共同完成一首詩的成就與喜悅。第三種是「一張報紙一群字，組織文詞變成詩」，步驟是請學生一人帶一張報紙（避開副刊），當場從報紙裡面圈選四到五個詞彙，即席構思、聯組，完成一首小詩。日常生活中，我們常常閱讀過一大堆未經完全消化過的詞彙與句子，任由它們略過眼前而不自知；

---

75 詳參歐用生：〈師院「教學方法」課程的改革〉，《會務通訊》第16期（臺北市：中華民國師範教育學會，1996年12月），頁8-15。

筆者以為，這個從報紙中「圈選詞彙」的步驟，可以「陌生化」這些
詞彙，並在學生的腦海中產生特定的意義，再經由創作者腦內自行聯
結，即可達到刺激活化思考的目的。如本師潘麗珠教授在此放了她的
學生鐘茂瑞的作品，他圈選的詞彙為「揮手」、「跪倒的祈禱」、「叢
立」、「永恒」、「未知」，原詩如下：

> 揮手道別跪倒的祈禱
> 走入叢立的陌生中
> 迷失
> 為尋求永恒
> 開啟另一扇未知[76]

這樣的創作方式，乍看不經意，卻能帶給學生另一番的思維，進而創
造出一首小詩，這種成果豈不令人雀躍！這裡所舉的三種方法，都是
相當適合於教學活動的，由簡入繁的安排，使教學者更易上手。

2　意象群與意象系統

簡政珍說：「所有文類中，詩最倚賴意象的經營。」[77]，的確，
「意象」是現代詩創作中不可或缺的元素，教導學生時，最難使學生
理解的，便是意象經營的部分。在此本師潘麗珠教授設計兩項活動：
第一項「一個主題大家談」，設定一個主題如「紅」，讓學生自由說出
他們的聯想。諸如此類的設計，在蕭蕭和白靈的書中皆可看到，這些
都是為了強化學生的「聯想力訓練」。第二項「群策群力的詩」，作者

---

76 本師潘麗珠教授：《臺灣現代詩教學研究》，頁239-240。
77 簡政珍：〈意象的思維〉一文，出自《詩的瞬間狂喜》（臺北市：時報文化出版事業
　公司，1991年初版），頁100-105。

在此將學生隨機分成兩大組，要他們每人先構思三個意象詞彙，合起來討論後選出他們認為具有共同指涉的六個交給對方小組，據以共同完成一或數首作品。這樣的練習方式，可以讓學生在挑選詞彙的同時，了解意象與意象之間可能的串連方法，用具體創作來取代抽象理論的論述，使學生在真正動手去做、去思考的同時，一步一步建構好意象的星圖，並據此排列出詩作。如詞彙「咖啡」、「驚悚」、「牢籠」、「折斷」、「卡片」、「星圖」，此節中學生張愛強排列出來的詩作如下：

> 疊著疊著的樸克
> 佈成驚悚的牢籠
> 一手揮開
> 折斷卡片的基架
> 星圖滿地
> 如糖顆粒浮沉
> 在一杯濃澀的黑咖啡中
> 化不開溶不解
> 是咖啡還是糖[78]

本師潘麗珠教授在這首詩作之後，把這首詩想像成是上帝創造宇宙的情景[79]，這樣具弦外之音的解讀方式，除了可以啟發學生的創作思維，也可以令學生更具信心，創作出更令人眼睛一亮的詩作。

---

78 本師潘麗珠教授：《臺灣現代詩教學研究》，頁247-248。
79 大宇宙是一杯濃澀的黑咖啡，也是一處佈滿驚悚的牢籠，造物主的雷霆一發，像糖顆粒一般浮沉的星圖（原來是折斷卡片的基架碎片）就掛在那兒了，這一切還不都是造物主手上的樸克牌？

3　詩的形式結構

　　筆者閱讀現代詩創作書籍時，對於現代詩創作的「分行教學」，一直覺得舉例有餘，實際創作步驟不足。本師潘麗珠教授在此所使用的「分行教學」模式，是筆者認為最具原創性與實用性的教學方法。此方式有三個具體步驟，第一項「安排詩句的遊戲」與第二項「安排段落的遊戲」，和其他書籍一樣，是將詩人的一首詩（此為張國治的〈一粒米如是說〉），給學生做排列組合、拆開打散的活動，要點是選擇多行數、對學生而言淺顯易懂的詩作，讓學生在自行排列中，體會詩作分行的藝術。第三項最為特別，是「從『文』到『詩』的重組趣味」：取簡媜《下午茶》中極富詩意的小品文〈野趣〉[80]，讓學生以詩歌分行的形式，重新呈現另一種趣味。筆者於此礙於篇幅，不能將此書中所舉兩首學生的詩例打上來分享，但這樣的方式，除了能夠讓學生做分行詩句的練習之外，將本身極富詩意的簡媜小品文，運用分行構思的技巧，就能成為另一首意象完整、色彩飽滿的現代詩作，是很創新又極具巧思的設計，對於已有初步基礎的創作者而言，是兼具挑戰性及趣味性的創作方式，在此誠心推薦給現代詩教學者當作參考！

---

80 簡媜：《下午茶》（臺北市：洪範出版社，1994年初版），頁166-167。原文如下：砌一間石屋，挖一口洗臉井，擱在高高的山版上。／三面環山，種桃杏樹，當作唯一紅塵。屋門常開，留一條門路，讓花潮從屋後衝入自前門湧出，沿著一千級石階慢慢流逝。僱東西南北四陣風，凡是眷戀紅塵的枝頭花，一夜間，收拾。／商量一條河，讓野雁歇腳。水甜，就多喝幾口；要是夾砂，洗淨羽翼也是夠，免得北返時一路掉灰，弄髒我的天空。／月夜乃上等墨，掌燈時分，開始濡筆寫書，寫淨一盤墨，天也該亮了。字書捆成一札，堆在柴房，留待嚴冬，焚書取暖，或炒一碟剛剪下的水蘿菜。／鋸一截紅檜，就是床了。睡著睡著，睡入檜肉。要是掙出新芽，表示我不再醒來。油燈自會分派火焰，天明後，山坡恢復空曠，只有前來野餐的兒童，為我吹灰。

4 詩的韻律

　　現代詩不用押韻，但其內在是可以富含韻律的，這也是教學者較難著力的部分。本師潘麗珠教授在此用三個步驟來教學：第一為「『好好的讀』幾首詩」，是以朗誦的方式，挑選較具節奏感的詩作，讓學生藉由「讀詩」這個活動，來體會現代詩內在的韻律；第二為「用肢體來『舞』詩」，要學生隨著詩的節奏隨性擺動肢體，特別是韻腳處擺出特定的動作並停住，再恢復動作，是希望藉由舞蹈來讓學生感受詩的音樂性；第三是「填填看」，選不同的三段詩，將其中與押韻有關的詞彙空出，讓學生依其判斷填入選項，這可以讓學生思考詞的意境與韻腳的關係。第一、二項教學者可斟酌運用，第三項則是大考也會出的熱門題型，相信教學者並不陌生。

5 詩人的拜訪活動

　　這個教學設計相信是許多教學者夢寐以求的教學方式，不但可以讓學生蒐集詩人的相關資料，也可以讓學生於拜訪活動中，與現代詩、詩人的距離更加接近。但受限於幾個客觀的因素：（1）中學教師的國文課通常具備趕課的壓力，現代詩是眾多課當中的一課，要讓學生為這個活動去蒐集詩人的資料、拜讀所有創作的作品，有實際上的困難；（2）教學者本身如果並未與詩人們建立足夠的關係，冒昧打擾恐怕也徒添詩人們的麻煩；（3）訪問稿需逐字整理，對學生的作業量而言，是過於繁重的功課。如果能找到保留此設計的原意，又能合乎中學教師的需求的話，這樣的練習是值得推廣的。

三　仇小屏《下在我眼眸裡的雪——新詩教學》、《詩從何處來：新詩習作教學指引》

　　關於現代詩教學，仇小屏出了這兩本書來討論。《下在我眼眸裡的雪》是作者於成功高中擔任龍吟詩社指導老師時，給社團的學生所做的現代詩創作教學練習；《詩從何處來》則是她至花蓮師範學院任教職時，給大學學生所開的「閱讀與寫作」課程的教學內容。於此礙於篇幅的關係，在這兩本書裡面，區分主題擷取較為特別的部分，來做一個分析探討。為了方便起見，裡面提到《下在我眼眸裡的雪》這本書時，簡寫成《下》；提到《詩從何處來》時，簡寫成《詩》。區分主題的方法，以《詩》裡的〈自序〉提到的為主：有「聯想力的鍛鍊」、「詩題」、「知覺運用」、「意象」、「給材料寫詩」、「鍊動詞」、「修辭格」、「章法」、「專門主題」這九個類別[81]，筆者在此略過「聯想力的鍛鍊」、「意象」、「鍊動詞」、「章法」這四個主題，前三者先前已討論過，而這兩本書所探討的也不出其範圍，後者則較偏章法學的運用，與現代詩創作的方法關聯性不大，而「知覺運用」的主題併入「修辭格」中。以下即以剩下的四個主題來做開展：

（一）詩題

　　題目是詩篇的眉目，所謂「名不正則言不順」，作者深思熟慮，反覆推敲後定下的題目，通常是從表現主題的需要出發，有的直接揭示主要思想，有的概括重要內容，更有的提示全篇重點。為詩篇定題目原是詩人的專利，但教學者在設計現代詩創作活動的時候，不妨向詩人們暫時「剽竊」這項權利。仇小屏在《詩》書中提到「從學生對

---

81 仇小屏：《詩從何處來：新詩習作教學指引》，頁2-3。

詩篇的命名上，可以看出他們對詩篇的了解程度，而且他們可以依據自己的了解，來定出最為適切出色的題目」[82]，因此我們就依據這個說法，來看看可以運用的教學方式。《詩》書中的〈猜猜謎——談新詩習作的另類訓練〉[83]裡，有設計幾首現代詩，空出詩題，讓學生猜謎的遊戲。如：

　　□□　　廖澤川
　　山，垂一條領帶
　　抖著男子漢瀟灑的氣派

這題的答案是「瀑布」。藉著讓學生猜詩題的方式，來使學生對詩意做更深入的探討，強化詩題與本文之間的聯結。這種方式也是大考的熱門題型，只要詩中的意象完整，能清楚涵蓋所欲指涉的對象，那麼就能以遊戲的方式，鼓勵學生去思考，達到活化聯結的目的。除了這一篇章之外，《詩》書中的〈呼喚你的名——從「定詩題」培養新詩讀寫能力〉[84]，則是「詩題」這個模式的進化版，適合程度好的學生，能更刺激他們這部分的能力。作者設計的題目如下：

　　閱讀下列詩篇後，請為它定一個題相，並說明為什麼定這個題目。傳說：／宇宙是個透藍的瓶子，／則你的夢是花，／我的遐想是葉……／我們並比著出雲，人間不復仰及，／則彩虹是垂落的菟蔓／銀河是遺下的枝子……

---

82 仇小屏：《詩從何處來：新詩習作教學指引》，頁49。
83 同上註，頁37-48。
84 同上註，頁49-54。

除了和先前一樣，要思考出適合此詩的題目之外，筆者以為最能刺激學生思考的，是讓學生寫出之所以選擇這個詩題的理由。這題的標準答案是〈戀〉，而作者在此放的學生詩例有〈爬藤植物〉、〈陪伴〉、〈心樂園〉、〈伊甸〉……等自訂詩題，各自呈現了學生對此詩當中意象的解讀、詩篇的主旨，及自己的詮釋方式。這個設計的優點，在使學生釐清自己的思維脈落，開放式的答案也能鼓勵學生對詩意做創造性的解讀；缺點在於教學者必須具備判斷學生對此詩解讀是否合理的邏輯能力，與個人主觀認定是否合於客觀現實的標準。這樣的評量方式，適合給程度較佳的學生們使用，所需作答的時間也較長，教學者於實用時可再斟酌。

（二）給材料寫詩

給材料寫詩，顧名思義，就是給學生一定限度的條件之後，讓學生依照條件創作出詩句詩作，筆者在此選擇《下》書中的兩個部分來做探討。《下》書中的〈我想，你一定會喜歡——高中新詩教學經驗談〉[85]中，作者為了訓練學生使文句精緻化，參考賴慶雄、楊慧文編著的《作文新題型》，設計了一個很有趣的題目：

> 一個乞丐在紐約街頭行乞，路人行色匆匆，沒有一個人注意到瞎眼的他。此時，一個詩人停下了。詩人說：「我也沒有錢，但是我可以給你別的東西。」於是拿起筆來，在乞丐行乞的牌子上留下了一段話。那天，乞丐得到了所有人的同情與施捨。後來，乞丐又遇到了那位詩人，問他：「你到底給了我什麼？」詩人到底給了他什麼？請用十五字以內的篇幅，將那段

---

85 仇小屏：《下在我眼眸裡的雪——新詩教學》，頁23-46。

話寫出來。[86]

後面也舉出學生的例句如：「我相信我所看不見的世界是光明的」、
「您小小的舉動，決定了我落腳的方向」、「我看不見你，但是我看見
了你的愛心」等句子，藉由這樣的練習模式，使學生嘗試在最少限度
的字數中，去創造出能包含最多最廣、最打動人心例句的機會。除此
之外，筆者也推薦另一種創作方式，即仇小屏在《下》書中所做的
「新詩續寫」，在〈接龍遊戲——談新詩的續寫〉[87]這個篇章當中。

　　續寫是近來相當風行的作文題型之一。陳滿銘《作文教學指導》
中認為，這種題型因為有一段短文作為基礎，所以使學生有基本的材
料可依據，不致漫無範圍；同時又留有相當的自主空間，使學生能馳
騁他們的才情與想像力，因此是相當好的命題方式。作者即據此，設
計出「新詩續寫」，認為新詩續寫這一命題方式，能幫他們開一個
頭，往往可以引發學生的靈感，給他們才情煥發的感覺。作者在這一
章節，較為推薦的題目如下：

　　今兒，突有
　　一枚熟透的果子，從空中
　　跌落了下來[88]

後面有舉學生詩作：「今兒，突有／一枚熟透了的果子，從空中／跌

---

86 仇小屏：《下在我眼眸裡的雪——新詩教學》，頁29。
87 同上註，頁103-136。
88 此為彩羽的〈端居在芒果樹下〉，原詩如下：「今兒，突有／一枚熟透了的果子，從
　空中／跌落了下來／拾在手中，我知道的／這並不是它的失足，而只是／樹所投給
　我的——一枚熟透了的喜悅。」

落了下來／風吹著　雨打著／時間一久／皮開了　肉腐了／但那渾圓
的核／卻在土裡幸福的睡著了」這首甜美如童詩的結尾，給人喜悅的
感受。第二首推薦的新詩續寫題目，則是：

　　戀人之髮
　　黑而且美[89]

學生習作如下：「戀人之髮／黑而且美／深夜中唯一的細流／映著明
月癡迷的光」這首詩善用譬喻，給人一種精緻律動的感受。仇小屏在
此章節末中，對於新詩續寫的優缺點，做一些心得上的分析：「學生
的新詩續寫，最大的優點在於觸角敏銳、構思新穎，常與人『別開生
面』之感；而且許多學生會經過刻意的設計，在結尾來個峰迴路轉的
神來之筆，有極短篇的味道，效果往往相當的好。而且最後欣賞原詩
時，也因為有了續作的經驗，所以就能夠更深刻的欣賞、體會新詩之
美。不過，缺點也是顯而易見的。由於是第一篇新詩習作，語言的稚
拙就是一個普遍的毛病，雖然有時也可營造出童詩般純真的情味，但
絕大部分顯露出來的是對文字掌控力有未逮的窘迫……此外，詩意
太過顯露也是常犯的錯誤」[90]。整體來講，訓練學生做「形象化的思
維」，及平常要多累積好的詩句來做材料，這些都是讓學生創作現代
詩的基本方法，普遍通用於各種現代詩創作訓練之中。筆者認為，無
論是第一種十五字讓學生思考，或是第二種新詩續寫，甚至是筆者在
此處略過不提的新詩仿寫、新詩改寫等，都是可以讓學生嘗試的現代

---

89 本詩採自紀弦的〈戀人之目〉，作者因已和學生介紹過此詩，所以將原詩的戀人之
　　目，改為戀人之髮。原作如下：「戀人之目／黑而且美／十一月／獅子座的流星
　　雨」。
90 仇小屏：《下在我眼眸裡的雪──新詩教學》，頁134-135。

詩創作方式。「給材料寫詩」最大的好處，是可以讓學生在剛開始起步的時候，能夠不那麼漫無目標的書寫，由題目所給的限制，激盪出最適合表達自己詩意的呈現方式。

(三) 修辭格

修辭格運用到現代詩創作教學上，最常見的例子，當然就是譬喻修辭了。黃師慶萱《修辭學》中對此下的定義是：「譬喻是一種『借彼喻此』的修辭法，凡二件或二件以上的事物中有類似之點，說話作文時運用『那』有類似點的事物來比方說明『這』件事物的，就叫譬喻。」譬喻修辭，需要先在兩種截然不同的事物中尋求那類似之點，所以這種修辭格可說是在「相似聯想」的基礎上達成的；這也就是為何新詩中會出現大量的、精妙的譬喻，村野四郎說：「詩是比喻的文學。」因此，這裡就先舉譬喻修辭為例，來看修辭格在現代詩創作中的運用。

仇小屏在《下》書〈飛翔實驗——談如何鍛鍊佳句〉[91]這個章節中，有用一次作文課的時間，出一個小題讓學生運用譬喻法造出佳句。題目如下：

例句：(1) 我撲在書上，就像一個飢餓的人撲在麵包上。

(2) 一本好書，就是一個好的社會，它能夠陶冶人的感情與氣質，使人高尚。

說明：(1) 以上是兩位文學家對書的比喻。除此之外，還可以把書比喻成什麼？請你試著寫出來。

---

91 仇小屏：《下在我眼眸裡的雪——新詩教學》，頁71-84。

（2）此外，若將主題換成「人生」，你會怎樣來譬擬人
　　生？也請你試著寫寫看。

　　　　　　　　　　　　（參考賴慶雄、楊慧文編《作文新題型》）

出完這個題目後，學生寫作完成，再加以評閱，然後把佳句打出來，
影印給全班，讓大家一同欣賞。後舉學生的例句如：「人是一把時時
都會風化的鈍刀，書是磨刀石。時時磨刀，時時光亮」、「書就像是一
部鋼琴，當我打開它時，文字頓時變成音符，在我胸中跳躍著」；關
於人生的例句有「人生如穿越時空的一隻箭，在古往今來中創造時
代」、「人生如絮，在失落與寂寞中隨風飄盪」……等諸多佳句。

　　用譬喻格來當開端，這當然並不是詩的完成；但不可否認的，當
學生創造出一句生動的譬喻，能為讀者開創出一片鮮活的意象，那其
實也就離詩不遠了。讓學生從容易著手的地方下手，一句句連綴起
來，不失為一種創作的好的開端。修辭格中，除了譬喻的運用外，在
此再介紹另一種「知覺」的運用。

　　人的感官有分視覺、嗅覺、觸覺、聽覺、味覺，人類藉助這五種
感覺，才感知了大千世界中形形色色的事物，作者致力於讓自己的文
字更富於色彩、聲音和溫度，以便更豐富生動的表現這個世界。因此
當我們在創作時，如果能更熟練於這些技巧，將能讓我們的詩句生色
不少。除此之外，修辭學中有所謂的「移覺」修辭，向宏業、唐仲
揚、成偉均主編的《修辭通鑑》對其的定義是：用形象的語言，將一
種感官移到另一種感官上。如果能善加利用這項技巧，能在刺激人的
多種感官時體現藝術的更大力量。仇小屏在《詩》書〈知覺嘉年
華——談新詩習作中知覺的運用〉[92]中，針對知覺的運用，分兩個部

---

92 仇小屏：《詩從何處來：新詩習作教學指引》，頁55-70。

分來掌握,即「單一知覺的運用」及「通感」。「單一知覺的運用」設計如下:

> 長春藤一樣熱帶的情思(節選自鄭愁予〈水手刀〉)
> 作者用「長春藤一樣熱帶的」來形容「情思」,是因為熱帶的長春藤予人糾纏環繞、浪漫熱情的感受,所以那是以一個視覺意象,來表達心覺(即「情思」)。請你也發揮想像力,從任何知覺著眼皆可,來寫出一句「……的情思」,「……」中的字不可超過二十個。

這個是對單一知覺運用的設計,後舉的句子如:「棉花糖般綿綿密密的情思」、「宛如洩了氣的皮球,身負重傷的情思」……等,可以看到學生運用單一知覺來表達心覺的技巧,尚稱熟練。而「通感」這裡,僅以〈玫瑰花香〉為詩題,舉了幾首學生的例作,而沒有設計出題目,可能是作者疏忽的地方。「通感」所能帶給學生的,除了訓練他們在感官上更為敏銳之外,還能造成一種「正言若反」的效果。如學生詩例:「陣陣 陣陣/傳來火紅多刺的香/三月/我們默默」,香氣不可能是「火紅多刺」的,但這裡以視覺、觸覺來表達嗅覺的感受,讓人在思索之餘,也彷彿經歷一場瑰麗多變的知覺嘉年華。

修辭格的運用中,這裡只舉常見的譬喻修辭,還有可推薦的知覺運用技巧。至於其它如「擬人」、「排比」等修辭運用在現代詩創作的手法,是中學教師在作文教學中即常接觸到的練習方式,在此略過不談。教學者在運用修辭格這個技巧時,除了鼓勵學生創作外,也可以收到讓學生更易理解這個修辭格定義的功效,筆者以為,是很適合落實在教學上的方式。

（四）專門主題

　　以上所介紹的方式，都是現代詩創作的「部分」，是引領學生進入寫新詩的殿堂；而在這個主題裡，是讓學生完整創作出一首現代詩。命題作文是教學者很習慣的出題模式，可是鼓勵學生創作現代詩，該如何出題，才能讓他們寫出「好詩」呢？蕭蕭在《中學生現代詩手冊》中說：「首先，詩人內心世界往往受到外物的牽引……其次，詩人內在的心靈活動是抽象而不能探知的，也必須藉外物來傳達。」由此可見，想讓學生傳達出他們內心的思想，可以依靠「詠物」這個主題，來激發他們的想像力，及投射作用。除了能訓練學生的觀察能力之外，最重要的，是要訓練他們探求物的內在精神，使自己的生命與外在的物做結合；這才是寫好「詠物詩」最高的境界。

　　仇小屏在《詩》書〈抓住你了──詠物詩寫作練習〉[93]這個章節裡，先為學生舉了兩首詩：胡適的〈一顆星兒〉[94]和冰心的〈春水──六五〉[95]，讓學生看到，同樣的主題「星星」，詩人卻以自己的生命經驗，描摩出不同的感受與風情。然後請學生去思考，該如何以同樣的主題，寫出自己風格的「詠物詩」呢？後面舉的學生詩作不乏佳句，礙於篇幅，不放上來一一分享。值得注意的，是篇末作者有針對「詠物詩」學生創作的一些現象，列出一些應該注意的地方：

　　　一般說來，每個事物都有許多特點，都可以成為描寫的重心，

93　仇小屏：《詩從何處來：新詩習作教學指引》，頁241-254。

94　胡適〈一顆星兒〉：「我喜歡你這顆頂大的星兒，／可惜我叫不出你的名字。／平日月明時，月光遮盡了滿天星，總不能遮住你。／今天風雨後，悶沉沉的天氣，／我望遍天邊，尋不見一星半點光明，／回轉頭來，／只有你在那楊柳高頭依舊亮晶晶地。」

95　冰心〈春水──六五〉：「只是一顆星罷了！／在無邊的黑暗裡／已寫盡了宇宙的寂寞。」

譬如以「星星」來說，可以描寫它的光芒、它的閃爍、它的繁多、它的微小、它與黑夜形成的反襯、它的墜落（流星、隕石）……等等，可是，如果想要「一網打盡」，把它描寫得「淋漓盡致」的話，卻不是一個好的做法，因為這樣很容易顯得冗贅繁雜，失去焦點，尤其對初學者而言，語言的掌控力還有待鍛鍊，更應該只捕捉一、二特點，作精練的描寫，才不容易失誤。[96]

值得提醒諸位教學者去參考的，是我們在一開始鼓勵學生多運用「聯想能力」的時候，對同一個主題或詞彙，我們鼓勵他們勇於聯結、多多益善；可是當真正要選取其中的意象來串連成詩時，多多益善反而會模糊焦點，只擷取其中的一兩項，做更深入的剖析與書寫，反而更能予人眼睛一亮的感受。畢竟初學者還沒有足夠駕馭眾多意象，並串連於同一首詩的能力，針對其中的一兩項來做開展，比較容易有漂亮的佳作出現，這是值得參照的地方。

除了「詠物詩」之外，另一個適合讓學生做練習的主題，是「愛情詩」。《詩》書中〈我戀愛——愛情詩寫作練習〉[97]這個章節，是很適合推薦給中學教師，讓學生練習的。正值青春期的孩子們，對愛情擁有無限美好的憧憬，對於愛情詩篇中那種纏綿悱惻的細膩手法，比大人更能身歷其境、更能感同身受。仇小屏在此舉了和泉式部的〈短歌六首〉[98]給學生欣賞，認為它的語言明晰易懂、情感熱烈真

---

96 仇小屏：《詩從何處來：新詩習作教學指引》，頁253。

97 同上註，頁267-279。

98 和泉式部〈短歌六首〉：「獨臥，我的黑髮／散亂，／我渴望那最初／梳它／的人。＊被愛所浸，被雨水所浸，／如果有人問你／什麼打濕了／你的袖子，／你要怎麼說？＊快來吧，／這些花一開／即落，／這世界的存在／有如花朵上露珠的光澤。＊渴望見到他，渴望／被他見到——／他若是每日早晨／我面對的鏡子／就好了。

摯，適合學生賞析；在帶學生細讀過這首詩後，作者後面即舉學生的詩作，在此亦礙於篇幅的關係，略過不放學生佳作。

　　筆者很認同仇小屏的說法，就筆者個人的教學經驗中，「愛情詩」對於中學生的吸引力，無論是古詩或是現代詩，其影響力及喜愛度，是無與倫比的。筆者比較存疑的一點，是用以舉例的和泉式部〈短歌六首〉，是否真能帶給學生細膩動人的愛情感受。〈短歌六首〉短小而美，含蓄雋永，如詠歎調；迥異於強烈的、意象鮮明的、給人直接深刻感受的愛情詩。筆者曾做過一張情詩選讀的講義，有請學生選出自己較喜歡的詩句，並做評析；結果發現王添源的〈給你十四行〉[99]及蘇紹連的〈沙漏〉[100]，無論在男生班、女生班，亦或是男女合班，都是學生最喜歡的情詩選擇。也許仇小屏在此刻意選擇〈短歌六首〉，是因為篇幅較為短小，可以讓學生即席仿寫，較為容易；但

＊竹葉上的／露珠，逗留得／都比你久──／拂曉消失／無蹤的你！＊久候的那人如果／真來了，我該怎麼辦？／今晨的花園鋪滿雪，／太美了，／不忍見足印玷汙它。」

99 王添源〈給你十四行〉：「給妳，其實一行就夠了。可是對妳的懷念／就像夏至的陽光，炙熱、鮮紅、悠遠／就像切斷的連藕，弱小、白皙、纖細的絲／愈拉愈長。因此，我才瞭解，對妳的愛戀／永遠無法一刀兩斷。要向妳說的話永遠／無法言簡意賅。於是，我就要寫十四行／來想妳，纏妳。先寫三行半，運用意象／暗喻我拉扯不斷理還亂的思緒。再寫三行半／平鋪直敘我難以捨棄的，對妳的情感。接著／四行，是要解釋怕妳看不懂，我字裡行間／深藏的意義。然後在十三行之前空下一行，讓妳思考／等妳都明白了，再讓妳看最後兩行／給妳我所能給的，並且等待妳的拒絕／流淚，是我想妳是唯一的自由。」

100 蘇紹連〈沙漏〉：「僅有一個生命，為什麼要有兩個軀體？／我們結合在一起，只是為了反覆計算時間麼？我們是兩個反向的透明盛杯，底部連接，以一道細管互通你我的生命之沙。／當我在上，我不能阻止我的生命之沙，一顆粒，一顆粒，流入你的體內。我從滿滿的擁有，逐漸變為空無，啊啊，生命應該是你的。／可是，時間的手把我們翻轉。當你在上，我看見你的生命之沙，一顆粒，一顆粒，流入我的體內。我不禁的，吶喊，流淚。這些沙子反覆流入我的體內及你的體內，而為什麼，我們不能同時存活在一個時間裡？」

既然此節是「主題詩」的練習，當以內容精神為主，而不該連形式都
要讓學生仿造，這樣的創作模式，與其說是主題詩創作，不如更近似
於「新詩仿寫」。因此筆者認為，關於主題設計的選材，還有可以探
討的空間。

　　整體來看，仇小屏這兩本書，是基於實作練習的模式，所誕生出
來的。語言淺顯易懂，設計出來能落實於教學上的可行性較高，是很
適合教學者使用的現代詩創作用書，不過仍有可以改善的地方。筆者
以為，就鼓勵學生創作而言，是很足夠的；但對於選錄學生的作品方
面，有時會有良莠不齊的情形出現。如白靈和蕭蕭的用書，同樣有放
學生作品給讀者參考，但在放上去之前，會和學生討論，就詩性不足
的地方，先做了刪改，才放於篇末給讀者欣賞；但仇小屏這兩本書，
這個部分是設計學習單有餘，文字修飾的精密度不足，還有可以再改
進的空間。

四　秦素娥《現代詩教學研究》

　　此文為高雄師範大學國文教學碩士班秦素娥的畢業論文，全書共
分為五章，依次為：第一章〈緒論〉，第二章〈現代詩的鑑賞教學〉，
第三章〈現代詩的情境教學〉，第四章〈現代詩的創作教學〉，及第五
章的〈結論〉。其中與本文最為密切相關的，自然是第四章〈現代詩
的創作教學〉。第四章又分為四節，分別為：第一節「理論基礎」，第
二節「習作教學篇」，第三節「資訊融入篇」，及第四節「小結」。第
一節的理論基礎，以教育行動研究為中心，在此略過不提；第三節的
資訊融入篇，於國文實際教學中落實困難，在此也不是本文主要關心
的主題。本節目的是在介紹學者的現代詩寫作教學研究，以下即以第

二節「習作教學篇」[101]為開展對象，來做進一步的分析探討。

　　《現代詩教學研究》的第二節「習作教學篇」中，分成兩個部分來做開展：

（一）初階習作篇

　　一、即席一句詩
　　二、填填看
　　三、交錯縱橫
　　四、由簡入繁
　　五、模擬仿作
　　六、相關聯想

（二）進階習作篇

　　一、排列組合
　　二、改寫古詩
　　三、組織報紙文辭變成詩
　　四、將實物化成詩
　　五、生活隨想
　　六、設身處地
　　七、取材社會事件
　　八、學習聯結，群策群力

　　如一一去分析秦素娥所做的現代詩創作設計，會發現其實並不出蕭蕭、白靈、本師潘麗珠教授所開創的範圍。如「即席一句詩」這句話即出自本師潘麗珠教授的《臺灣現代詩教學研究》之中；「填填

101　秦素娥：《現代詩教學研究》，頁185-223。

看」則是蕭蕭、白靈共有的構想；「交錯縱橫」、「模擬仿作」則明顯用自白靈的「奪胎換骨法」，蕭蕭在《現代詩遊戲》中的「錯接」亦是如此；「相關聯想」則是蕭蕭在《現代詩創作演練》中的「定向聯想」設計；「排列組合」則是化用白靈《一首詩的誘惑》當中的「形式與實質」；「組織報紙文辭變成詩」直接化用本師潘麗珠教授《臺灣現代詩教學研究》中的「一張報紙一群字，組織文詞變成詩」；「生活隨想」的設計是訓練聯想力，以上所有現代詩創作用書都有強調這個重點；「設身處地」這個設計很明顯脫胎自蕭蕭《現代詩創作演練》的「轉換角色」；「學習聯結，群策群力」則是引用自本師潘麗珠教授《臺灣現代詩教學研究》中的「群策群力的詩」……其它主題的設計，如「改寫古詩」、「將實物化成詩」、「取材社會事件」等，在這類型的創作教學用書，亦所在多有，且更富於引導。嚴格探討這個章節的「習作教學篇」，以論文的規格來看，除了定義初階習作、進階習作的方式啟人疑竇[102]之外，關於運用到其他人所做的現代詩創作設計，亦未清楚標明出處，是值得商榷的地方。

　　如細部來探討，「即席一句詩」的學生例作，上面標明是經由老師修改的句子，再重新組合成為一首詩，題名為〈秋憶〉；但並未說明題名是由誰訂、由誰來連綴？而「交錯縱橫」這個設計，除了看到一堆「非詩性」的句子[103]各自堆疊，篇末也沒有說明這樣的設計，想

---

102 如初階習作當中，「填填看」在「即席一句詩」之後，就學生學習的難易度來講，頗令人疑惑；又初階及進階的定義方式，也令人不解。初階習作就觀察來看，都是偏重在引導的階段，且非學生獨力完成一首詩；那麼進階習作當中的「排列組合」又為何放到進階？「排列組合」是訓練學生分行的能力，「組織報紙文辭變成詩」則是運用意象的能力，這些放在進階習作的理由何在？

103 如：「天空悠閒地在飛翔、遊子突然地在歌唱、飛機急速地在翱遊……」，出自秦素娥：《現代詩教學研究》，頁190。

讓學生得到的效果、目的何在[104]？「相關聯想」的設計，從「老人」到「流浪狗」讓學生去做中間意象的串連，但是這兩者的聯想太過接近，是可以再改進的設計，且其中學生的詩例部分過於牽強[105]。「古詩改寫」是連結傳統與現代的一個很好的教學橋梁，但設計王之渙的〈登鸛雀樓〉給學生練習，學生再創作的詩句是：「日光　悄悄地隱沒在山的另一端／而海水也奔騰地　流入浩瀚無際的海洋／也許　再往上／我能夠看見　更寬廣的世界／那麼就更上一層樓吧／俯視無垠無涯的視野」[106]，這樣的作詩方式，與把白話翻譯分行斷開，差異性到底有多大？第二個題目〈回鄉偶書〉，學生的詩作：「輕快的身影離開／步伐蹣跚地回鄉／人事已非　髮絲花白／鄉音依舊／孩子們　天真無邪／帶著稚嫩笑臉問我／：「你打那兒來？」古詩的含蓄內斂，現代詩可以呈現的方式五花八門，可以添加進去的想像無遠弗屆，但是學生並沒有受到很好的引導，呈現出來的詩作超脫不出原詩的限制，殊為可惜！後面的學生詩作，可以看出在很多地方，教學者對這個設計本身未盡引申、未盡鼓勵引導，學生創作出來的詩句篇章，其實很容易便缺乏深度，未含詩意。這些都是細部來看，可以再深思的地方。

在這一節最後，秦素娥做一個小結論：

> 上述學生的作品，或有佳篇，或有缺點，或是手法不夠純熟。

---

104 出處同上。最後面嚴格來講，有兩行：「經由此單元的練習，讓學生了解不同詞語的組合，產生無限的句子，這是遣詞鍊句的開始。」這兩行之間，並沒有邏輯性可導致這個結論，這樣的練習呈現出來，也無法說服教學者這是一個有效度的學習方式。

105 如：「老人是生命奮鬥後的戰利品→外在的身軀掩飾不了堅強的心→好比強具生命力的流浪狗。」出自秦素娥：《現代詩教學研究》，頁195。

106 秦素娥：《現代詩教學研究》，頁199-200。

畢竟年紀還輕，人生體驗不足，能有如此表現，堪稱可慰。只
要是勇於表現的，即使作品不很理想，為人師者亦應多予鼓
勵。在創作教學上，老師是扮演引導、啟發的角色，適時提供
意見，幫助學生完成作品，而非站在評判者的角度予以是非對
錯的評判，這是在教學上能否成功的關鍵。[107]

筆者本身亦非詩人，對於指導學生創作，也不敢說一定可以克盡修改
之責，幫學生修至盡善盡美；但對於上面一段秦素娥對於現代詩創作
教學的看法，筆者在此有些意見想提出來分享。現代詩創作教學，其
目的到底是什麼呢？是只要鼓勵學生創造出「像詩的文學語言」即可
滿足，還是應將眼光放遠，藉此鍛鍊出文學性的佳句，讓學生一邊浸
淫於詩性之美，一邊又可收散文進步之效呢？學生的人生體驗，固然
不足，然亦有可以想像、可以引導他們思考的地方。莎士比亞說過：
「詩人的眼睛轉動，由天宇眺望到地面，又由地上眺望到天空；而用
幻想使那些不可知的事物現形，詩人的筆描繪了它們的形象，賦給虛
無縹緲的事物以方位和名字。」只要能對外在事物忠實的感受，即使
歲月短暫，亦能仔細品嚐活過的一時一刻，將其化為精醇甘美的文
字；而渾渾噩噩、追名逐利的日子，過得再久，也無法化為筆下深刻
動人的語言。筆者以為，相信每個學生心中的詩性，鼓勵他們、引導
他們更深層去挖掘拼湊屬於他們本身的詩句，才是教導現代詩創作的
最終目的。當學生創作出來後，如果只滿足於他們的「願意」創作，
又不給予任何造字遣詞上的建議和潤飾的話，筆者以為，仍沒辦法收
鍊字鍛詞之效。只有當學生「樂於創作」，「敢於表現」之後，能進一
步再做到「勤於修飾」，「精於文字」，才是一整個現代詩創作教學的

---

107 秦素娥：《現代詩教學研究》，頁224。

完成。小小意見，僅供教學者當作參考。

第三節　網路現代詩創作遊戲

　　現代詩寫作教學設計探究當中，與讀者的互動最為相關的，當屬「網路現代詩創作遊戲」一節。透過網路詩的創作面向，一方面可與時代的潮流數位化接軌，一方面也可觀察現代詩數位化後，讀者、作者新型態的互動關係。透過這些互動與觀察，給予教學者電腦輔助教學的創新思考，俾能拉近學生與詩之間的距離。

一　網路詩的定義

　　網路詩的定義，若以文章的結構來看，可以分成文本與超文本（hypertext）兩大類：「一是將傳統『平面印刷』文學作品數位化，而後發表於www網站或張貼於BBS文學創作版上；二是指含有『非平面印刷』成分並以數位方式發表的新型文學，學術上慣稱超文本文學（hypertext literature）。非平面印刷成分的明顯例子包括動態影像或文字、超連結設計（hyperlink）、互動式（interactivity）讀寫功能等。」[108]前者似乎只將網路視為某種傳播的「通道」，而後者所追求的卻是一種獨立的文體——所謂「超文本的網路文學」，這也如須文蔚引羅立吾和李順興的說法時所言：

　　　網路詩，或稱電子詩（Electronic Poetry），一般而言有廣狹不

---

[108] 李順興：〈觀望存疑或一「網」打盡？──網路文學的定義問題〉，（http://benz.nchu.edu.tw/~sslee/papers/hyp-def2.htm），歧路花園，1998年8月。

同的定義方式：從最廣義的角度定義，凡是在網路上傳佈的現
代詩，都是網路詩，如此一來，任何將傳統「平面印刷」文學
作品數位化，而後張貼於BBS文學創作版或刊登於www網站，
都算是網路詩。另一方面，如從狹義的觀點思考，利用網路或
電腦特有的媒介特質所創作的數位化作品，不同於平面印刷媒
體上所呈現的詩作型態，方為網路詩（羅立吾，1998：8；李
順興1998a：　）。[109]

一般來說，BBS的作者與超文本的嘗試者對網路詩的論點是頗有差異
的。而不論是將網路視為通道，或是創作時的基本條件，詩與網路因
互動而產生網路詩的事實，的確是不容忽視的。本研究採取的是廣義
的說法，對廣大讀者群而言，這是他們可以參與的創作園地，差別只
在發表的方式不同而已。以下的網路詩介紹，是站在互動可行的教學
立場，而非賞析立場，來探討網路現代詩創作教學。

二　網路詩的創作面向

（一）李順興「歧路花園」[110]

《歧路花園》（The Garden of Forking Paths）是由中興大學外文系
教授李順興所建構的網頁，網頁的名稱摘自波赫斯（Jorge Luis Borges）
小說篇名，內容涉及一座迷宮的建造以及一則多重情節路線故事的書
寫，與這個以刊登與評論網路文學作品的結構，有暗中相呼應之處。

---

109 須文蔚：〈網路詩創作的破與立〉，《第二屆青年文學會議論文集》，臺北市：國家圖
　　書館國際會議聽，1998年10月。

110 http://benz.nchu.edu.tw/-garden/ b-su.htm

　　《歧路花園》中除蘇紹連及翻譯作品外，設置了兩組作品，分別是蘇默默的〈物質想像〉、〈抹黑李白〉兩組詩，以及李順興的網路詩〈圍城〉與多向文本小說〈猥褻〉。這幾組作品共同的特徵就是混雜了JAVA程式或語言，讓作品更具有變化與趣味，以蘇默默的兩組作品為例，多向連結的部分都以JAVA動態的方式呈現，讓多向連結不再是單純接連兩頁（或多頁）資訊，而相當隨機或立體，讀者閱讀詩組時便能夠相互連貫而把握整體，讓看似分散的詩組有完整的風貌，又能夠達到互動的效果，使作品的可讀性提昇不少。李順興在〈網路詩三範例〉中提到：

> 蘇默默〈抹黑李白〉於八月上網，由一套詩組構成，共六首，嘗試以全新角度詮釋被「符號化」的李白。各成員詩之間以李白水中追逐月亮的圖案遊戲串連。其一〈本相〉描述李白生性不羈，不是顧家好男人，詩文字之外另安插李白畫像，讀者若挪動滑鼠，便可顯現各種扭曲的李白「本相」。其二〈吃・喝・拉屎〉諷刺歷史書寫只重名人記錄，又偏好花邊軼事，而小人物總是無緣進入集體記憶書寫，讀者若也看不順眼，還可放火燒掉詩畫面，一洩悶氣。[111]

這樣的互動式網路詩設計，除了可以帶給讀者「宛如撈月」（以滑鼠去抓螢幕上的月亮）的趣味外，也似乎暗示著符號化的李白一旦剝落，歷史那些隱晦的真相才能逐一浮現。不過蘇默默作品的文字部分

---

[111] 李順興：〈網路詩三範例〉，《中國時報》開卷版，1998年9月24日。（參考網站：〈一首被撕裂的詩〉http://www1.pu.edu.tw/pu/faculty/cylin2/newpage5.htm、〈抹黑李白〉http://benz.nchu.edu.tw/-garden/b-su.htm、〈追夢人〉http://poem.com.tw/ART/須文蔚/dream/追夢人.html。）

並不成熟，許多諷刺性的文字說理太強，顯得過於直接，失去了詩的趣味，加上詩組中一些JAVA程式僅僅是單純的套用，在視覺設計上的效果略顯粗糙，難免削弱了作品的力量。

李順興的〈圍城〉雖然相形之下較為單純，但文字老練，相當具有震撼力。圖像部分以各式各樣的道德誡律為城牆，把「堯舜禹湯文武周公孔子孫文」困在其中，這些先賢在圍城中徘徊不止，猶如龍困淺灘。視覺詩部分對於僵化的道德（或被政治御用的意識型態）加以攻擊，十分強而有力。[112]這些作品以超文本的方式呈現，很能符合作者所欲傳達的「打破傳統迷思」的思想，也有讓讀者「參與打破」的互動遊戲，能夠刺激讀者的想像力，帶給讀者身歷其境的感受。

（二）向陽「台灣網路詩實驗室」[113]

由向陽設置，結合現代詩與網語語言，推動「網路詩」新文體的誕生。其中收錄了〈一首被撕裂的詩〉、〈心事〉、〈小滿〉、〈大暑〉、〈大雪〉五首精采的網路詩，另外還有網路詩的相關評論。最有名的當屬〈一首被撕裂的詩〉，屬於多媒體詩[114]。此番向陽以動畫改作，把原本斷裂的文字整理在一起，再以紅、綠的色塊遮掩住部分文字，配合動畫效果，可以勉強拼湊出完整的句子，而刺眼的色塊不斷變動，讓讀者視覺上相當難受，強化了對於言論箝制嘲諷與抗議的隱喻，提昇了作品的抗議力量。雖然整個作品在動畫設計上並不繁複，多媒體手法堪稱單純，但是配合上具有洗鍊又幽微的文字，以及生動

---

112 參考自須文蔚：〈網路詩創作的破與立〉。

113 http://home.kimo.com.tw/ poettaiwan/

114 網路詩之種類依詩人須文蔚的分類，大概有以下四種類型：新具體詩、多向詩、互動詩和多媒體詩，出自須文蔚：〈網路詩創作的破與立〉，《創世紀》第117期，1998年出版，頁80-95。多媒體詩，乃是整合文字、圖形、聲音和動畫於一爐的詩作，使畫面類似拍電影的技巧一樣，寫實又逼真地呈現。以下分類均不特別註明出處。

的意象，讓這首網路詩別具一格。[115]

　　向陽本人是個帶有創作意識的網路詩作者。他在〈網路新島嶼：為《文學咖啡屋》第五波「網路創作大競技」而寫〉一文中提到：

> 一九九八年十月，我開始「網路詩」的習作，並創設了「台灣網路詩實驗室」網站，當時的網路文學條件不如今天，從事超文本「網路詩」創作的詩人寥寥可數，憑著摸索和學習，我嘗試改作過去寫的詩，配合有限的程式語言和寫作網頁的貧瘠經驗，加以再處理，勉強試作了一些「網路詩」。在我的想法中，媒介改變了，內容和意義其實也會隨著改變……「網路詩」，作為結合文字、圖像、聲音乃至動畫等多文本的一種書寫形式，當然預示著詩文本和文類的新的歧出，而它的意義，在於解放和開發。這也許是文學創作的一條新的路徑的開始。[116]

為了替現代詩開創出一條截然不同的道路，即使是老一輩的詩人前輩們，尚如此努力於網路詩創作的開拓與實踐，讓詩不僅僅能「讀」，還能在網路工具的使用下，再增加其「閱讀吸引力」及「趣味性」及不同的網路美學向度。教學時不妨也請學生比較原詩作與網路詩作的差異，透過網路媒介，能夠引導讀者進入新的表現方法所創造出的新的感受思維，達到以動態影像、超連結等「非平面印刷」的網路創作功能。

（三）須文蔚「追夢人」、「觸電新詩網」[117]

115　須文蔚：〈網路詩創作的破與立〉。

116　向陽：〈網路新島嶼：為《文學咖啡屋》第五波「網路創作大競技」而寫〉，2001年8月28日《聯合報》，副刊。

117　http://dcc.ndhu.edu.tw/poem/work3/dream.htm、http://dcc.ndhu.edu.tw/poem/index01.htm

　　〈追夢人〉是一首JAVA語言編寫的互動詩[118]，讀者並無法預見詩的「本文」，在填完十個問題之後，一首讀者與程式寫作者共同完成的詩才完整浮現。李順興指出：「網頁表單（form）通常用來填入一般資料，拿來改編成互動式書寫的詩作品，文學趣味十足。〈追夢人〉玩一首情詩的書寫遊戲，因預先設定回應的內容，得以避免類似網路接龍文字浮濫的弊病。」[119]以填問卷的方式來邀請讀者參與，頗類似時下年輕人所喜愛的「心理測驗」玩法；而後出現的互動詩，因為有讀者主動參與的痕跡存在，讀者對詩作的認同度會較高。這一類型的作品由於開放讀者回應資訊，因此能開創出平面媒體無法達到的互動性。詩末須文蔚也鼓勵讀者可以再玩一次這首互動詩，或者是即興自行創作，對初入門的讀者而言，是很好的導讀網路詩創作遊戲。

　　「觸電新詩網」創於一九九八年十一月，裡頭收錄了十三首精采的網路詩，有多向詩、互動詩、動畫詩、JAVA加上動畫詩，和Power Point寫成的詩。網路創作詩人須文蔚，可說是創作多向詩[120]的好手，在「觸電新詩網」中便收錄了好幾首，例如〈在子虛山前哭泣〉一詩中，便以一滴融化的冰河進行不同的旅程，被融化的冰河變成泉水，在第一關卡「篩選」的項目中就有三種選擇，分別是流到「鐘乳石洞」中或化為「地下水」或者是從巨巖中一躍而出變成了「山泉」三種不同的路徑。由這三種不同的選擇，佐以三種不同的面向來開展冰河的「人生」，最後要人們好好反省一番，藉由上述的旅程要求種一株樹苗來愛護環境，又出現三個選項讓讀者選擇種樹態度，此詩想必

---

118 互動詩，即作者透過網路這個媒介，使讀者也一起參與作者設計的作品。

119 李順興：〈網路詩三範例〉。

120 此處之「多向詩」，為多方向的延伸詩的語言，不單單只是存在於一個固定的畫面中，還有許多枝散的情節供讀者選擇，每一次選擇的路徑不同，就會出現不同的結局。所以，一首多向詩的作品，可能會有好幾種不同的詮釋，讀者也就變成「第二作者」了。

是針對臺灣近幾年來所碰到的生態環境問題有感而發的。

　　除此之外，〈拆字：為現代詩的命運占卜〉也是一首很有趣的網路詩。善用「拆字」的概念，將「詩」這個字，拆為「亠」、「二」、「口」、「士」、「寸」五個部分，讓讀者自由選擇這五部分當中的區塊，點擊下去後，會出現五種風格各異的對「詩」的詮釋。以算命的筆法，詩人的詮註，給讀者不同的詩性想像，文句富含哲思。能巧妙地將「占卜」的特性發揮地淋漓盡至，是首無論就表現手法或詩作內容都值得推薦的佳作。

　　除了十三首網路詩作分享外，「觸電新詩網」還有須文蔚的「數位文學理論」共三十篇，內容涵蓋網路詩的介紹、網路文學的研究及探討等，是很豐富的網路文學研究收錄；「來去觸個電」則放上各個網路詩網站的連結，讓讀者做更進一步的索引及認識。對網路詩毫無概念的讀者來到這個網站，便可參觀到網路詩各種不同的樣貌，佐以厚實的理論為根柢，再點選精心挑選的網路詩作連結，相信能對網路詩有更深刻的認識。

（四）蘇紹連「flash 超文學」[121]

　　蘇紹連擅長製作多媒體詩[122]，他的「flash超文學」中，收錄有九十六首flash超文學詩作，每一首詩作猶如一部小電影一般，如〈時代〉、〈記者會〉、〈蜘蛛〉、〈沙漏〉、〈小丑〉、〈生死戀〉……等，都是較高階的多媒體詩。

　　蘇紹連在網路上的化名為米羅‧卡索，臺灣的網路文學興起於九〇年代，超文本的創作方式強調互動設計，讀者以連結推動閱讀進

121　http://netcity6.web.hinet.net/UserData/suhwan/。

122　多媒體詩乃是整合文字、圖形、聲音和動畫於一爐的詩作，使畫面類似拍電影的
　　　技巧一般，寫實又逼真地呈現。

行，扮演主動的接受者。米羅・卡索的網路詩，首頁都以文字加上圖片構成最基本的背景，而這些圖文背景可分為動態和靜態兩種類型。以動態呈現的詩作有〈困獸之鬥〉、〈生命餘光〉、〈釋放〉、〈行者〉、〈黑暗之光〉、〈時代〉、〈小丑〉、〈髮夢〉、〈果汁螞蟻〉、〈人球〉、〈小海洋〉、〈催眠術〉、〈時光之輪〉、〈夜行火車〉、〈兩字之間〉、〈文字蝗蟲〉、〈凍結詩人〉、〈詩人總統〉、〈活性物種〉、〈草場〉、〈蜘蛛〉、〈英雄本色〉、〈黑金之島〉、〈詩人行動〉、〈時間〉系列五首、〈曠野鋼琴〉、〈春夜喜雨〉、〈風車〉、〈營火會〉、〈水龍頭〉、〈詩人戰帖〉、〈旗幟〉、〈窟的秘密〉、〈透明人〉、〈夢遊患者〉、〈人像之謎〉、〈懺悔室〉、〈思想的運作〉、〈心在變〉等四十餘首，其他詩作則以靜態呈現，比例約各半，而不論靜態或動態，圖文背景都配合題旨，帶出鮮明的視覺印象。

　　不論動態或靜態，這些圖文背景都能配合題旨，營造出特殊的氛圍。當讀者進一步點選連結，深入超文本中，米羅・卡索經常突出前景、背景的對比，表現巨大的張力。[123]

　　蘇紹連的〈時代〉，原作用白底黑字鉛印上去，充滿政治意味，描寫人身處在大時代底下的無奈。網路版的〈時代〉以flash程式將作品加以數位化，並且運用超連結，一句一句把詩句顯現出來，畫面中有一個在棋盤中行走的人，讀者必須點選他遺留下的影子，詩句才會一句接著一句出現，待點選完所有的格子後，詩句才會完全顯現，也才會看到詩名。作者故意把詩名安排在最後，無非是希望透過之前看似遊戲般的點選模式，讓人有一種身處在錯亂、不安、焦慮的氣氛當中，藉以省思「時代」賦予的意義。除此之外，點選到最後，詩句錯雜排列，迥異於文本模式時的前後順序，令讀者可以自由串連、任意

---

123 商瑜容：〈米羅・卡索網路詩作的美感效應〉，《臺灣詩學學刊》（TaiwanPoetry）學刊1號，2003年5月出版。

「誤讀」，這種眾聲喧嘩的現象，更恰好呼應了詩題〈時代〉。

蘇紹連在「flash超文學」當中經營的九十六首詩作，給予讀者不同的視覺感受，更開創出多采多姿的讀者參與模式。在超文本的運用下，讀者與文本中豐富的空白相互激盪，高度發揮想像力；不再被動的接受作者開創出來的世界及思想，超文本開放的形式使讀者自我實現的途徑趨於多元。誠如商瑜容所說：「在米羅・卡索的網路詩國裡，彷彿有千百扇窗等待被開啟，每一扇窗外，都有無數星子閃動著耀眼的銀輝，讀者不只能碰觸它們，更將與星群一同散發光熱，照亮人間！」[124]

（五）白靈「象天堂」[125]

在「白靈文學船」的「象天堂」單元中，白靈以Flash的動畫模式，整合文字、圖畫、圖片與動畫，多樣化地呈現出網路詩的樣貌，證明形象化書寫、對現實觀照、溝通思想、傳達觀念的符號，都是一種現代的「書寫工具」，也更突顯白靈具有利用多重媒介「書寫」的本事。

白靈在網路中，如同蘇紹連化身為米羅・卡索一般，白靈的化名為杜斯・戈爾。象天堂裡：「白靈利用最新的數位程式所書寫的詩，卻以考古般態度，挖掘中國文字與龍的演化過程，彷彿是文字學或是文化史的學術報告，透過生動的動畫與精彩的文字搭配，展現出飽滿的思考與詩意。其中，符碼動畫〈沒有□□□需要國界〉這個作品裡，一匹馬越過柵欄的過程中，實體的馬轉換為一個象形文字，不料圖畫的馬較為溫馴，文字的馬反倒生猛無比，吞噬了設柵欄的人與世

124　商瑜容：〈米羅・卡索網路詩作的美感效應〉，《臺灣詩學學刊》（TaiwanPoetry）學刊1號，2003年5月出版。

125　http://www.cc.ntut.edu.tw/-thchuang/e/index.htm。

界。作者似乎想說，以中國的象形文字從事圖像詩創作，可以跨越國界；似乎又同時想表述，符號具比符號義對真實世界更具有影響力，也更無遠弗屆。」[126]白靈巧妙運用flash設計，將作者的意念以動態的圖象方式來說明，不著一字，留給讀者主動詮釋的空間。

白靈在「數位詩」及「詩的聲光」所做的貢獻居功厥偉，讀者在「象天堂」裡，除了可以閱讀到白靈的詩作外，其中還有觀摩展八首，學生作品十五首，帶給讀者不一樣的視覺感受。白靈於《一首詩的玩法》當中，也有相當詳盡的「網路詩創作」方式，相信白靈在指導學生創作網路詩之餘，必定也鼓勵學生，佳作將放到網路上供大眾展示，這樣的做法對學生及廣大讀者而言，都是正向的刺激，未來的中小學國文科教學型態似乎也可以朝這部分邁進。

（六）個人網站：陳黎「陳黎文學倉庫」[127]

本網站是作家陳黎的個人網站，分為：陳黎詩作、陳黎散文、陳黎譯詩、陳黎花蓮、陳黎研究等部分。陳黎詩作：收錄陳黎自一九七三年至今的現代詩和童詩。陳黎散文：介紹陳黎自一九七四年至二○○○年的散文集，並選載部分作品。陳黎譯詩：陳黎和張芬齡翻譯以九○年代為主的國外詩人作品。陳黎花蓮：收錄他作品中以花蓮為主體的散文和詩作。陳黎研究：收錄學者對陳黎詩和散文的評論，另包含寫作年表、書目、作品評論引得等。

「陳黎文學倉庫」內容包羅萬象，有他的新舊詩集（包括已絕版的《動物搖籃曲》）、散文、諾貝爾獎得主辛波絲卡詩作翻譯的完整上網，以及生平年表、相關評論、詩人故鄉花蓮的想像地圖等等，作家

---

126 須文蔚：〈白靈文學船〉，「觸電新詩網」中的「觸電感想」單元之一，網址為：http://dcc.ndhu.edu.tw/poem/paper/28.html。

127 http://www.hgjh.hlc.edu.tw/~chenli/index.htm。

網站往往最能表現個人編輯的慧心。在書本編輯受制於出版社的今日，作家可說在網路上又找到了一個足以痛快發揮創意的空間。讀者可在此任意點選陳黎膾炙人口的詩作，諸如：〈戰爭交響曲〉、〈在我們生活的每個角落〉、〈蔥〉等等，甚至是較具趣味性、爭議性的〈一首因愛睏在輸入時按錯鍵的情詩〉、圖象詩〈為宇宙家庭之旅的海報〉、〈肥盟〉等作品。陳黎的詩作很能引起年輕學子的共鳴，詩中洋溢的創意、勇於反抗傳統的活力，能夠吸引學生的目光，願意主動多去閱讀。筆者曾以一節課的時間，讓學生於電腦教室觀看米羅・卡索的「flash超文學」網站及陳黎的「陳黎文學倉庫」，在閱讀flash作品時，驚歎聲此起彼落；而閱讀到陳黎的作品，則是歡笑喜悅充滿整個教室。網路詩的教學，讓學生發現了現代詩的另一面貌，也更增添了學生對詩作的興趣。

（七）官方詩網：《詩路：台灣現代詩網路聯盟》[128]

　　本網站是一九九六年由文建會主導建置，現由東華大學數字文化中心須文蔚繼續維護。典藏區，依一九一九～、二〇～二九、三〇～三九、四〇～四九、五〇～五九、六〇～六九、七〇～、網路詩人、校園等時序與特色，介紹重要詩人。也有詩刊、塗鴉、電子報、精華區、空中詩路（漢聲廣播電臺）等，可謂集大成的新詩網站。透過此一網站，愛詩者可以獲得最新的資訊，而且可以欣賞到狹義的網路詩作，更重要的，可以面對開放、互動的創作教學。在「新詩塗鴉投稿區」中，若作品不錯，就能以約十分之一的「錄取率」，經過編輯而進入「精華區」的網路投稿，目前高達三千首以上；反之，若是作品不佳，作品停留版上的時間壽命便很短，有時一天就被淘汰。正如本師潘麗珠教授所說：「吾人可以想像：只要打開電腦，上網進到『詩

128　http://www.poem.com.tw/。

路』，就能和許多同好對話，或發表作品，或提出問題，或參與討論。從學習的角度來看，這也是一種教學形式。」[129]

須文蔚在〈一個反網路文化的文學網站──淺談詩路的搭建理念〉中，特別強調文學作品發表的編輯歷程：

> 和所有文學網站一樣，「詩路」重視作者即時發表與互動的機制，但和其他網站最大不同之處，在設站之初，就十分強調作品必須編選……為了讓更多的讀者見一下網路詩的精采，「詩路」連續三年編選《年度詩選》，並出版書籍，在這幾本詩選中，作品後面除了有作者的簡介、創作歷程外，還有作家與評論家蘇紹連、鄭慧如、鴻鴻、羅任玲、唐捐、顏艾琳、李進文、須文蔚、代橘等人對這些作品的評介。值得附帶一提的是，三本「年度詩選」中推薦的年度詩人：遲鈍、林婉瑜、楊佳嫻、陳雋弘等四位詩人，無論是出版詩集、成立個人網頁，或是參與文學獎，都有傑出的表現，可以見證網路文學社群在創作上已經走出青澀，並且卓然成家。[130]

在華語現代文學的諸多網站中，《詩路：台灣現代詩網路聯盟》應當是專業性與豐富性相當高的一個網站，在眾多網路文學資源的推薦中，臺灣師範大學國文系的劉渼教授將這個網站歸納為「專屬性質的網站」：

---

129 本師潘麗珠教授：《臺灣現代詩教學研究》（臺北市：五南出版社，1999年3月初版1刷），頁230-231。

130 須文蔚：〈一個反網路文化的文學網站──淺談詩路的搭建理念〉，摘錄自《詩路：台灣現代詩網路聯盟》，網址為http://dcc.ndhu.edu.tw/poemblog/origin.html。

此站為中文世界最豐富的新詩網站，乃台灣現代詩的網路聯
盟，由文建會鼎力支持，內容無所不包：詩刊方面，點選重要
詩刊精選，可讀到創世紀、台灣詩學、雙子星、現代詩等詩社
近期出刊的詩，並可連結至橄欖樹。詩集，可點選新出版詩集
簡目介紹。詩人及詩作，點選經典作品典藏區，可找到前行代、
中生代、新勢力的詩人，介紹詩人生平、身影、詩作、手稿。
詩論，可點選詩學教室理論評論，詩學教室有近五百題關於新
詩的問答及討論；理論收著名詩人的詩論百篇以上，可連結至
詩評家網站；評論有自評和他評，亦收百篇以上。網路詩，點
選多媒體網路詩創新區，詩人在此展現許多前衛的實驗詩，如
向陽台灣網路詩實驗室，有聲光俱美的動畫詩、超文本詩等。[131]

而展現一個網站的專業性的堅持，應當還包括一種嚴謹的編輯態度，
網路文學評論者藍貓就指出，眾多的藝文網站上，常會看到大量的
「新詩」創作，在一般的認知中，詩的字數相較於其他文體為少，感
覺上「好像」較容易入門，於是不少網站上充斥著單純發洩的作品，
少數較嚴謹的網站如「詩路」或一些詩刊的網站則較為特殊，因為作
者間較具「藝術創作」的共識，也引進了編輯的概念。對於創作抱持
著較嚴謹態度的作者而言，「詩路」是一個可以磨鍊自己文筆、勇於
挑戰自己的園地。

---

131 劉渼：〈國文教學與網路──網站介紹篇〉，《傳統中國文學電子報》第47期，2000
　　年6月16日。

三 電腦輔助教學系統與現代詩創作教學[132]

　　以數位科技建構之寫作教學新環境，至少有下列三個特色：一方面，能創作真實的寫作任務，使參與創作者能有「讀者意識」的心態寫作；二方面，以數位媒體作為一種模擬經驗，鼓勵師生讀者互動、即時與參與式的討論；三方面，數位媒體上風行的「泥巴」（Multi User Dimension or Dungeon, MUD），更開創出多使用者參與的模擬環境。以上所舉出的特質，均為傳統寫作教室所無法望其項背的；以電腦輔助創作教學，在未來的教學潮流中，勢必將成為一種趨勢。

　　在數位科技營造的寫作環境中，教師可以開創一個公開的作品張貼區，或是利用既有的網路媒體當作發表作業的場合，讓學生在寫作時不再視教師為作品的唯一讀者，使同學感受到寫作具有與社會互動的真實意義；白靈的「象天堂」，即有學生作品在網路上供覽，充分達到這個特點。

　　傳統的寫作教學中，作品通常是以一種高度隱密的方式在師生間分享，由於作品很難複製給所有同學閱讀，也不易引發學生間交互的討論與辯論，因此無從營造出一種參與式的寫作教學課程。反之，數位環境下的寫作教室中，以數位科技做為一種媒介，教師可以透過網路進行示範寫作，展示寫作的歷程，以及就作品修改的過程，在網路上張貼出來，供學生參考。同時，媒體作品既然放置在網路公開的張貼區上，學生可以輕易地彼此分享其他同學的作品，自然容易引發各

---

132 以下的資料，均參考自須文蔚：〈數位科技為寫作教學打造新環境〉及須文蔚：〈在家上網學新詩，非夢事！〉，「觸電新詩網」裡的文章，網址為：http://dcc.ndhu.edu.tw/poem/menu.html。

式各樣的討論與辯論，如此可以幫助學生認識與理解各種不同寫作理論的對立觀點。

如須文蔚曾經要求學生挑一首最喜歡的流行歌的歌詞和一首現代詩，詮釋這兩首作品其中的故事，或這些文字在他（她）們身上發生過的故事時，附帶了一個條件，希望他們張貼在《詩路》（http://www. poem.com.tw）的「談詩坊」上。當學生一聽到這個要求時，不少人發出驚嘆聲，顯然發表確實是一個壓力；但從實際收到的作業評估，這些非中文系的大學生，分析起詩或歌都頭頭是道，許多心情故事都十分動人。由此，我們可以知道，懷抱著「讀者意識」的寫作者，能發揮更高的專注力，對於創作出來的成品，會以更高的要求來看待它。

理想的電腦輔助現代詩創作教學系統，應當要和廣為接受的現代詩創作教學的原則與程序相互對應。綜合目前已經出版之現代詩創作教材，可發現其重心大體放在：創意聯想、題材選擇、主題表現、現代詩語言、意象系統、形式結構與韻律等層面。如果電腦輔助教學系統，能夠切合這些主題，用生動與互動的電腦介面，融入教學課程設計中，則學生透過數位化甚至遊戲化的電腦程式，進行隨性聯想、名句仿作、安排詩句與段落的遊戲等等活動，現代詩創作教學的數位化才會更趨深刻與切題。

現代詩教學利用數位科技固然是一個趨勢，但數位科技是工具與媒體，科技與文學的整合要能產生意義，必須仰賴文學心靈的灌注。現代詩教學是否有可能走向數位化？則還要靠更多的想像力與更成熟的科技配合開發。網路詩的創作及研究在臺灣尚未臻成熟，廣大的園地期待更多讀者及作家去灌溉、去經營，相信未來的成果，會更豐碩。

第四章
高中現代詩寫作教學實踐

　　此章所有的步驟，係依照形式技法論來做分類，設計一系列由淺入深的現代詩寫作教學實踐課程；此外，設計這些活動的理念，皆以現代詩創作教學論為基礎。筆者本身為實務工作者，以學生為施行對象，進行一系列的演練活動，符合「行動研究理論」的精神；注重讀者（即學生）創造性的閱讀文本，藉由參與創作，對文本的本質有更進一步的了解，是「讀者反應理論」的精義；筆者所設計的「現代詩寫作教學實踐」當中，透過活動的方式，指導學生在自我學習及同儕相互激盪之下，進入現代詩創作的殿堂，即是化用「共同學習法」的觀念。以下即詳細介紹高中現代詩寫作教學實踐。

第一節　實際操作，互動學習

　　如何在九五課綱的架構，及國文課堂數緊縮的條件下，兼顧創作教學的理想，及考試成績的現實，對高中教職的筆者而言是一大考驗。為了讓學生從學期初便進入狀況，筆者一開學就發下〈課外補充進度表〉[1]，將本學期所有練習呈現出來：

1　這張〈課外補充進度表〉於二〇〇七年九月初發下，第一步驟「畫龍點睛文字技巧」及第二步驟「文學語言鑄造遊戲」已於二〇〇七年六月實行完畢，這張進度表收錄從步驟三開始到最後一個步驟結束。

表一 課外補充進度表

日期	週數／課外補充學習內容	作文繳交及題目
九月七日	一、聯想的遊戲＋意象的串聯（分組競賽）	
九月十四日	二、知名詩句仿作＋化散文為詩句	
九月二十九日	三、報紙文辭圈選成詩（攜帶除副刊外報紙）	九月二十二日至九月二十五日，作文〈圖畫詩〉寫作，九月二十六日交。
十月二十六	四、小詩的分行遊戲	
十一月九日	五、簡媜美文排列成詩	十一月三日至四日，作文〈給同學一首花的詩〉十一月五日交。
十一月三十日	六、〈花詩〉分組搶答遊戲	
十二月十四日	七、新詩的接力遊戲（合作接力）	十二月八日至九日，作文主題「愛情」，自訂題十二月十日交。
十二月二十八	八、古詩改寫遊戲	
一月四日	九、隱題詩遊戲	

　　筆者設計平均二個禮拜用一節課做現代詩創作的練習，這樣既可與高中國文課程有所區隔，也不會擔誤太多正課的時間。課外閱讀方面，筆者要求學生全班訂購《四十不惑：新詩選輯》[2]，自行閱讀及做心得札記，期末收回來做檢查；每個同學選擇一本自己喜歡的詩集，再加

2　蕭蕭、陳正家：《四十不惑：新詩選輯》，高雄市：晟景數位文化，2007年4月初版。

上一本小詩總集：《可愛小詩選》[3]，平時多拿出來翻閱，當作這個學期創作的基礎。期末每個同學要製作出一本《手工詩集》，當作國文選修的作業，裡面至少有五首詩，課堂創作或課外練習皆可。為收鼓勵之效，每一次現代詩的創作練習，都會選出佳作，張貼於教室後方的「佈告欄」，讓全班同學觀摩效法。筆者試圖透過這樣的方式，實踐現代詩由「理論認知」到「創作完成」再到「綜合鑑賞」的理想。[4]

一　詩句的意象化──訓練聯想及形象能力

意象是詩作品基本的構成單位，能拉近作者與讀者之間的距離，並能指涉作者心中幽微的情意。簡政珍說：「所有文類中，詩最倚賴意象的經營。」[5]更強調了「意象」在現代詩中的重要性。因此，想創作出一首好詩，最重要的，便是懂得如何去經營意象。為了讓學生理解意象經營的手法，本單元由簡入繁，由一開始的選填空格，到創造一句形象化的語言，再針對同一件主題多方聯想，最後再由幾個意象分組串聯成一首詩，冀由從這樣由易至難的過程中，讓學生於遊戲中學會現代詩創作中最重要的一環──意象經營的技巧。

（一）畫龍點睛文字技巧

在現代詩當中「挖空格」，請學生前後判斷詩意，依據詩意在空格中選出最適合的詞彙，是一種相當普遍的大考考試趨勢。不過，礙

3　向明、白靈：《可愛小詩選》，臺北市：爾雅出版社，1997年初版。
4　本章的「高中現代詩寫作教學實踐」係參考本師潘麗珠教授《臺灣現代詩教學研究》當中的〈我的現代詩創作教學〉的分類方法，依主題區分，主題後由簡到繁，略更動標題，細部內容稍做修改。
5　簡政珍：《詩心與詩學》（臺北市：書林出版社，1999年12月1版），頁100。

於「一定要有標準答案」的評量前提下，考試設計僅能以選擇詞彙的
方式來練習，且為了避免爭議，題目中會儘量給予提示，因此刺激學
生思考的效益並不大。

　　筆者有鑑於此，在本學習單中直接在詩句「挖空格」，且鼓勵學
生主動熟讀前後的詩句，留心提供的線索，自行填入覺得最妥切的答
案，旨在能直接刺激學生更加熟讀文本，且創造思考；白靈在《一首
詩的玩法》〈小詩玩法舉隅〉中，有「填空格」設計[6]。為訓練學生聯
想和思考的能力，設計一份〈現代詩的寫作遊戲 —— 畫龍點睛文字
技巧〉[7]，茲討論如下。

6　而蕭蕭在《現代詩創作演練》的〈偷龍轉鳳〉裡，亦有相同的教學設計。
7　見圖一：〈現代詩的寫作遊戲——畫龍點睛文字技巧〉。

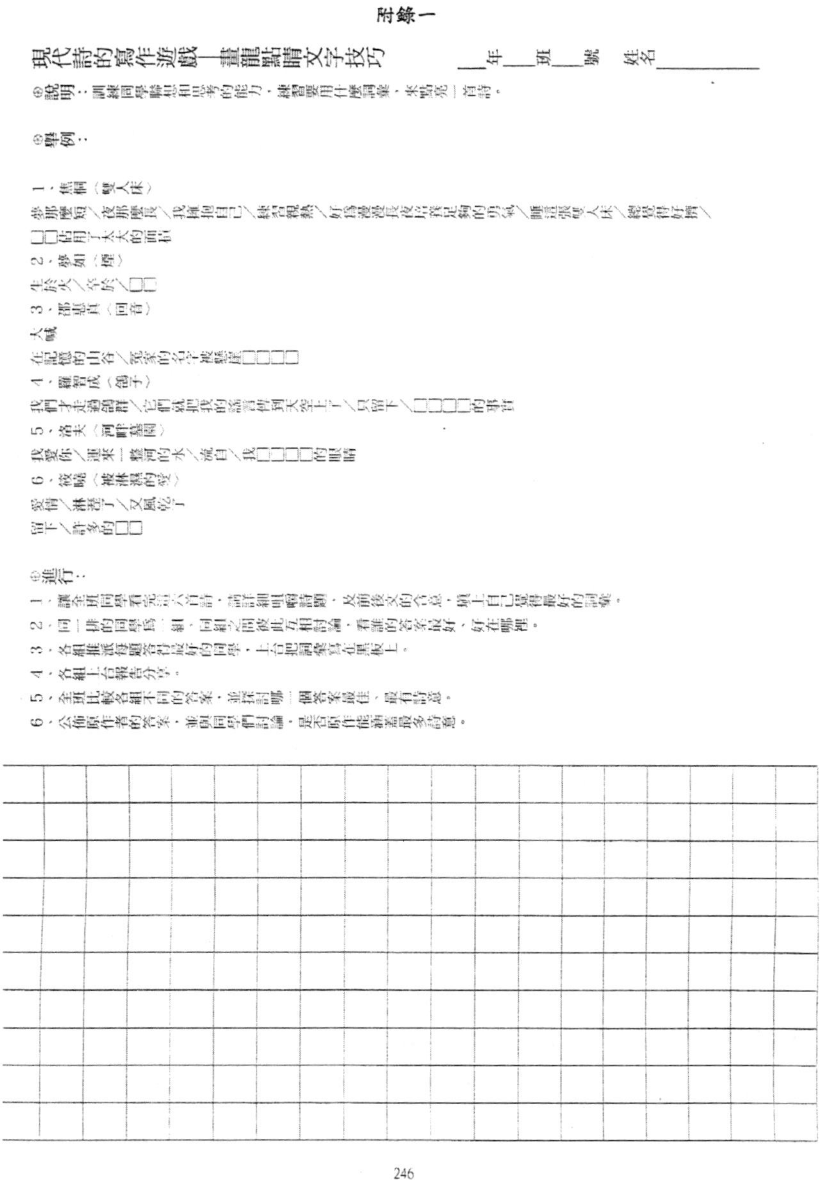

附錄一

現代詩的寫作遊戲──畫龍點睛文字技巧　　　＿＿年＿＿班＿＿號　姓名＿＿＿＿＿＿

◎說明：

◎舉例：

1．焦桐〈雙人床〉

2．瘂弦〈傘2〉

3．席慕蓉〈回音〉

4．羅智成〈偶字〉

5．洛夫〈午夜削梨〉

6．夐虹〈樹林的愛〉

◎進行：

一、

二、

三、

四、

五、

六、

246

圖一　〈現代詩的寫作遊戲──畫龍點睛文字技巧〉

1 進行流程

筆者於此學習單中，選了焦桐的〈雙人床〉[8]、夢如的〈煙〉[9]、邵惠真的〈回音〉[10]、羅智成的〈鴿子〉[11]、洛夫的〈河畔墓園〉[12]及筱曉的〈被淋溼的愛〉[13]為文本，請學生依步驟進行：

（1）讓全班同學看完這六首詩，請詳細咀嚼詩題，及前後文的含意，填上自己覺得最好的詞彙。（十分鐘）
（2）同一排的同學為一組，同組之間彼此互相討論，看誰的答案最好、好在哪裡。（五分鐘）
（3）各組推派每題答得最好的同學，上臺把詞彙寫在黑板上，並上臺分享。（十五分鐘）
（4）全班比較各組不同的答案，並探討哪一個答案最佳、最有詩意。（十分鐘）
（5）公布原作者的答案，並與同學們討論，是否原作能涵蓋最多詩意。（十分鐘）

這六首詩基本上具有「詩句彼此具邏輯性」、「文字簡易」、「意象鮮明」、「曝光率低」的特性，筆者認為很符合本學習單的需要；能讓學生由自己思考與和同儕討論之中，學習「主動創造」而非「被動接

---

8 焦桐〈雙人床〉：夢那麼短／夜那麼長／我擁抱自己／練習親熱／好為漫漫長夜培養足夠的勇氣／睡這張雙人床／總覺得好擠／□□佔用了太大的面積。
9 夢如〈煙〉：生於火／卒於／□□。
10 邵惠真〈回音〉：大喊／在記憶的山谷／冤家的名字被懸崖□□□□。
11 羅智成〈鴿子〉：我們才走過鴿群／它們就把我的謠言傳到天空上了／只留下／□□□□的事實。
12 洛夫〈河畔墓園〉：我愛你／運來一整河的水／流自／我□□□□的眼睛。
13 筱曉〈被淋濕的愛〉：愛情／淋溼了／又風乾了／留下／許多的□□。

受」的思維模式，去嘗試著「點亮一首詩」。

2　學生成果

　　筆者實驗於三個班的觀察結果，發現焦桐的〈雙人床〉及筱曉〈被淋溼的愛〉，答對率最高。「睡這張雙人床／總覺得好擠／□□佔用了太大的面積」，部分學生之前已看過了，所以不假思索；即使是沒看過此詩的同學，由前後文，大約也能隱隱體會出詩人所欲具化的「寂寞」。至於筱曉〈被淋溼的愛〉亦是如此，「愛情／淋溼了／又風乾了／留下／許多的□□」，將「愛情」形象化，使之可以「淋溼」，又可以「風乾」，這其中一來一往的言外之意，已可細細領會；更不用說在這一溼一乾之間，留下的許多「皺摺」，一方面可以與「具象化的愛情」互相呼應，二方面也可以雙關直指歲月流逝所留下的「皺摺」，令人怵目驚心。雖然也有組別是寫「皺紋」、「水漬」、「殘痕」……等答案，但與學生討論出來的結果，一致認為原作的雙關更能涵蓋最多的詩意，這兩首是較不具爭議性的詩作。

　　夢如的〈煙〉：「生於火／卒於／□□」，亦是一首清新脫俗的小詩。學生大致能從題目去揣摩詩末最後的詞彙，分組答對率佔八成。但也有學生用另一種角度去思考，寫出了「孤獨」、「絕望」等擬人化的情感，也有如「冰塵」、「強風」、「洪水」、「風吹」、「流水」、「陣雨」等屬於外在因素使之熄滅的詞彙，也可以算是另類的創造思考。筆者揭示答案為「灰燼」時，大部分的同學因答案正確而高聲歡呼，與作者頗有「惺惺相惜」之感；少部分堅持自己的想法才有道理，急著發表自己的看法。當筆者以為其他同學的答案於此詩亦可以通用的時候，有學生非常不以為然，認為「灰燼」除了表現煙最後的「狀態」外，也能雙關兼指寂寥、孤獨這樣的「情意」，頗有見地，於此一併列入參考。

　　最可愛的，莫過於邵惠真的〈回音〉了：「大喊／在記憶的山谷／冤家的名字被懸崖□□□□」。這一個詞彙筆者於第一個班時，並沒有詳細思考，便直接請同學填寫，結果出現的答案五花八門、莫衷一是。筆者之後修正，於其他兩個班時，提示學生仔細思考兩個懸崖可能會對「冤家的名字」去做什麼「處置」，學生才比較有個可以掌握的方向。各組答案有「反覆吟唱」、「彈來彈去」、「推來推去」、「來回懸盪」等等，大致能針對「山谷」的特性來造詞，也能注意到題目的暗示，答案還不算太壞；當筆者揭示答案為「踢來踢去」時，學生大都一陣歡呼，紛紛讚歎作者用詞之幽默可喜。本題的答對率，約佔五成。

　　另一首稍具難度的，是羅智成的〈鴿子〉：「我們才走過鴿群／它們就把我的謠言傳到天空上了／只留下／□□□□的事實」。筆者在閱讀這首詩時，對於羅智成在這裡異常精準的形容詞，印象深刻，因此雖然知道對高中生頗具難度，還是鼓勵學生思考。學生在作答時，深感棘手，希望能有提示；筆者在這首詩給了兩個提示：「是成語」，且「與鴿子相關」。要能答出這題的標準答案，必須要能看出詩中的脈絡，及體會這個成語的雙關涵意。既然才走過鴿群，鴿子們就四處傳播著關於我的謠言，由此我們可以得知，這個謠言離事實很遠；既然是鴿子飛到天空去傳播的，牠們所會留下的，必是與「羽毛」相關，由此得到的答案是「輕如羽毛」。學生作答的有「口耳相傳」、「無言以對」、「遠走高飛」、「殘缺無完」、「難以言喻」、「被人遺忘」、「片片散落」等答案，部分雖能掌握「不合於事實」的本意，但就語言的精準度、意象的連貫性而言，還是不及「輕如羽毛」。在公布原作後，筆者尚未開始講解，臺下學生已開始嘰嘰呱呱、迫不及待地與別人分享之所以安這個詞彙的理由，這個答案很能得到學生的認同，及理解學習，此題的答對率約佔三成。

　　最後，筆者以為最高難度的，當然非洛夫的〈河畔墓園〉莫屬：「我愛你／運來一整河的水／流自／我□□□□的眼睛」。筆者在設計這個學習單之前，已經做好學生答不出來的心理準備，並於課堂學生皺眉苦思之際，告訴學生這首詩之所以經典，在於前面乍看平凡無奇的比喻，竟是為了後面這四個字所做的伏筆，除了呼應前面的「水」的意象外，還能呈現出詩人心中，那種看到所愛之人，堅硬隨之瓦解的剎那與感動。三個班學生的答案千奇百怪，有的直接就情意講，如「思念氾濫」、「乾柴烈火」、「柔情四溢」、「深切盼望」等等，也有直接就眼睛可能引發的動作來講，如「淚光閃閃」、「淚眼潸潸」、「望穿秋水」、「泫然欲泣」，更有鮮明強烈的描寫，如「乾涸千年」、「空洞無神」、「神祕深邃」等詞彙出現。出乎筆者意料的，在最後一個筆者自己的導生班中，有兩組答出了極接近標準答案「積雪初融」的「冰雪初融」，令筆者大為驚訝。筆者一直以為，高一學生的程度，是很難得出這題的正確答案的，此事證明了高中生對文字的敏感度、意象的連貫性具有無窮的潛力，甚至可以逼近詩人在心中所欲營造出來的藍圖；即使答不出來的學生，在看到詩人原作後，會更生出對詩人駕馭文字的崇敬。除此之外，筆者觀察這些答案之中，異於標準答案，但也頗有自我風情的，是「乾涸千年」這個詞彙。我的眼睛既已乾涸了千年，對這個人世的冷漠與滄桑是已司空見慣了的；但就這麼輕輕的一瞥，因著對你油然而出的愛意，生命之泉，又在我眼底湧出，源源不絕。這樣的解讀，又何嘗不是一種成功的再創造呢！

　　藉由這樣的填空格遊戲，所能帶給學生的，比直接印原詩給學生賞析，還要來得多更多。由於句子基本上是完整的，學生不須造出全句，只要熟讀前後的詩句，留意其中所提供的線索，就可以填出適合的詞彙了，對於初學者而言，是比較輕鬆的方式。同時，無論在分組討論，或提供原作之時，經由學生與學生、老師與學生之間，互相激

盪討論，學生更能得知選擇詞彙本身所代表的程度差異，也能明瞭原作之所以成功，在什麼地方，並且印象會特別深刻，因為這樣的過程本身，就是一種「再創作」的學習。開啟了學生對文字的敏感度後，緊接著就是第二個現代詩創作步驟，「文學語言鑄造遊戲」。

（二）文學語言鑄造遊戲

蕭蕭在《現代詩遊戲》的第十五章〈演義〉裡有提到一段話：

> 我們讀過許多名作名句，他們都能讓我們的心，有些觸發、有些感觸、有些體悟，多少改變了我們的抉擇，我們的走向。譬如說：一、激流怎能為倒影造像（瘂弦）——心靜理明。二、水來，我在水中等你；火來，我在灰燼中等你（洛夫）——水火不能阻止的愛。三、呼號生於鼎鑊，呻吟來自荊棘（周夢蝶）——有其果必有其因。四、去年的落葉，今年燕子口中的春泥（周夢蝶）——廢物不一定沒價值，化腐朽為神奇。五、如果長江凍成了冰河，還有我，還有我的紅海在呼嘯（余光中）——熱血沸騰，不懼寒凍。因此，我們可以逆向操作，先思考一句銘言，再將這句銘言「具象化」、「意象化」。[14]

讓學生理解何謂「意象」最快的方法，就是讓學生看過諸多例子後，自己再創作一個，在創作的過程中，學生們能更深層體認到「意象」的定義及操作模式。筆者即依據這樣的理念，配合北一女中邱素雲老師設計的〈文學語言鑄造練習〉學習單[15]，設計出〈現代詩的寫作

---

14 蕭蕭：《現代詩遊戲》（臺北市：爾雅出版社，1997年11月10日初版），頁147-148。

15 此為筆者於北一女中實習時所得到的講義資料，上面除了如蕭蕭《現代詩遊戲》般前面有舉例子、中間有講解步驟外，後面附上的是北一女中學生的習作成果，文采斐然。

遊戲——文學語言鑄造練習〉[16]這份學習單當學生的回家作業。除了要學生仔細觀察何為「中性語言」外，更鼓勵學生多加思考，可以用什麼樣的意象來代替中性語言，使之成為出色的「文學語言」[17]。見下圖：

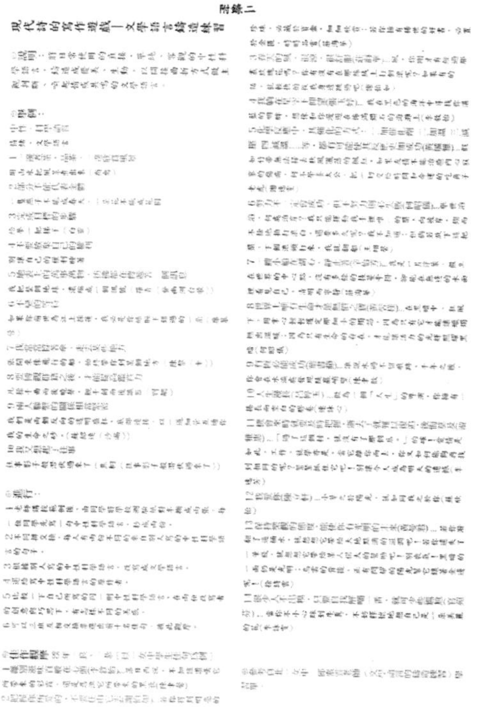
附錄二

現代詩的寫作遊戲—文學語言鑄造練習

圖二　〈現代詩的寫作遊戲——文學語言鑄造練習〉

16 見前圖：〈現代詩的寫作遊戲——文學語言鑄造練習〉，內容據邱師素雲的學習單稍作修改，因為這是筆者第一次進行這個活動，設計學習單前沒有自己學生的作品可以呈現，因此還是沿用一女中學生的作品，以後會以筆者教過的學生作品來代替，詳見前圖。

17 邱素雲老師所設計的〈文學語言鑄造練習〉中，有對「文學語言」及「中性語言」做一番說明：「將日常使用的直接、單純、客觀的中性語言，鑄造成優美、生動，以間接曲折方式做主觀判斷、喚起情感共鳴的文學語言。」由此可知，「中性語言」是日常所用、不假修飾的直接文字；而「文學語言」是透過形象化、間接且修飾過的文字。

1　進行流程

依據這份學習單的進行方式，條列步驟如下：

(1) 老師講授範例後，由同學將學校測驗紙對半撕成兩張，每一位同學先寫一句中性語言，抄成兩份。(五分鐘)

(2) 不同排交換，使每人有兩份不同的來自別人寫的中性語言的句子。(五分鐘)

(3) 根據別人寫的中性語言，改寫成文學語言。(二十分鐘)

(4) 還給寫中性語言的原作者。(五分鐘)

(5) 比較一下自己所寫的同一則中性語言，在兩位改寫者的創意與巧思下，有怎樣不同的美感。(五分鐘)

(6) 可以三班各自選出佳作，以達互相觀摩之效。

依照這樣的練習方式，可以讓學生得到加倍相乘的學習效果。每一位同學先想出一句中性語言，並不算太難；拿給兩位同學去激盪之後，自己也要面對兩份來自不同同學的中性語言，想辦法將它們轉換成文學語言，這本身即是一種很大的挑戰；最後從兩位同學那裡，拿回自己原創的中性語言被改寫而成的文學語言，去欣賞兩位同學對自己的文字做出怎樣不同的詮釋，能帶來無比的成就及樂趣。筆者最後收集三個班學生的作品，一一批閱後，選出三個班當中的佳句，製成一張〈文學語言佳句〉[18]，以達學生互相正向影響之效。

---

18 此為筆者於二〇〇七年，在新北市立板橋高中給一年級三個班（118、119、120）的學生練習後，篩選而成的作品，製成〈文學語言佳句〉。

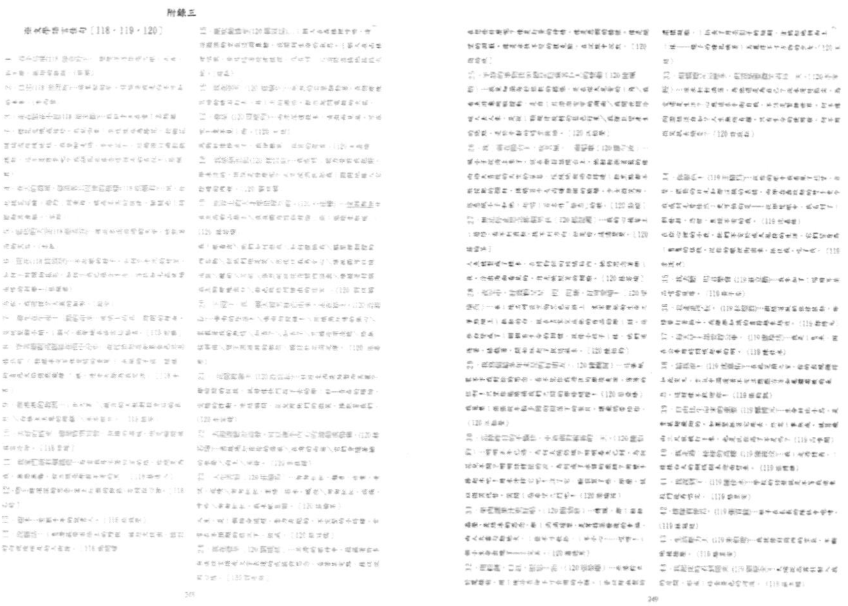

圖三　〈文學語言佳句〉

2　學生實作

　　從學生的佳作中，我們可以看到中學時期學生們繽紛的想像力，燦爛奪目。以下挑選幾則佳作，分主題來探討。

（1）形容自然景物：如「藍色的天空→被淚水洗滌過的天堂，映照著海的笑容。（陳柔伊）」藍色可雙關指憂鬱，這裡同學以「淚水洗滌」暗示這層雙關義，結尾卻收束在「海的笑容」，兩相映照，令人會心一笑。

（2）生活的語言

①我感到悲傷→我感到一股力量將我包圍，那冰涼的，該說是什麼呢？正呈漩渦狀把我一圈圈地捲入它陰暗的內裡。（劉以嫻）

②每天早上都要趕公車→我是一隻魚，困在公車用時間織起來的
　網。（陳佳永）
③生活壓力大→我就像針筒內的空氣，不斷地被擠壓。（駱昱安）

　　這三句的中性語言，都是日常生活中經常聽到的言語，經過三位
同學的巧手安排，都有令人眼睛一亮的驚喜感受。第一位同學擅長化
虛為實，將悲傷的感覺具象為「冰涼」、「呈漩渦狀把我一圈圈地捲入
它陰暗的內裡」，令人深切感受作者的無助、掙扎、驚慌及無處可
逃，文字駕馭、氛圍營造皆屬上乘。第二位同學把自己比擬成魚，困
在公車用時間織起的網，意象鮮明可喜。第三位同學如何呈現生活壓
力大呢？把自己比擬成「針筒內的空氣」，讓人感同身受其被限制、
困在針筒裡的現實無奈，再加上「不斷地被擠壓」，更鮮明地具象出
壓力極大的事實。

（3）驚悚的意象

①發生在午夜十二點的命案→玻璃上的孔、周圍的鮮血，蔓延整
　個小鎮，一個人，無聲地在欣賞這幅畫。（黃思雅）
②血淋淋的教訓→一步之差／敵方的主教刺殺皇后的哀愁／白旗
　上美麗的頭顱／永不瞑目。（陳怡安）
③說髒話→一隻潛藏舌頭上的野獸，被怒火燻出，憤怒的向視線
　所及的人衝撞。（施閔耀）
④我走過一棟棟的高樓→我一走過轉角，一株株高大的鋼鐵樹木
　迎面劈來。（張博雄）

　　有的學生喜歡「作怪」，在寫中性語言之時，就選擇較另類的書
寫方式，而負責轉換的同學也不甘示弱，生猛鮮活的意象便一時紛
陳，令人嘖嘖稱奇。第一位同學營造出冷血殺手的變態心理，原句的

命案也自動擴張成「屠鎮」的血腥行動，最後以「欣賞這幅畫」冷靜作結，令人不寒而慄；第二位同學則以西洋棋為意象，僅因為「一念之差」，造成自己的皇后被刺殺，美麗而不暝目的頭顱，彷彿在訴說著悔恨與遲之而來的教訓；第三位同學生動詮釋了說髒話的具象過程，彷彿這頭野獸正蟄伏在舌頭上對每個走過的人咆哮；第四位同學賦予高樓大廈一個令人吃驚的收束，「都市叢林」固然已不是新鮮的比喻，但以「鋼鐵樹木迎面劈來」來寫視覺所帶給心靈上的極致驚悚效果，動詞的運用頗有可觀。

（4）日常的格言

①美好的時光，總是特別短暫→相擁的溫暖，總是瞬間被寂寞冷卻。（廖翊圻）

②平靜的事物後頭總是隱藏著巨大的變動→我見細菌每秒倍數的擴張，是在偌大尾管的一角／我看魚游龜爬蝦攪動，是自一片澄澈安寧的湖面／我聞世間冷暖人去人來，是從一顆規律旋轉的藍色行星／我懂巨變產生的地點，是於平靜的時空後頭。（江怡瑩）

這兩句的中性語言，都是日常的格言，學生又如何重新定義富含哲理意味的句子呢？第一位同學以對比的方法，具象詮釋「寂寞」的溫度，讓人在依戀溫暖的懷抱之後，對比現在被寂寞冷卻的自己，更產生時光短暫之慨。第二位同學以排比的手法，用四種不同的「先知」情景，以觀察的角度切入代換出四種可能的巨變形式，使人易於理解，更驚歎於她的文字錘鍊、節奏複沓之美。

另類的表達方式，尚有調皮男生的作品：「你很色！→從你的眼中我看見了慾望、貪婪，猥褻的目光和那淫穢的表情，而那蠢蠢欲動的雙手更令我感到毛骨悚然；更可怕的是──從那雙眼中，我看到了一

個發抖、恐懼、焦躁不安的我。（沈嘉佑）」看到這樣搞怪的中性語言，這位同學不但不退卻抗議，反而磨拳擦掌，創作出令人感同身受的情境。精準的形容詞、蠢蠢欲動的雙手已夠令人害怕了，看到對方眼中恐懼不安的自己，精采度直逼恐怖電影裡面的暴力情節，令人擊節讚賞。當然，這首佳句放在三個班當中傳閱，所造成的轟動不言可喻。

最後放上壓軸之作，筆者認為是實作之冠的學生作品：「世界上的天才都是寂寞的→愛因斯坦住在至高的山巔上／夜夜獨自將相對論一張一張燒來取暖。（林若瑜）」這位同學在此所選擇的意象，一氣呵成，首尾連貫。愛因斯坦是眾所公認的天才，這點無庸置疑。但天才的下場為何？住在至高的山巔，隱喻著他的寂寞，不為人知；每個夜晚都似乎承受不住那種孤獨的寒冷，而必須燒些東西來取暖，燒什麼呢？燒他所發明的相對論。那種空虛、孤傲、渴求、失望……沒有一字一詞的描摩，但在這兩句中完整呈現，呼之欲出。筆者以為，這已經可以是小詩之作，完整剔透，不需更動一字。在「年少情懷總是詩」的歲月裡，筆者相信，只要肯在學生的心田中，植下詩的種子，他們會以各種形式來回報你，汲取不同心靈的創作養分，必能開放出熠熠生輝、色彩斑斕的創作之花！

（三）相關聯想激盪腦力

習作新詩時，如果能夠鼓勵學生多方聯想，就能搜集到多元的材料，對於學生的創作力將能有效的提昇。筆者這幾年觀察的結果，認為學生作文能力的下降，除了缺乏閱讀外，缺乏富邏輯性的想像能力，也是一大主因。閱讀文字，進而在腦海中產生圖像，這是訓練想像力最快的捷徑；然而孩子們長期缺乏閱讀，由電視、電腦所帶來的強烈刺激，直接萎縮他們自發想像的能力。如能有效鍛鍊學生的聯想

力，除了可以反應在新詩創作之外，對於學生的作文，相信也有良好的影響。

　　筆者在這個單元，設計了兩個活動來訓練學生的聯想能力，第一個活動是「聯想三定律」[19]：

1　進行流程

　　為使學生更清楚何謂相近聯想、相似聯想、相反聯想，筆者先讓學生觀察仇小屏《詩從何處來》[20]中所設計的「聯想三定律——以風為主題」的表格[21]，設計出〈現代詩的寫作遊戲——聯想能力的訓練〉[22]學習單，要學生以「雲」為主題進行聯想。具體的進行步驟如下：

19　分為相近、相似和相反聯想。「相近聯想」：兩種事物在時間或空間上比較接近，依據自己主觀的感覺經驗，自然而然地在大腦中形成聯繫，引起由此及彼的聯想；「相似聯想」：兩種事物在性質或型態上具有相似的特點，依據自己主觀的感覺經驗，自然而然地在大腦中形成聯繫，引起由此及彼的聯想；「相反聯想」：兩種事物在性質或型態上具有截然相反的特點，依據自己主觀的感覺經驗，自然而然地在大腦中形成聯繫，引起由此及彼的聯想。

20　仇小屏：《詩從何處來：新詩習作教學指引》，頁1-5。

21　同上註，頁3。表格如下：

相近	雨、冷氣、被吹亂的髮、風鈴、雲的流動、浪潮、雪、陰天、閃電、龍捲風、平原、飛沙、海嘯、帆、船、風箏、蒲公英、扇子、大氣層……
相似	堅強的人、漂泊的旅人、流行趨勢、萬馬奔騰、自由、飛翔、流浪、速度、瀟灑、自在、探索者、廣闊、飄忽不定、來去自如、微笑……
相反	強悍、密閉空間、磚頭、靜止、悶熱、禁錮、心如止水、停滯、囚犯、沉默、休息狀態、落地生根、凝結、窒息、重量、掉落、剛強……

22　見圖四：〈現代詩的寫作遊戲——聯想能力的訓練〉。除了有第三步驟「相關聯想激盪腦力」之外，也有第四步驟「意象串聯群策群力」，這兩步驟一併完成於一節課當中，只是在碩論裡，分兩個步驟來探討。

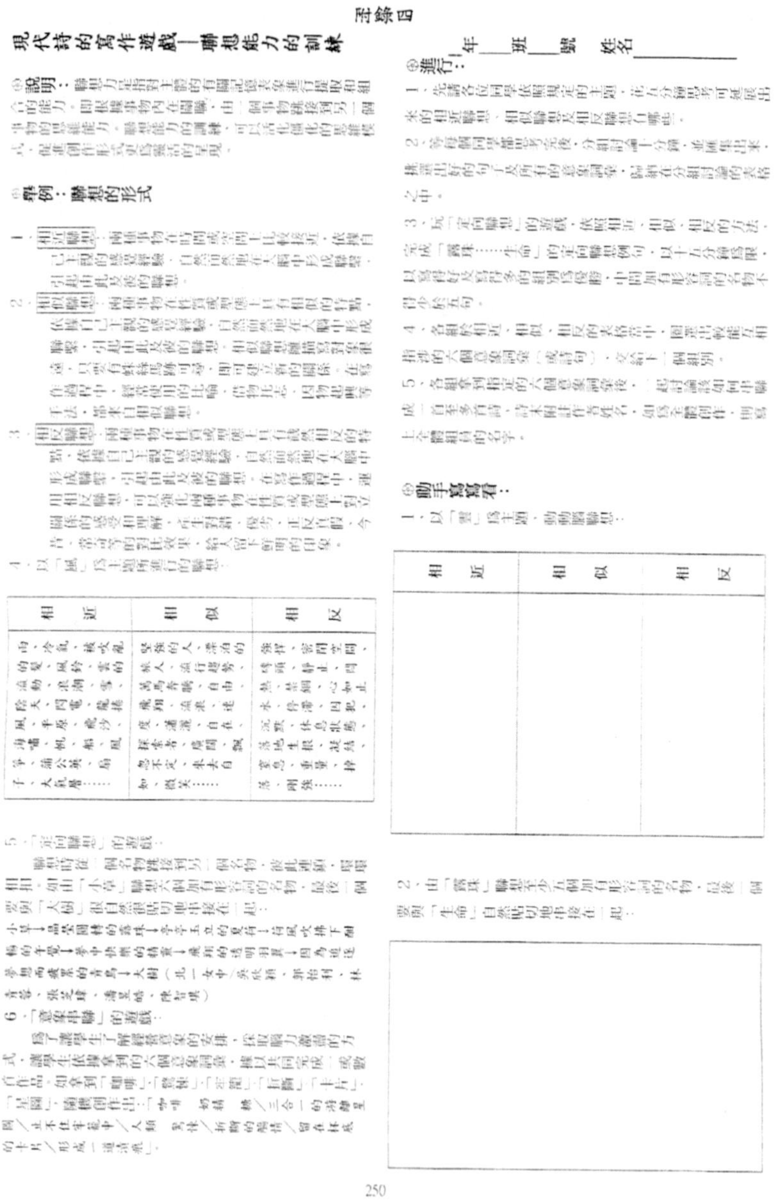

附錄四

現代詩的寫作遊戲——聯想能力的訓練

◎說明：……

◎舉例：聯想的形式

1. （相近）……

2. （相似）……

3. （相反）……

◎進行：……

◎動手寫寫看：

一、以「風」作主題的聯想：

1. 以「風」作主題的聯想：

相　近	相　似	相　反

2. 由「露珠」聯想到各個加上形容詞的名詞，使與「生命」自然地切合地接在一起：

250

圖四　〈現代詩的寫作遊戲——聯想能力的訓練〉

（1）請同學依照規定的主題，思考可延展出來的相近聯想、相似
聯想及相反聯想有哪些。（五分鐘）

（2）分組討論並匯整，挑選出好的句子及所有的意象詞彙，歸納
在表格之中[23]。（十分鐘）

先講解相近聯想、相似聯想、相反聯想的主要差別，然後讓學生
去看範例，開始思考「雲」的可能聯結詞彙；等到個人完成的差不多
了，再分組彙整所有同學的巧思，從中展現組員各自不同的聯結模
式。學生一開始還無法掌握聯想的技巧，字字斟酌、反覆思考這到底
符不符合相近、相似、相反聯想的定義；筆者觀察到這個現象之後，
先鼓勵學生勇敢去思考與「雲」接近的事物（相近聯想），去思考
「雲」可能指涉的特質（相似聯想），及與以上兩種相反的詞彙（相
反聯想）。有的學生下筆如飛，傾瀉千里；有的學生凝眉苦思，彷彿
是件苦差事[24]。等到個人的完成差不多了，再全組一起討論，由一位
同學將組員的成果匯整起來。

2　學生實作

以下是學生以「雲」為主題所進行的聯想表：

---

23 見圖五：〈聯想能力的訓練——分組討論學習單〉，有三個表格：第一個是以「雲」
為主題的相近、相似、相反的聯想；第二個是「定向聯想」的遊戲；第三個則是下
一個步驟，「意象串聯」的遊戲。

24 筆者觀察兩個班（202、220）的反應，發現二二〇班由於從高一開始就有類似的訓
練，往往交的作品質量均佳；而二〇二班是從二〇〇七年開始帶的，面對這種創新
的教學方式，一般學生很難一下子就進入狀況，需要更多的時間去消化吸收。在此
建議各位有志於現代詩創作的教學者，如果有十或十五分鐘讓學生思考動筆的空檔
時間，不妨放些輕音樂，關閉一點教室的燈光，營造出適合學生思考創作的氣氛，
這樣得到的效果最佳。

表二　「雲」為主題的聯想表

相近	雲、雪、霧氣、藍天、水循環、湖、海、熱氣球、彩虹、飛機、龍捲風、打雷、月亮、地中海、空中花園、天空、閃電、涼風、冰雹、龍、鳳、鳥、風、烏雲密佈、陽光、暴風雨、天堂、銀河、星雲、氣旋、夕陽、燕子、仙女、冰晶……
相似	棉花、白色、柳絮、絲線、薄紗、柔軟、粉嫩、飄忽不定、自由奔放、難以捉摸、變化多端、飄泊、多愁善感、入口即化、舒適、流浪、灑脫、無憂無慮、遊、粉彩筆、浪漫、順從、綿密口感、魔術、衛生棉、無定所、四海為家的男人、流浪者、夢想、善變、何處是我的歸宿……
相反	強悍、遒勁、囚禁、攻擊、主動、背叛、忤逆、壓力、繁重、黯淡、堅硬、侷限、設限、有心機、心結、關閉、爭鬥、戰爭、暴力、扭曲、黑暗、狹隘、死腦筋、禁錮、停滯、沉默、悲傷、剛強、掉落、痕跡、尖銳的話語、枷鎖、無趣、鉛、憂鬱、法律制度、籠鳥檻猿……

由以上的表格中，可以看到學生聯想的成果五花八門，而且從一開始只能創造出詞彙，到慢慢能發展成成語，甚或是一個詩句。譬如在相近聯想中，會想到風、雪、霧、彩虹、飛機、龍捲風、打雷……是很容易的，但要進一步聯想到空中花園、天堂、仙女、冰晶則需要一些想像力；在相似聯想中，學生大都能得到棉花、柳絮、飄忽不定、自由奔放、難以捉摸、飄泊、流浪、灑脫、無憂無慮……等詞彙，但富有詩素的組別可以聯想到逐夢、綿密口感、流浪者，甚至可以出現長句如「四海為家的男人」、「何處是我的歸宿」，這種彷彿賦予雲一個具體形象化的詩性語言。而相反聯想的成果有強悍、遒勁、囚禁、攻擊、主動、背叛、牢籠、設限等普遍性的聯想，也有「尖銳的話語」、「籠鳥檻猿」這種需要轉一層才能體會的聯想詞彙。這些都是

與「雲」相關的詞彙，藉由這樣的分組激盪刺激，學生以後在面對詠物詩時，所能開展出來的意象就愈多、內涵就愈加寬廣。

接下來進行的，是第二個活動「定向聯想」，參考自蕭蕭的《現代詩創作演練》，具體教學步驟在上圖所示[25]：

1　進行流程

限定從「露珠」開始，到「生命」結束，中間要串接五個含形容詞的名物，由此來鍛鍊學生的邏輯聯想能力，具體的進行步驟如下：

（1）請同學依照相近、相似、相反的方法，完成「露珠……生命」的定向聯想例句，中間加有形容詞的名物不得少於五句。（十分鐘）

（2）個人創作結束後，分組討論，由組員票選出較佳的作品，寫在〈聯想能力的訓練──分組討論學習單〉當中。（十分鐘）

25　蕭蕭：《現代詩創作演練》，頁20。「定向聯想」是一種連鎖性的聯想，由甲而乙，由乙而丙，由丙而丁，甲和乙要有思理上的必然，乙和丙要有感情上足以系聯之處，丙和丁在形相、顏色、聲音上要有可以通同的地方，如此連鎖下去，環環相扣，就不會是一首結構不良的詩。

附錄五

聯想能力的訓練—分組討論學習單　　組員：＿＿＿＿＿＿＿＿

◎**動手寫寫看**：請在討論成詩句，作品後附上原作者的名字，如為集體創作也請特別註明。

1、以「雲」為主題，動動腦聯想：

相　近	相　似	相　反

2、「定向聯想」的遊戲：由「露珠」聯想至少五個加有形容詞的名物，然後將它們與「生命」自然貼切地串接在一起。

3、「意象串聯」的遊戲：請寫出拿到的六個意象詞彙為＿＿＿＿＿＿＿＿
創作出串聯後的詩作。

251

圖五　〈聯想能力的訓練——分組討論學習單〉

筆者原以為這樣的練習對高中生不太容易，沒想到學生在哀嚎完後竟紛紛落筆，平均認真思考約三到五分鐘即可完成一句，甚至富有巧思的學生能自行創作三到五句以上，創意十足。最後再統一收回各組的作品，挑選出其中的佳句，統整起來，打成〈聯想能力訓練佳句〉[26]。

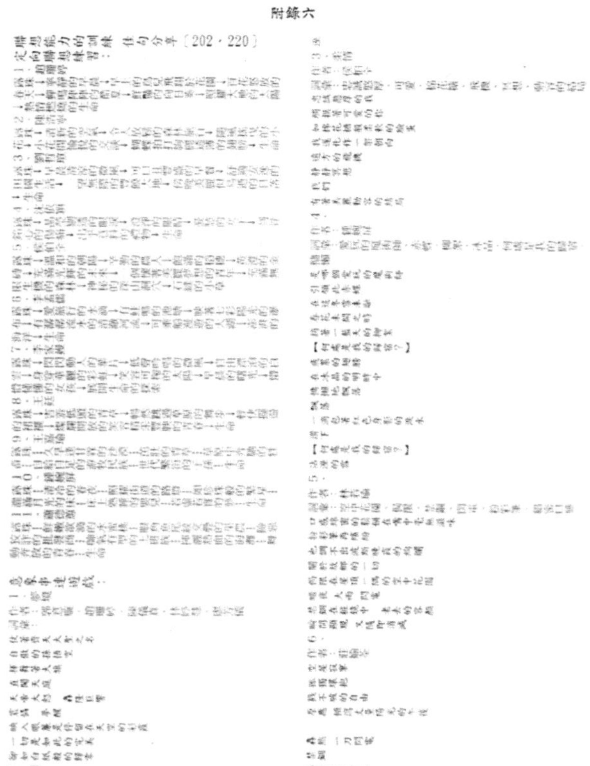
附錄六

252

圖六　〈聯想能力訓練佳句〉

---

26 此為筆者帶高二的班級創作出來的作品。板橋高中二年級二個班（202、220）的學生練習後，選擇其中的佳句製成這張講義。

2 學生實作

以下挑六句以不同的角度切入的句子，成果均頗有可觀：

（1）露珠→害羞低頭的青草→暢然跳過草原的舞步→輕快擺盪的
裙襬→ 燦爛開放的笑容→精采豐腴的青春→生命。（王廷）

（2）露珠→清冷的春夜→照耀街道的路燈→如珍珠般的繁星→灑滿
月光的床→床上熟睡的嬰兒→若虛若實的夢→生命。（鍾婉
屏）

（3）露珠→晶瑩剔透的眼淚→刻骨銘心的愛情→快樂溫馨的回憶→
天真無邪的小時候→躺在媽媽懷裡的嬰兒→生命。（羅翊云）

（4）露珠→清新的空氣→令人放鬆的森林旅行→隨風搖曳的小花→
小花間愉悅的交談→蝴蝶拍打絢麗透薄的翅膀→生命。（陳浩
寧）

（5）露珠→晶瑩剔透的眼淚→澄淨的眼睛→憂愁的女子→刻骨銘心
的傷痛→出乎意料的禮物→生命。（沈依穎）

（6）露珠→愛旅行的水滴→有蛙鳴的池塘→映著七彩陽光的瀑布→
有潺潺流水的清澈河流→可乘船漫遊的大湖→澎湃的海洋→生
命。（李孟儒）

第一位同學由露珠想到女孩的裙襬，整體意象圍繞在青春洋溢的女孩
子身上，集中度較高；第二位同學則是意象彼此做連貫，其中尤為出
色的是「灑滿月光的床」，氣氛整體營造成功；第三位同學則是將露
珠巧妙轉成眼淚後，集中在同一個人做時間上的回溯，設計相當巧妙
可喜；第四位同學的連結方式是大部分同學所採用的，在字句的修飾
及擬人手法的使用，較為成熟；第五位同學則是使用特殊的方式來連

結生命，將生命視做兩個人「愛的結晶」，使人驚異這令人錯愕的「禮物」；第六位同學則通篇使用「水」的意象來做連貫，將各種水的狀態、形式均予以精準的形容，最後連結生命之母「海洋」，一氣呵成，首尾相連。[27]

　　整體而言，由於傳統教學較缺乏鼓勵學生「想像」的語文訓練，所以一般學生要花較久的時間才能順利進入狀況。但只要學生開竅，後面一連串的現代詩創作實踐，將能更順利的進行。這樣的訓練，能幫助學生在逐漸僵化的寫作教學中，開啟他們的心眼，讓他們知道，原來作詩不會困難，更何況是作文？從中建立起學生創作的自信心，而不是在眉批、總批當中，總是讓學生看到自己的不足，卻苦無機會去證明自己的「已有」。筆者在選擇的過程中，也會刻意去圈選平時沒有足夠的材料能撐起整篇架構，但用心去思考卻能偶有佳句的學生句子，藉此鼓勵他們，文學創作之美，所在不遠。

（四）意象串聯群策群力

　　現代詩創作中最困難的，當屬意象的經營。本文在意象經營安排了四個步驟：由一開始的「填空格」讓學生掌控情意；到嘗試將中性語言轉換成文學語言，以習得「形象化」的技巧；之後再訓練學生由一個主題引發各種聯想，培養他們的想像能力，並引導他們做「定向聯想」遊戲；最後在這個步驟，將帶領學生串聯詞彙，以組為單位完成一首詩。

---

27 筆者在進行「定向聯想」這個步驟時，只進行到這個程度，如有心從事現代詩寫作教學的教師們，可鼓勵學生根據已寫出的作品，稍加串連，即可成為一首詩作，整體呈現會更為完整。

1 進行流程

（1）各組學生圈選〈聯想能力的訓練──分組討論學習單〉上的句子或詞彙，一組圈定六個交給下一組。（五分鐘）

（2）拿到這六個詞彙的組別，依照自己的方式將這六個詞彙創作成一首詩，自訂題目，行數不拘，後面要附有作者的姓名。（二十五分鐘）

筆者在此所使用的方法，是參考本師潘麗珠教授《臺灣現代詩教學研究》中「群策群力的詩」[28]這個單元，以此來激發他們串聯意象群的能力。本以為高中生的程度比不上大學生，會有才力不繼的事情發生；沒想到短短的二十分鐘當中，佳作紛陳，以下共舉出五首來探討[29]：

2 學生實作

（1）意象詞彙：四海為家的男人、禁錮、衛生棉、雨、心靈、無趣

〈囧〉
四海為家的男人
被禁錮的心靈
無趣上司的刁難
無奈成為他的衛生棉
悶
走在滂沱大雨的路上
溼　　　　　　　（邵詩芸、黃暐紘、沈依穎、陳浩寧、劉哲瑄）

---

28 本師潘麗珠教授：《臺灣現代詩教學研究》，頁244-249。

29 詩作如為個人創作，則只登記作者的名字，如為全組共同創作，則放上全體組員的名字，本單元的學習單詳見〈分組討論學習單〉，於此不另交待。

　　這一組的組員在拿到詞彙時，紛紛抗議，認為有「衛生棉」和「四海為家的男人」要怎樣才能串起一首詩？筆者先安撫學生的情緒，再指引他們去思考「衛生棉」不一定是實質上的意思，可能有怎麼樣的轉化？或是可能可以含有怎樣的象徵意義？之後他們便在筆者要求的二十分鐘當中，創作出這首作品。前面三句舖陳出這個「四海為家的男人」內心的苦悶，自然接續到「無奈成為他的衛生棉」，承接著無奈的感覺是什麼？一個字，「悶」，很具體地把這個意象詮釋出來；後面形容這個苦悶的男子走在滂沱的大雨中，再以一個字來收束全詩：「溼」，無論是外在的寒意，還是內心的冰冷，都雙關總結在這一個字，收束起來富有創意。

　（2）意象詞彙：沙發、鉛、天空、憂鬱、無止盡的伸延

　　　〈憂鬱〉
　　　無人的沙發，憂鬱在上面據著，牆上那幅自畫像，畫中嘴上的笑容，潛藏著無止盡的悵惘，線條的延伸，彷彿綁著鉛塊，帶我沉入心碎的深淵。窗外的天空，我凝視著，我渴慕著，我仰望著，期許著被解放。（劉彥伯）

　　這一組同學拿到的意象詞彙，本身較富相關性，串聯起來容易許多。這位同學將這六個意象詞彙連結得很好，自然流暢，富有韻味，但是還不太熟悉現代詩的分行模式，以導致創作出來的作品近乎散文。筆者保留這位同學的原意，試著不太更動他的句子，將之改寫如下：

　　　〈憂鬱〉
　　　無人的沙發　憂鬱

在上頭據著
牆上自畫像的笑容
竟潛藏無人知曉的悵惘
線條延伸　鉛塊般
引我沉入心碎的深淵

私盼著被解放
我默默注視　渴慕　仰望
那一方窗外的
藍天。（筆者改寫）

　　保留原作的本意，將之稍微分行，詩意盡現。「分行」的美妙之
處，在本論文稍後的部分會討論到，這裡只做意象經營的探討。這位
同學使用「鉛」的意象尤其漂亮，「帶我沉進心碎的深淵」，富形象
性；而說「憂鬱」在無人的沙發上「據著」，動詞的使用可說是爐火
純青。

　　（3）意象詞彙：魔術、赤蝶、柳絮、冰晶、何處是我的歸宿、
慵懶

　　〈歸宿〉
　　是哪個愛玩的魔術師
　　引領此赤蝶
　　在這冬雪未融
　　春花未開之時
　　捎著一藍天的柳絮

「何處是我的歸宿？」
疲累的翅膀
在冰晶的明眸中
慵懶地飄落

飄落
一滴包著紅色身影的淚水
滑下
「何處是我的歸宿？」
沾溼的雪（鍾婉屏）

這首詩的感覺剔透、晶瑩，由「愛玩的魔術師」來做開場，引導主角「赤蝶」做生命的探索。冬雪、春花、柳絮舖陳出一個唯美的世界，但「何處是我的歸宿」則彷彿是一個不斷吟詠的悲哀主題，「疲累的翅膀」則暗示著追尋的疲憊與失落；在一前一後的反覆自問後，結尾是一句頗值得玩味的結論：「沾溼的雪」。雪為什麼會沾溼呢？是因為自我的冰凍逐漸融化？還是因為遍尋不著答案後無奈的淚水？短短的一首詩，除「魔術師」還是難免有斧鑿之痕外，其它幾乎渾然天成，足見原作之功力。

（4）意象詞彙：空中花園、侷限、禁錮、閃電、粉彩筆、綿密口感

〈時間〉
口感綿密的鬆餅在嘴中毫無滋味
粉彩筆再繽紛
也調不出米提晚霞的絢爛

　　關於故鄉的一切

　　侷限在屋頂一隅的空中花園

　　暗夜　大雨　閃電

　　禁錮在粧鏡中　老去的容顏

　　瞬間顯現

　　又隨即消滅。（林若瑜）

　　這一首詩的意象詞彙較為紛雜，這位同學將故鄉設定在「米堤」，前五句勾勒出思鄉的情緒，但在此「空中花園」似乎用得有點急促；末三句筆者以為堪稱經典，日日面對的鏡中容顏以生動的「禁錮」來連接，充分表達主人翁的無奈與無力。而老去的容顏瞬間顯現又隨即消滅，究竟指涉的，是故鄉所懷念的、自己所愛的人的面容呢？還是指沉浸在思鄉中日益老去、所不敢面對的自己？筆者建議這位同學可以保留末三句，再行創作，必定更為精采。

　　（5）意象詞彙：空中花園、侷限、禁錮、閃電、粉彩筆、綿密口感

　　〈雨‧思〉

　　空屋寂寥

　　孤獨環抱

　　戳不破的自由

　　原應

　　傾瀉丈量陽光的午後

　　轟然　一刀閃電

禁錮

貓的屋簷行走

手中粉彩筆

無邊界　無侷限

吶喊

遠走高飛

我要去一趟空中花園

揉一手口感綿密的

幸福。（莊瑜荃）

　　最後，選錄這首詩作當做此步驟之壓軸。和上一首〈時間〉是一樣的意象詞彙，但是經營的風格、基底截然不同。一開始營造出一種寂寞的氛圍，但在這種寂寞當中，隱隱有著享受自由的味道；之後怡然被「一刀閃電」驚破，用「刀」字，精準地把尖銳及攻擊性呈現出來。自由既被攻破，該如何重尋呢？下面承接到「粉彩筆」，以創作來視為對自我的救贖——心靈上的遠走高飛。筆者最為欣賞的，是末三句「我要去一趟空中花園／揉一手口感綿密的／幸福」，神來之筆，自信洋溢。以孤獨開頭，中間起承轉合，結尾卻能以「幸福」收結，勇於主動編織、主動追求自己想要的「空中花園」，自己創造出自己想要的幸福，能善加剪裁意象詞彙，做創造性的串聯，堪供師生共同參考。

　　這次讓學生小試身手，如果說第二步驟的「文學語言鑄造遊戲」大部分學生都能輕易掌握、創造出中上以上的佳句的話，這裡的「意象串聯」就很明顯能看出個人才力的高低，真的是高下立判。而且筆

者在此進行的是分組競賽，但最後在選擇評比的時候，幾乎還是選擇個人創作的詩作，畢竟每個人心中意象的藍圖不盡相同，要達到首尾完整的境界，似乎還是個人創作比較適合。本習作可考慮讓學生自行圈選六個意象詞彙，回家構思，效果應該更佳，提供給教學者當作參考。

二　語言的精緻化——詩與散文的區別

現代詩及散文最大的不同，除了先前介紹的「意象經營」外，最明顯的，當屬「文字密度」了。詩句的文字密度較高，能夠以最少的字蓋括最多的文意，講究文字的精鍊；因此在訓練學生的聯想能力外，讓他們懂得如何去鍛鍊文字成詩句，將繁蕪的枝蔓去除，剩下純詩的晶瑩，便能使學生的創作更進一步。以下設計分三個步驟：第一，先選出一句詩，寫出其中可以各自聯想的詞彙，並觀察如何擦撞成一句詩；第二，以名句讓學生仿寫，易作而能掌握韻味；第三，剪貼報紙上的標題及詞彙，完成剪貼詩的遊戲。經由這三個步驟，可讓學生在眾多詞彙、文字當中去蕪存菁，留下具備詩質的語言，於遊戲中開啟創作的心靈。

（一）語言擦撞奪句成詩

白靈《一首詩的玩法》裡面提到：「『奪句玩法』是柔軟想像、揉搓出詩意的方式之一，只是一首詩的『小開頭』，是冒出土壤的『綠芽』，仍需小心維護，耐心施肥加水，以待其完成。」[30]本步驟分以下二點來呈現。

---

30 白靈：《一首詩的玩法》，頁34-54，後面並附有一系列關於「語言的擦撞」相關表格及步驟，使教學者易於遵循。

1 進行流程

筆者參考白靈的創作詩方法，設計〈現代詩的寫作遊戲──語言擦撞仿寫遊戲〉[31]學習單，具體實行之步驟如下：

附錄七 〈現代詩的寫作遊戲──語言擦撞仿寫遊戲〉

---

31 見〈現代詩的寫作遊戲──語言擦撞仿寫遊戲〉。除了有第一步驟「語言擦撞奪句成詩」之外，也有下一個步驟「名句仿作掌握韻味」，這兩個步驟一併完成於一節課當中，只是在本研究裡，分兩個步驟來探討。

（1）閱讀白靈《一首詩的玩法》裡所做的表格[32]，及後面學生創作
出來的詩句[33]。（五分鐘）

（2）以「每夜／星子們／都來到／我的屋瓦上／汲水」為中心句
子，分五個部分各自填入其他詞彙，以符合詞性及相關性為
主。（十分鐘）

（3）將表格內的各項詞彙任意串聯。（十分鐘）

（4）將串出的句子較近詩意者予以保留，並稍予修飾。（五分鐘）

經過之前相關聯想的訓練，筆者發現學生很快能進入狀況。除了中間
少數同學不確定詞性是否正確外，大部分同學都能馬上延伸出自己聯
想的詞彙。筆者之所以選擇「每夜星子們都來到我的屋瓦上汲水」為
中心句子，除了這句子本身即富詩意外，短短一句能兼具時間、主
題、空間、動作等不同的詞性變化，學生能延伸出去的詞彙更多，所
能涵蓋的文意也就更為豐富。

2　學生實作

以下即舉幾則學生的佳作來做探討：

---

32 白靈：《一首詩的玩法》，頁43，表格如下：

微塵	香菸	塔羅牌	墓碑	微血管	指尖	記事本	城市	淡水河
抄襲	吸吮	撞擊	搖擺	仇視	逃跑	崩壞	切割	**擦撞**
龍捲風	迷霧	命運	鮮花	血小板	紋路	紅字	死魚	**觀音山**
漂泊	流浪	預期	散落	搏動	沉寂	著涼	漠視	**流入**
時光隧道	信仰	天窗	湖水	金魚缸	童年	荒漠	踢踏舞	**大海**

33 白靈：《一首詩的玩法》，頁44，摘錄如下：「塔羅牌沖刷了命運追隨的信仰。」「記
事本皺著眉頭看拼圖散落一地的童年。」「微血管沖刷出的血小板搏動地跳著踢踏
舞。」「香菸吸吮著命運預期的荒漠。」「墓碑仇視鮮花散落一地的影子。」

（1）晨曦，灰塵在夢的國度開花　（陳怡安）

（2）午後的音符流洩在咖啡屋，為我的寂寞，譜曲　（陳依穎）

（3）黃昏吞噬童年也吞噬彩虹似的夢　（袁詩婷）

（4）清晨，基隆河放肆流逝，我只能打撈回憶　（莊婾茹）

（5）寒冬裡，燈籠都落入村間的井水中，撈夢　（鍾婉屏）

（6）夜晚香氣滲透鎖骨間的嬌情　（許庭耘）

（7）死前天使游進充滿芳香的血河中譏笑　（蕭德蕙）

（8）巴洛克年代音樂盒，獨自在時空隧道中走調　（林若瑜）

（9）〈聖戰〉

奔馬入侵聖地／戰士並起對立／應許之地無法觸及昨日歌頌／聖戰是我們的語言／犧牲是高貴的宿命／它□□留著奶與蜜／被心中的歸屬綁架／禱告入侵／擄獲耶路撒冷的明眸　（張晏塵）

　　學生串聯出來的佳句，往往令人眼睛一亮。平均每位同學在課堂中能串出三句以上的詩句，百分之七十六的句子有發展成詩的價值，成果豐碩。在此礙於篇幅的關係，僅選出其中九則代表作品，其他尚有五十句遺珠之憾。筆者觀察，學生的佳作通常能掌握一、二個詩性的質素來作發揮，大致上能營造出自己想要的氛圍。不過嚴格來看，所使用的詞彙重覆性較高，如：「寂寞」、「夢」、「回憶」、「月光」……等等，這些字詞廣受學生的耽溺喜愛，選擇這些詞彙創作出來的詩句完成度較高。

　　個別來看，第一句「晨曦，灰塵在夢的國度開花」呈現一種無限美好的情思；第二句「午後的音符流洩在咖啡屋，為我的寂寞，譜

曲」則予人一種流暢、首尾俱足的飽滿感；第三句「黃昏吞噬童年也吞噬彩虹似的夢」異於前面幾句的甜美夢幻，帶來一種無可言喻的壓迫及無力；第四句「清晨，基隆河放肆流逝，我只能打撈回憶」的動詞「放肆」下得精準，「打撈回憶」也能前後呼應；第五句「寒冬裡，燈籠都落入村間的井水中，撈夢」畫面呼之欲出，寒冬中的燈籠給人溫暖的感受，照應在幽冷的井水之中，做什麼呢？撈夢，給人如夢似幻的餘韻；第六句「夜晚香氣滲透鎖骨間的嬌情」則給人一種香艷的聯想，在學生作品中獨樹一幟；第七句「死前天使游進充滿芳香的血河中譏笑」，畫面強烈，情境衝突對比，給人一種驚悚、急欲解讀的緊張感；第八句「巴洛克年代音樂盒，獨自在時空隧道中走調」，不像其他人明確地說出寂寞，但以「獨自」及「走調」，不著一字，盡得其中真意，是經營意象的能手。兩班同學之中，成果最為豐碩的當屬〈聖戰〉一詩：

　　〈聖戰〉
　　奔馬入侵聖地
　　戰士並起對立
　　應許之地無法觸及昨日歌頌
　　聖戰是我們的語言
　　犧牲是高貴的宿命
　　它　流著奶與蜜
　　被心中的歸屬綁架
　　禱告入侵
　　攫獲耶路撒冷的明眸　　（張晏塵）

　　在規定時間當中，經由詞彙的選擇及串聯，這位同學小試身手，

創造出了一首名為〈聖戰〉的詩作。其中固然有可以再改進的空間，如文字可再精鍊等，但中間不乏佳句，如：「它　流著奶與蜜／被心中的歸屬綁架」，輕巧地描繪出懷抱著信仰的聖徒，心中的圖像。「綁架」的動詞下得異常精準，生動地將不由自主的感受刻畫得栩栩如生；而最後一句「攫獲耶路撒冷的明眸」，聚焦到一對冷眼觀看著的眼睛，不著一字評論，而寓意自現。

（二）名句仿作掌握韻味

訓練學生寫作新詩時，「仿寫」是一個很便利的方法。因為初嘗試創作新詩的學生，最感苦惱的是不知如何將句子「詩化」，此時，「模仿」就是一條捷徑。筆者在此，參考本師潘麗珠教授《臺灣現代詩教學研究》裡的「名句仿作」[34]步驟，設計出〈現代詩的寫作遊戲——語言擦撞仿寫遊戲〉學習單。

1　進行流程

為了使學生能夠很快地抓住詩句的韻味，附上隱地的〈十行詩〉給學生當作參考：

〈十行詩〉　　隱地
風在水上寫詩
雲在天空寫詩

燈在書上寫詩
微笑在你臉上寫詩

---

34 本師潘麗珠教授：《臺灣現代詩教學研究》，頁234-235。

　　小羊在山坡寫詩
　　大地用收獲寫詩

　　花樹以展顏的笑容寫詩
　　我和你以擁抱的身體寫詩

　　光在黑暗中寫詩
　　死亡在灰塵裡寫詩

　　選擇這首詩，除了因為韻味極佳之外，此詩本來就是以相似的句子來進行模擬，學生能很快抓住仿作的本質，進而展現自己的創作。「仿作」對學生而言，並不困難。筆者發現學生不需要特意提示該如何思考，就能自行下筆，在十五分鐘的時間內，所有學生都能創作出三行以上，甚至有五位同學在這十五分鐘當中，能創造出有主題、首尾貫串的一首詩。

2　學生實作

　　筆者在此，選錄七位同學的仿作「佳句」，及三位同學的仿作「佳作」。以下為七則佳句：

　　（1）一絲冷霧在黎明的陽光上寫詩　（蔡佩君）
　　（2）精靈在仲夏寫詩　（陳怡安）
　　（3）月光在古城寫詩／旅人在寂寞裡寫詩　（趙珊婷）
　　（4）玫瑰以迷人的香味寫詩　（林婷慧）
　　（5）靈魂在女孩子的眼波底寫詩　（李佳樺）
　　（6）愛情在疤痕上寫詩／詩人在水仙和月上寫詩　（劉以嫻）

（7）神話在風化的遺跡中寫詩／柳絮在離人心底寫詩　（林
　　 詩庭）

　　學生能自動抓住前後意象的相關性，掌握詩句本身的韻味，創造
出一句句雋永的作品。這樣的練習方式，可以建立學生寫詩的自信
心。細細讀這些句子，每一句都有足以發展為詩的潛力，運用這樣的
寫作步驟，反覆操作幾次，只要能夠符合邏輯、又能達到詩中所追求
的意境美，便可延伸成一首不錯的詩作。以下選錄三首學生詩作，一
首首來詳細分析：

（1）

　　　小王子在玫瑰上寫詩
　　　嫦娥在玉兔上寫詩
　　　春風在柳絮上寫詩
　　　秋蟬在金殼中寫詩
　　　北極熊在全球暖化中寫詩
　　　熱帶雨林在二氧化碳中寫詩
　　　人類用貪婪自私的心情在藍寶石上寫詩
　　　地球用悲傷哽咽的心情在人間寫詩　（陳宣靜）

　　這首詩富有環保的關懷。第一句脫胎自西方的經典，第二句則來
自中國的傳說，頗有趣味；第三、四句鑲入季節的輪替；五、六句則
取材自時事，在學生一片傷春悲秋之中，獨樹一幟；最後以批判性的
語言作結，先以人類的自私心態為開展，最後以地球無盡的悲情來作
結，令人讀完不禁歎息。

（2）

　　愛在心裡寫詩

　　恨在嘴邊寫詩

　　榕樹在氣根上寫詩

　　曇花在夜露下寫詩

　　潑墨在宣紙上寫詩

　　蘆葦在莎草上寫詩

　　知己僅在墓園的塚堆寫詩

　　酒肉卻總在方圓一尺內頻頻寫詩（江怡瑩）

　　這首詩作，首、尾兩處最為漂亮。前二句乍看容易，卻是千錘百
鍊：愛往往擱在心裡，讓人難以察覺；但恨卻常常掛在嘴邊，教人無
力承受。第三、四句是以自然景物來開展，曇花一句美且飄香；五、
六句承接而來，中規中矩。作者最用心著墨之處，當屬末二句了：
「知己僅在墓園的塚堆寫詩／酒肉卻總在方圓一尺內頻頻寫詩」，溫
婉道來，卻是重語。人生在世，我們有足夠的智慧去判斷，誰是知
己，而誰又是酒肉之交嗎？知己的情誼，不會因為生死的區隔而減
少，但通常發現為時已晚；酒肉之交總在你的身旁，這樣的選擇也許
只出自於習慣，而失卻個人獨特的價值。此詩含蓄而極富韻味，是不
錯的佳作。

（3）

　　士兵在胸膛前堅強

　　孩子在黑暗中堅強

　　國旗在飄雲中堅強

　　梅花在中國　　堅強

離別在眼淚中堅強

憔悴在月光中堅強

愛　在靈魂中堅強

諾曼第在危機中堅強

希臘在神話中堅強

鮮血在河海中堅強（莊嬿茹）

　　最後選錄這位同學的詩作。異於其他同學「○○在●●中寫詩」
這樣的句法，這位同學將「寫詩」兩字替換成「堅強」，為了呈現出
「戰爭」的力道，頗具巧思。全詩圍繞著戰爭的主題來開展，延伸到
各個層面：前二句著重在孩子成為士兵的殘酷現實；三、四句開展到
愛國意識；五、六句一轉而為離愁與相思；七、八句歌頌戰爭所能帶
來的提升與強壯；末兩句突然提到希臘，筆者建議可以刪去，以免模
糊焦點，最後一句提到戰爭的下場，血流成河。這首詩整體的意識明
確，探討的層面寬廣，唯後四句可再斟酌，如能聚焦到戰爭可能帶來
的結果及省思，全詩的格局可再提高。

（三）報紙文辭剪貼成詩

　　講究文字密度，並強調第一時間緊緊抓住讀者眼光的，當然非報
紙的標題莫屬了。報章雜誌為了衝銷售量，善用巧妙下標題的手法，
於題材中發揮聯想及諧音趣味，構思出一則則令人拍案的標題。「剪
貼詩遊戲」，便是將這些標題「還原」成更小的元素或單位，讓作者
可以隨興使用辭彙或文字，在字與字、詞與詞的偶然碰撞間，擦出詩
篇的靈感火花。

　　白靈《一首詩的玩法》中，有很完整的剪貼詩玩法介紹，裡面提
到：

詩是創意的代名詞。詩也是一種發現，發現自己可以為世界填入一點什麼；為詞彙與詞彙填充上時間與空間；給那些游移不定、四處漂流的浮木找到安居的房子，做為棟樑當然好，做為一堆柴火拿來取暖亦無不可。剪貼詩所用的辭彙就是看似「無可無不可」的漂流木，我們是拿著繩索與撈鉤前往字海辭湖隨興撿拾的人，因其形狀和長短、完美度而觸發我們的內省和想像。化腐朽為神奇，即是剪貼詩的目標。[35]

將剪貼詩的目標提高為「化腐朽為神奇」的概念，讓學生在「辭湖字海」之中，利用這些漂流著的標題浮木，構築出屬於自己的剪貼詩殿堂。筆者即依照這樣的思考，設計出〈現代詩的寫作遊戲──剪貼詩的玩法〉[36]學習單，以下呈現進行的方法。

1 進行流程

在進行活動之前，讓學生從家裡帶報章雜誌（避開副刊，及富文學性的雜誌）到學校，以方便進行剪貼詩遊戲。筆者參考白靈的「剪貼詩玩法舉隅」[37]，設計出〈現代詩的寫作遊戲──剪貼詩的玩法〉學習單，具體實行之步驟如下：

---

35 白靈：《一首詩的玩法》，頁235-236。
36 見圖八：〈現代詩的寫作遊戲──剪貼詩遊戲〉，參考自白靈：《一首詩的玩法》，頁224-246。
37 白靈：《一首詩的玩法》〈剪貼詩玩法舉隅〉，頁224-245。

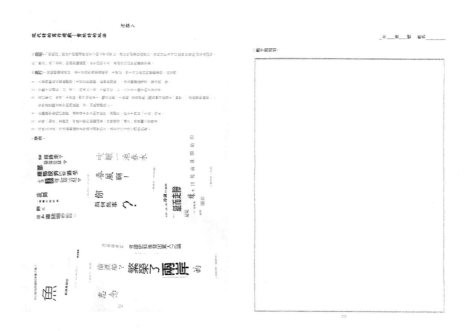

圖八　〈現代詩的寫作遊戲 —— 剪貼詩遊戲〉

（1）請學生先行閱讀學習單上面所附的剪貼詩作，了解呈現出來的情況。（十分鐘）

（2）請學生開始大量剪輯各式報紙標題（尤其是影藝版、社會新聞版），或各種雜誌等等，集合成一堆[38]。（十五分鐘）

（3）當已集合成一堆或一小袋時，即可放置桌上，隨意拾起二小紙條，看看彼此之間有無可能發生「聯繫」（憑直覺和聯想），有些意思隱含其中的則放置一旁，如此連續為之。（十五分鐘）

---

38 叮嚀學生在剪輯標題時，字數不宜過長，以二或三、四或五字或一小條為佳，七、八字至十餘字的不宜太多，以免造成剪貼拼湊上的困難。

（4）將能互相連貫的詞彙或句子，拼湊在學習單上，先累積同一
　　主題的相關詞彙，再慢慢剪裁刪去累贅者，直至黏貼出一首
　　完整的剪貼詩作，並為之命題。（十分鐘）

在整個進行活動的流程中，要特別注意教室內窗戶及電風扇的開啟，
會否影響學生剪貼標題辭彙的收集；除此之外，先鼓勵學生大量剪下
標題，等累積一定的量之後，再去思索該如何串聯。筆者觀察有少數
學生剪完一個辭彙，就開始思考該如何串聯，這樣的方式耗時，且失
去靈感擦撞的巧妙樂趣。有學生利用一小堆報紙標題，在同樣的時間
之內，剪貼出三首風味各異的剪貼詩作，由此可見，這樣的練習方
式，可激盪出令人意想不到的創作火花。

2　學生實作

以下即舉五則學生的佳作，一則一則來做探討：

（1）劉威廷　〈麾下萬里〉

　　這首詩作，是男生的作品。從標題即可讀到一種雄壯，而內文：
「握筆為權／一橫四縱／是私領域的唯我識別／品味／不凡的／一節
邂逅」，剪裁方式俐落簡單，不同凡響。其中最特別的，是大膽採用
「是私領域的唯我識別」一則標題，共有九個字，是學生作品當中，
標題內文最長的。長標題反而能使詩意快速獲得，湊合全詩較易，是
可以提供創作者及教學者思考的方向。此詩將霸主泰然自適的心態詮
釋得很好，「品味」一詞下得準確，給人悠然之感。

（2）黃楷婷〈祕戀〉

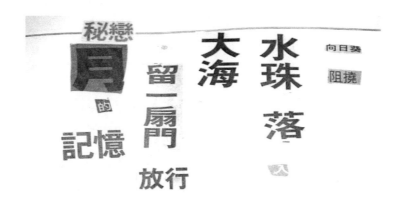

　　這首〈祕戀〉，標題下得曖昧，令人想一睹內文：「向日葵　阻撓
／水珠落入／大海／卻留一扇門　放行／月的記憶」，短短一詩中，可
令讀者玩味主角「向日葵」的心境，阻撓水珠入大海，卻為「月的記
憶」留一扇門，要為之「放行」，這個動詞下得可愛！讀到前面產生
「為何阻撓」的疑問，讀完全詩，再配合詩題〈祕戀〉，讓人有恍然
大悟的驚喜。全詩轉折自然，不落俗套，是一首不錯的剪貼詩嘗試。

（3）曾文琦〈夢想專賣店〉

　　詩題為〈夢想專賣店〉，相當俏皮可喜，接下來看內文：「愛遺失的世界／只有這／本　店專賣夢想　急用／保證　幸福」，第一句「愛遺失的世界」，渲染出現實的無奈與悲哀；再來帶到主題「夢想專賣店」，本店「專賣夢想」已是一奇；「急用」一詞，令人不禁思考是怎樣的人、怎樣的夢想需要急用；最後以「保證幸福」作結，足堪令人玩味。在怎樣的世界需要販賣夢想？愛遺失的世界。買了夢想，又要如何才能保證幸福？又是什麼定義下的幸福？全詩精簡有力，切入角度特殊，近似廣告詞的外衣下，留下諸多疑問，等待讀者細細品嚐。

（4）吳盈臻〈經濟與生活〉

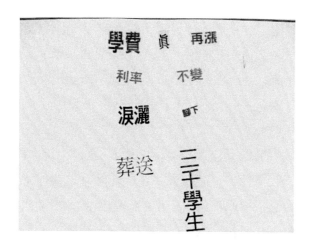

　　這首詩〈經濟與生活〉：「學費真再漲／利率不變／淚灑腳下／葬送　三千學生」，是一首批判社會生活的剪貼詩。可以想見學生剪貼社會版的標題後，對生活困難油然而生的同情及憤懣。這首詩就藝術技巧而言，並無特殊表現；但能善加利用手邊的材料，拼湊出首尾完整、控訴主題一致的詩作，值得肯定。

（5）陳浩寧〈小東西大旅行〉

這首〈小東西大旅行〉，是筆者最為喜歡的一首小詩：「氣球飛萬里／奇蹟穿越／歐亞／取得　英國　中國美景／見證／艷冠群芳的／旅行」，前面乍看並不特別，但在取得英國、中國等地的美景後，以一句「見證／艷冠群芳的／旅行」作結，將前面累積的美的能量，在最末句中爆發出來，予讀者一種美的饜足的感受。「艷冠群芳」的形容詞異常貼切，而坐在氣球上，以雙眼飽覽、「見證」如此華美之旅的遊客，又是多麼幸福！這首小詩給人一種歡悅滿足的氣氛，溢於言表。

讓學生做「剪貼詩遊戲」，除了達到「資源回收再利用」的「化腐朽為神奇」效果外，也能讓學生在剪剪貼貼之中，思索詞彙與詞彙之間、不同的報紙標題可以有怎樣的連繫方式，進而拼湊出一首詩。學生必須在剪成的標題堆當中，選擇出適合串聯的字詞，去蕪存菁，以最少的字涵蓋最多的文意，這就符合了「語言精緻化」的目的。除此之外，剪貼詩與其他詩作最大的區別，在詞彙解讀上的歧義性。由於拼湊的方式和傳統詩作不同，解讀剪貼詩本身，也含有「再創作」的趣味性，這些「無心的碰撞」，正是剪貼詩之所以迷人的地方。

三　詩句的形式化——訓練分行結構能力

在探討過現代詩的意象經營，及語言精緻化之後，就是現代詩的分行。本師潘麗珠教授在《現代詩學》〈現代詩的形式結構析論〉當中提到：「現代詩的詩形布置（詩行安排，這是最不同於其他文類——如散文、小說——的形式特色）對讀者所造成的視覺衝激和語意理解，往往構成詩作好壞的一個重要判準。」[39]現代詩分行自由而無任何形式上的限制，但當我們閱讀詩篇時，「文字前後秩序的關係性以

---

39 本師潘麗珠教授：《現代詩學》（臺北市：五南圖書出版有限公司，1997年9月初版），頁3-4。

及其所擺放的位置，將成為決定意義關係及引起聯想的基礎」[40]。到底詩為什麼要分段分行甚至斷句、提列或「抬頭」呢？主要有幾個原因：

一、節奏、押／諧韻的需要。

二、強調或造成突兀作用。

三、意義／意思分隔。

四、圖象／視覺的需要。

五、便於閱讀。[41]

　　為使學生能更清楚現代詩分行的原則，筆者在此參考白靈《一首詩的玩法》及本師潘麗珠教授《臺灣現代詩教學研究》兩書，設計出〈現代詩的寫作遊戲──新詩分行的訓練〉[42]學習單，先做「小詩分行」的引導，再讓學生進行「散文排詩」的練習。[43]

---

40 本師潘麗珠教授：《現代詩學》，頁4。

41 參考自pchome個人新聞臺──聿馬的「與文字造愛」。網址：http://mypaper.pchome. com.tw/news/lovefactor/3/1295138715/20070917193040。

42 見附錄九：〈現代詩的寫作遊戲──新詩分行的訓練〉學習單。

43 「小詩分行」參考自白靈：《一首詩的玩法》，頁4；「散文排詩」參考自本師潘麗珠教授：《臺灣現代詩教學研究》，頁252-257。

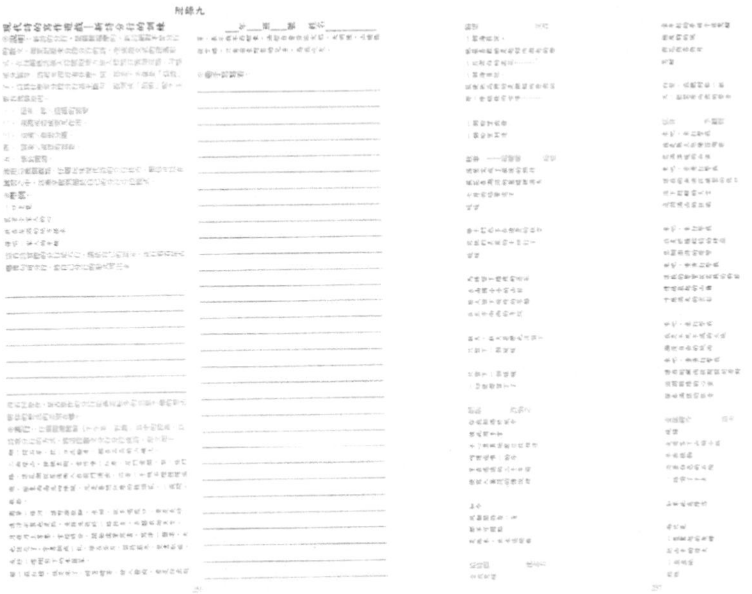

圖九　〈現代詩的寫作遊戲──新詩分行的訓練〉

（一）進行流程

一、讓學生看學習單上的詩：「一口老甕／裝著全家人的心／放在屋漏的地方接水／彈唱一家人的辛酸」，告知學生這首詩原本為六行，請學生依照分行的原則，將這首詩分行。（十分鐘）

二、在黑板書寫出正確答案[44]，並和學生說明如此安排的原因為何，師生共同討論。（十分鐘）

三、取簡媜《下午茶》中的小品文〈野趣〉[45]，請學生細讀過後，

---

44 原詩為：「一口老甕／裝著全家人的／心，放在屋漏的地方／接水／彈唱一家人的／／辛酸……」

45 簡媜：《下午茶》（臺北市：洪範書局，1994年10月28出版），頁166-167。原文如下：砌一間石屋，挖一口洗臉井，擱在高高的山坡上。三面環山，種桃杏樹，當作唯一紅塵。屋門常開，留一條門路，讓花潮從屋後衝入自前門湧出，沿著一千級石

以詩歌分行的形式呈現出來。（三十分鐘）

在第一個步驟當中，學生大致上能將「心」及「辛酸」當做抬頭，能掌握到關鍵字詞分行的要領；第二步驟時，和學生講解「接水」的雙關性，使學生發覺不只是「老甕」在接水，連「心」也在接水，讓學生了解分行的豐富性；第三步驟，筆者在實施的時候，發覺基礎不夠的學生，比較難進入狀況，後來實際收回來檢閱，的確是還有很多可以進步的空間。以下先舉兩首學生的分行作品，再來探討往後可以修正的方法。

（二）學生實作

以下就舉兩首學生將簡媜〈下午茶〉分行後的作品來探討：

1

　　砌一間石屋，挖一口洗臉井，擱在
　　高高的山坡上
　　三面環山，種桃杏樹　當作
　　唯一紅塵
　　屋門常開　留一條
　　門路，讓花潮從屋後衝入自前門
　　湧出　沿著一千級石階

階慢慢流逝。催東西南北四陣風，凡是眷戀紅塵的枝頭花，一夜間，收拾。商量一條河，讓野雁歌腳。水甜，就多喝幾口；要是夾砂，洗淨羽翼也是夠，免得北返時一路掉灰，弄髒我的天空。月夜乃上等墨，掌燈時分，開始濡筆寫書，寫淨一盤墨，天也該亮了。字書捆成一札，堆在柴房，留待嚴冬，焚書取暖，或炒一碟剛剪下的水蘿菜。鋸一截紅檜，就是床了。睡著睡著，睡入檜肉。要是掙出新芽，表示我不再醒來。油燈自會分派火焰，天明後，山坡恢復空曠，只有前來野餐的兒童，為我吹灰。

慢慢流逝
催東西南北四陣風　凡是
眷戀紅塵的枝頭花，一夜間
收拾。

商量一條河讓野雁歇腳
水甜就多喝幾口　要是
夾砂，洗淨羽翼也是夠　免得北返時
一路掉灰　弄髒我的天空

月夜　乃上等墨　掌燈時分
開始濡筆寫書　寫淨
一盤墨，天
也該亮了
字書捆成一札，堆在柴房　留待
嚴冬，焚書取暖　或
炒一碟剛剪下的水蕹菜

鋸一截紅檜就是床了　睡著
睡著睡入檜肉
要是掙出新芽，表示我
不再醒來。油燈
自會分派火焰
天明後　山坡恢復空曠
只有前來野餐的兒童　為我
吹灰。（江怡瑩）

2

砌一間石屋，挖一口洗臉井，擱在
高高的山坡上。三面環山，種桃杏樹，當作
唯一紅塵。屋門常開，留一條門路，讓花潮
從屋後衝入自前門湧出，沿著一千級石階
慢慢流逝。
催東西南北四陣風
凡是眷戀紅塵的
枝頭花，一夜間，收拾。

商量一條河，讓野雁歇腳
水甜，就多喝
幾口；要是
夾砂，洗淨羽翼也是夠，免得北返時
一路掉灰，弄髒我的天空。
月夜乃上等墨，掌燈時分
開始濡筆寫書，寫淨一盤墨

天也該亮了。

字書捆成一札，堆在柴房
留待嚴冬，焚書取暖
或炒一碟剛剪下的水蘿菜。
鋸一截紅檜，就是床了
睡著睡著，睡入檜肉。要是
掙出新芽，表示我不再醒來。

　　　　油燈自會分派火焰，天明後

　　　　山坡恢復空曠，只有

　　　　前來野餐的兒童，為我

　　　　吹灰。（袁詩婷）

　　這兩位是較常寫新詩的學生，對於詩句的形式安排，各自做了不同的詮釋。第一段分段大致沒有問題，江生將「湧出」跨行，頗能抓住動態的表現；袁生第一段當中，仍可看出標點過多的痕跡，但也能掌握關鍵字句分行的重要性。大部分同學，採取的分段方式，和江生相同，唯江生普遍能讀出文句當中的關鍵字句，能熟練地以跨行來呈現其重要性；相形之下，袁生所採取的分段模式，比較大膽，以一句「天也該亮了」單獨成段，引起雙關的歧義性。將「天也該亮了」獨立成段，除了在眾多成品中，能迅速抓住筆者的眼光之外，也能強迫讀者在這一句停留下來，思考它與前、後段之間的連結關係；除此之外，更加突顯作者期待「天亮」的心理。兩者都將「吹灰」隔開成句，強調出這個動作來作結，讓人有餘韻無窮的感覺。無論如何，兩者的排列方式，義涵確實有別。不過學生們頂多能做到思考關鍵字詞的跨行突顯，較無暇去照應到韻腳的問題[46]。如「砌一間石屋」、「種桃杏樹」、「屋門常開，留一條門路」、「讓花潮從屋後衝入自前門湧出」、「濡筆寫書」、「睡著睡著睡入」等句，如能以押韻的角度來思考如何分行，整首詩的節奏感必更加提昇。

　　現代詩寫作當中，筆者以為最難教導的，就是「分行」這個步驟。「意象經營」需要想像力，孩子們的想像可經由引導而不虞匱乏；「語言精緻」需要文字的精鍊，從小到大的作文書寫也一直訓練

---

46 注意韻腳的部分，參考自本師潘麗珠教授：《臺灣現代詩教學研究》，頁257。

這個部分；唯現代詩的「分行」，迥異於其他文類的形式結構，是最難學習得好的層次。詩人向明也說：「現代詩的分行確實是個大問題……即使寫了將近五十年的我，也常會為一首詩的分行躊躇老半天……唯一應該講求的仍是全篇節奏的和諧，內容的暢達……對於一首詩無論視覺和聽覺，都是應該完美無缺的。」[47]筆者以為，引導學生進一步去體會新詩內在的韻律，指引他們藉由朗誦新詩，得到適度押韻所帶來的樂趣，多多閱讀好的文本，得到內在的特殊節奏……，是訓練學生現代詩分行，最為有效的方式。新詩視覺及內容上的理解，學生容易掌握；唯現代詩的節奏及韻律，是現今現代詩教學當中，尚有待歸納及解決的課題。

四　有趣的現代詩遊戲

筆者在此，共設計三個現代詩創作遊戲：「新詩接力寫作」，讓學生以接寫的方式，各自完成詩作的一部分，讓每個學生都有參與感；「隱題詩寫作」，配合時下熱門的「解謎」風氣，如《達文西密碼》也可視為是一種廣義的隱題式創作，提高學生的學習興趣；「古詩改寫遊戲」則結合課文〈唐詩選〉，將傳統與現代做一個統合。以遊戲的方式讓學生進行創作，能夠使學生對新詩創作更有信心，為獨立完成一首詩作，奠定基礎。

（一）新詩接力寫作

讓學生學習意象經營、文字精鍊及分行技巧後，剩下的就是讓他們多多練習，從遊戲中提昇他們對創作的興趣，及強化他們對現代詩

---

47 向明：《新詩50問》（臺北市：爾雅出版社，1997年2月15日初版），頁83-85。

創作的手感了。筆者在此，使用北一女中國文科所製的〈新詩接力寫作學習單〉[48]，在班上讓學生們進行，創作及傳遞的過程中，同學可藉由交換學習單，欣賞到其他同學的續作及創意，互相激盪彼此的想像力。具體實行之步驟如下：

圖十　〈新詩接力寫作〉

---

48 見〈新詩接力寫作〉，北一女中國文科製作。

1　進行流程

（1）發下學習單，讓全班學生先自行閱讀蔣勳的〈願〉[49]，之後全體朗誦過一遍，體會其中的情意；再朗誦第二遍，體會詩中的節奏，及意象相關性。（十分鐘）

（2）第一位同學請在甲張[50]寫上自己的班級、座號、姓名，並完成「我願是……」的第一句詩。（五分鐘）

（3）向左傳兩位，給第二位同學。同學拿到學習單後，看第一句話，思索該如何續寫，完成「只為……」的第二句詩，並在下方署名。（五分鐘）

（4）向前傳兩位，給第三位同學。拿到學習單後，依續完成「如果你是……我願是……」這兩句詩句並署名。提醒同學注意此二句的因果關係，必須符合語意上的邏輯才行。（十分鐘）

（5）向右傳兩位，給第四位同學。拿到學習單後，完成「……的日子」這句詩，並在下方署名。（五分鐘）

（6）向後傳兩位，給第五位同學。拿到學習單後，完成最後一句

49　蔣勳〈願〉：我願是滿山的杜鵑／只為一次無憾的春天／我願是繁星／捨給一個夏天的夜晚／我願是千萬條江河／流向唯一的海洋／我願是那月／為你，再一次圓滿
如果你是島嶼／我願是環抱你的海洋／如果你張起了船帆／我便是輕輕吹拂的風浪／如果你遠行／我願是那路／準備了平坦／隨你去到遠方
當你走累了／我願是夜晚／是路旁的客棧／有乾淨的枕蓆／供你睡眠／眠中有夢／我就是你枕上的淚痕
我願是手臂／讓你依靠／雖然白髮蒼蒼／我仍願是你腳邊的爐火／與你共話回憶的老年／你是笑／我是應和你的歌聲／你是淚／我是陪伴你的星光
當你埋葬土中／我願是依伴你的青草／你成灰，我便成塵／如果啊，如果——／如果你對此生還有眷戀／我就再許一願——／與你結來世的因緣

50　〈新詩接力寫作學習單〉分上下兩部分，傳遞的過程寫於甲張（即上部分），之後再抄寫於乙張（下部分）給老師批閱，甲張給學生自行保存。

「我們……」的詩句。依照前面「……的日子」，續寫「我們……」，完成整首詩作並署名。（五分鐘）

（7）整首接力詩完成後，由第五位同學還給開頭的第一位同學，結束接力詩的寫作遊戲。請同學閱讀過後，重新全部謄寫一次於乙張，自己保留甲張欣賞，乙張撕下交給老師批閱。（十分鐘）

　　這樣的新詩接力寫作遊戲，除了可以讓學生充分聯想外，還可以練習運用意象的能力，看到同學創造出一個意象，就能去思考如何承接能讓味道完美呈現出來；優秀的團體應該是能做到層層遞進，意象彼此相扣、前後呼應，甚至最後一句落筆後，首尾結構完整，這就是一首成功的接力詩作。即使無法做到如此，在交換的過程中，每一個意象的創造都是一個火花，該如何讓同學的創意延續、如何解讀、如何詮釋、如何再創造，都有值得深思處理的空間。觀察學生文句脈絡間的掌握與情意的延伸，是很有趣的過程，以下即舉學生的實例來分享。

2　學生實作

（1）

①我願是壓池的柳絮（莊嫗荃）

②只為安撫遠行的離人（劉威廷）

③如果你是臨畔的水草　我願是搖緣青春的的芬芳（莊嫗荃）

④年少輕狂的日子（劉威廷）

⑤我們映澄相依的春池（莊嫗荃）

　　第一首詩作，是由兩位平常就有寫詩習慣的同學，彼此交換寫成，筆者之所以讓他們刻意與其他同學做區隔，是為了觀察詩作是否

會有完成度上的差別。這首詩的意象關聯性很高，從第一句的「柳絮」，自然聯結到「離人」；第三句的「水草」與「搖緣青春」搭配得很好；最後一句拉回到「春池」，全詩從池邊的柳絮起興，再回到「映澄相依」的春池，將愁緒及環境渲染地恰如其分。

（2）

  ①我願是精緻潔白的日記本（賴冠儒）

  ②只為記憶屬於盛夏的過往（楊懿湘）

  ③如果你是弓　我願是承載你恣意摩揉的絃（李佳樺）

  ④落葉已沉睡在秋香的日子（鍾婉屏）

  ⑤我們的指紋依舊在樹梢（鍾婉屏）

  吻一個暖冬的深邃（江怡瑩）

  這一首詩，五位同學的承接都相當出色。由潔白的日記本，到記憶盛夏的過往，點出彼此的回憶；第三句深情而譬喻新穎，大膽雙關卻又委婉含蓄；第四句的意象美極了，引人遐思；最後一句承接著唯美氛圍而落幕，「我們的指紋依舊在樹梢／吻一個暖冬的深邃」所指到底為何呢？讓人有無限的聯想，而這些都圍繞著美好的戀情而產生。此外，接力的同學也能發展夏、秋、冬的季節變化，讓本詩更富時間性。全詩意象大體連貫，讀來流暢，是首佳作。

（3）

  ①我願是滿滿的盛夏（彭暄）

  ②只為重溫青春的瀟灑（莊婾茹）

  ③如果你是迎風飛翔的風箏　我願是你寄託眷戀的那條絲繩

  （蔡佩君）

④放逐、追尋、擁著你的日子（蕭德蕙）

⑤我們踩著幸福走過永恆（江宜芳）

　　這首詩巧妙的地方，除了意象的連貫得當外，還有韻腳的經營。前兩句的「夏」、「灑」押韻，後三句的「箏」、「繩」和「恒」押韻，使全詩讀起來輕快，琅琅上口。前兩句承接自然動人，第三句則情意真摯，譬喻精當。最後一句總結得當，無論是「盛夏」、「青春」和「風箏」，都被這句「踩著幸福走過永恒」給輕巧連繫起來，使全詩讀來一氣呵成，首尾呼應。

（4）

①我願是佛牆上的一只壁雕（張晏塵）

②只為聆聽你祈禱的呢喃（江宜芳）

③如果你是隨波盪漾的畫舫　我願是那捧著、承著你的綠色江水（劉以嫻）

④那些失去時間概念的日子（李佳樺）

⑤我們燃著最蕩漾的火花（陳怡鈞）

　　這首詩一開始所選擇的意象，是較為特別的「佛牆上的壁雕」，但第二位同學轉承地非常巧妙，以「只為聆聽你祈禱的呢喃」，將第一句的意象更具體而深情地描繪出來。第三句的意象是「畫舫」，精美的譬喻恰好又和第一句的「壁雕」氛圍相承；光前三句所營造出來的湖光山色，及細語呢喃，即已足夠使人迷醉。這首詩的最後一句，筆者建議可再思考，目前的句子是做到恰如其分，但如能再與壁雕或畫舫做聯結，全詩會更完整豐美。

（5）

　　①我願是流轉的音符（江怡瑩）

　　②只為輕輕劃過你孤寂的夜（王嘉瑜）

　　③如果你是明亮几淨的黑白琴鍵　我願是觸動你冰心的旋律

　　　（許庭耘）

　　④同床共枕、扶攜的日子（張晏塵）

　　⑤我們相擁舞出最完美的樂曲（陳珮榕）

　　這一首詩，每一句的意象承接都非常流暢。從「流轉的音符」到「劃過你孤寂的夜」，一語雙關，情味洋溢；第三句能觀察前二句而做承接，詮釋的不著痕跡；最後兩句將全詩做個精彩的總結：「我們相擁舞出最完美的樂曲」，彷若渾然天成。這樣的新詩接力遊戲，就能看出參與的學生對辭彙的選擇，及意象的敏感度，已能全然理解，不需藉助考試及解題技巧，從創作遊戲中即能學到，這也算是新詩接力寫作的另一收穫。

　　新詩接力寫作，除了能讓學生於遊戲中練習創作外，其實也是對先前學過的東西做一個整合。筆者認為，這個寫作遊戲，讓學生主動參與意象的理解，學生必須要自發去讀懂前一位同學的創作，並且以自己的詮釋，去延續它的氛圍，或添加自己的靈感，去啟發下一位同學。在不停交換學習單的過程中，學生會看到很多同學的巧思，或多或少會給他們帶來激盪及聯想；最後拿回自己的學習單時，看到自己開頭的詩，最後變成一首既屬於自己、又屬於集體創作的作品，會產生既熟悉又陌生、又驚又喜的感受。除此之外，筆者於一開學給學生嘗試集體創作的遊戲，常常會因學生解讀不盡相同，而造成作品無法成篇的遺憾；但是進行到現在，已能出現集體創作首尾呼應的作品，這也表示經由這一學期的練習，學生無論在閱讀及創作現代詩上，皆

有長足的進步，使他們能順利完成這類的新詩創作遊戲，頗令筆者
欣慰。

最後附上學生陳怡安課後有感而發的詩作〈無垠〉[51]當作壓軸：

> 我願是沙漠中的變色龍，只為風葬在你亙古的美麗
> 如果你是砂
> 我願是乘載你飛翔的風
> 如果你是綠洲
> 我願是映襯你眼眸的清泉
> 如果你是海市蜃樓
> 我願是希冀你畢生的旅人
> 不斷尋求同一個夢
>
> 金字塔的天空
> 染上紫金色的薄霧
> 你說
> 歷代王朝繁華然後沒落
> 只留下埃及艷后悔恨的淚光
> 在我眼底低迴
> 你說
> 紅色雪紡紗在風中翻飛
> 赤裸的足印綿延成一道寂寞
> 你說
> 習慣在尼羅河畔吟唱情詩悠悠

---

51 筆者結束這個活動後，並未要求學生再作練習，這首〈無垠〉是學生陳怡安於手工
詩集展時展出的自創詩作，附在後面與諸位共享。

滄桑的駱駝不會懂

我在音韻中碎成千萬個回音

你說

如果有一天　　塵砂淹沒我的墓塚

Osiris審判的天秤橫亙在冥府入口

一端　是我的生命　一端　是我的愛情

原諒我

全世界的平衡在你心的方向傾斜

我到達不了的永生

在來世與你命定的因緣中

煙飛雲散

（二）隱題詩遊戲

　　「隱題詩」的嘗試，國內最為著名的，當屬洛夫的《隱題詩》[52]。詩題巧妙隱藏在每行的句首，能做到形式上隱題，內容卻又能與詩題互相輝映的，就是成功的隱題詩作了。讓學生進行這個遊戲，除了可以讓他們接觸多元形式之外，也可以引起他們的動機，告訴他們以後如果要告白，不妨嘗試這種創作；以下就來看實際操作的流程。

1　進行流程

　　筆者在讓學生開始創作隱題詩之前，為使學生廣泛了解現代詩創作形式的多樣化，特地以一節國文課的時間，帶學生到電腦教室，上米羅・卡索（即詩人蘇紹連）的flash超文本網站[53]，讓學生親眼見識

---

52 洛夫：《隱題詩》，臺北市：爾雅出版社，1993年初版。

53 網址為：http://poetry.myweb.hinet.net/flashpoem/milo-index.html。

文本和超文本的不同。除了詩作flash化所帶給學生新的刺激和震撼外，筆者也讓學生上「陳黎詩倉庫」的網站[54]，讓學生找出詩人陳黎有哪些「圖象詩」的創作。等到學生對詩的多元形式有了更進一步的了解後，便發下〈網路詩作評鑑表〉，讓學生帶回家中於週末完成。

圖十一　〈網路詩作評鑑表〉筆者自製

　　無論是「超文本」、「圖象詩」或是「隱題詩」，對學生而言，都是很新奇有趣的現代詩創作形式。「圖象詩」高中國文或有選錄，而「超文本」和「隱題詩」卻付之闕如，是筆者一直覺得很可惜的地方。今天借由這個遊戲，讓學生主動發掘現代詩的無限潛力，開拓他們的視野，再借由「隱題詩遊戲」的練習，讓他們習得創作隱題詩的技巧，及他們對現代詩形式創作的靈感和啟發。以下選錄五首學生習作，供教學者參考。

---

54 網址為：http://www.hgjh.hlc.edu.tw/~chenli/poetry.htm。

2　學生實作

（1）

〈你是最美麗的天使〉
你默然睡去
是眾人的惋惜
最陰沉的心情　在明亮的午後
美麗的花　圍繞著你的芬芳
麗彩的紙鶴　乘載著你　飛向屬於你
的天堂
天使帶走你的那一天你正青春著
使你永恆的　是從不老去的追憶（陳怡鈞）

這首詩，是獻給一位因意外而離開人世的同學的。字句沒有特別的雕琢，只是滿滿的想念與情意，在字句當中流瀉。筆者尤其喜歡末兩句「天使帶走你的那一天　你正青春著／使你永恆的　是從不老去的追憶」，寫來輕鬆流暢，讀來沉重中帶有無盡的緬懷與追思，是一首結構完整、情意豐足的隱題詩。

（2）

〈只緣身在此山中〉
只要你願意　為妳在山巔摘下星辰的人　是我
緣分終究會來臨　這一天我將傾訴所有的愛
身軀在樹梢守候成一片葉　靈魂卻因妳昇華向上
在嚴冬與溫暖交替之間　降臨大地的春神　是妳
此刻回音繞樑不絕　妳的歌聲是甜蜜的

　　山從沉寂中甦醒　　換上一件百花盛開的豐富
　　中心為妳敞開一條繽紛大道　　但願妳是我一輩子的擁有　　（林
　　若瑜）

　　這位同學所選擇的題目，本身即富含詩意。詩作當中，有幾句特
別出色，如：「身軀在樹梢守候成一片葉　靈魂卻因妳昇華向上」與
「山從沉寂中甦醒　換上一件百花盛開的豐富」，善用轉化和譬喻，
讓這首詩的幾個重點意象，更為鮮明飽滿。全詩讀來流暢而不凝滯，
沒有刻意造作的痕跡，而所有意象皆自然承接，與題目〈只緣身在此
山中〉互相呼應，是一首上乘的隱題詩作。

（3）

　　〈時間不會使記憶風化〉
　　時間刻畫在牆壁上
　　間續但未斷地
　　不肯停下急促的腳步
　　會意你的生活似的
　　使那片潔白染了灰
　　記錄到了底端的時候
　　憶起陳年的朦朧與美好
　　風起
　　化做零，從頭再來（李佳樺）

　　這首詩中，筆者認為寫得最好的，是前面三句：「時間刻畫在牆
壁上／間續但未斷地／不肯停下急促的腳步」，成功營造出時間永不
停息的急迫感。「會意你的生活似的」這句讀來稍嫌拗口，可再修

飾；而後面四句將「回憶」本身，做了一個形象而階段性的描述。「回憶」是瞬起瞬滅的，可以如題目所說的「時間不會使記憶風化」，但當你憶起的時候，現在的風一吹起，那些曾擁有過的都再度在心中化做零，必須從頭再來。這種詩題與內文本身的矛盾及吊詭，無理而妙。

（4）

　　　〈印度河上愛與永恆的見證──（泰姬瑪哈陵）〉
　　　印度隨風揚起的跫音，只為見妳
　　　度過無數日出日落
　　　河的彼岸，妳依舊守候
　　　上方的圓頂　是白首偕老的期盼　亦是
　　　愛情鑲嵌著片片思念，雲
　　　與風因妳停止了漂泊　甘願
　　　永
　　　恆
　　　的墜落在你的懷抱，連時間
　　　見了妳這滴不滅的淚珠，也留下一個
　　　證明：真愛＋金字塔＝妳（蔡佩君）

　　這首〈印度河上愛與永恒的見證〉，是學生讀泰姬瑪哈陵的資料後，有感而發之作，取材特殊，情意真摯。句句不離泰姬瑪哈陵，將之視為愛與永恒的化身；其中「連時間／見了妳這滴不滅的淚珠，也留下一個／證明：真愛＋金字塔＝妳」，是極富創意的筆法。將泰姬瑪哈陵，比喻成一滴不滅的淚珠，既唯美又浪漫；後面的證明，雖俏皮跳脫卻不失詩意，給予泰姬陵一個最高的禮讚。

（5）

〈言語只是偶爾躍出的海豚〉
言語只能舀起最無色的情意一杓
語法塞不盡海水蔓延一生更外，千尋更下
只能靜默。靜默，你點亮的每個笑靨，都
是漁網　眼波中捕捉希望
偶然的相遇，憶起如此冷淡的暖意
爾夜，從此離合都有你　晶瑩在瞳中
躍起三個字的水花，為你海豚仰望白雲，而那無法
出口得沉重甜蜜已在三態之外，你
的星與我的海豚默視，聆聽
海──
豚──　　（鍾婉屏）

　　最後選這首詩做為壓軸。從詩題〈言語只是偶爾躍出的海豚〉，
便可知道這首詩所要傳達的，不是普遍的抒情，而是帶有哲理、帶點
觀察後，充滿自省的詩作。筆者相當喜愛其中的一句：「你點亮的每
個笑靨，都／是漁網　眼波中捕捉希望」，將笑靨比擬成漁網，是一
個新穎且形象性的譬喻，力道傳達地恰如其分。而後面這句「偶然的
相遇，憶起如此冷淡的暖意」，狀似輕描淡寫，卻又將這短暫的相
遇，刻劃地入木三分。這首詩近似作者的喃喃自語，那份渴慕、那份
沉重，既說不出口，遂化作文字，沉默而甜蜜地在詩裡流竄，增添了
詩作的密度與厚度。
　　學生雖第一次嘗試隱題詩寫作，但筆者發現，隱題詩這樣的形
式，對學生而言，並沒有想像中的困難。如果只為了要完成各行的句
首為詩題，其實學生大都做得到，且能掌握要點，有不俗的表現。筆

者因此思索，是否有些「限制」的現代詩創作，反而更能激發學生的創作力呢？一些淺見，給教學者們參考。

（三）舊酒裝新瓶──古詩改寫遊戲

意象的運用，是中國詩的特點。鄭愁予曾經對「意象」做了解釋：

> 大凡一首詩的完成靠兩個有機體組合而成：一是詩人的自然經驗，一是詩人的人文構思。所謂自然經驗即是我們所經歷、觀察、記憶的現象界。而人文構思即是詩人對人生的看法……詩的抒情力量，就是人文構思和自然經驗結合。也就是我們所強調的意象……舉古詩王之渙的〈登鸛雀樓〉為例，前兩句「白日依山盡，黃河入海流」即是自然經驗，通過對自然景象的感悟，而把「欲窮千里目，更上一層樓」的人生理想表達了出來。[55]

古詩是濃縮的文字，如何在規定的平仄、行數中，將自己心中的意念，精準地傳達給讀者知道，是靠作者經營意象的功力。有鑑於此，筆者在教〈唐詩選〉的時候，挑了幾首著名的唐詩給學生背誦，使學生在欣賞之餘，能更清楚查覺意象在詩中的重要性，是無分古詩與現代詩的。等學生背誦過、精讀過唐詩後，筆者使用北一女中國文科所製的〈唐詩大考驗〉學習單讓學生進行「舊酒裝新瓶」遊戲[56]，在兩組古詩意象群當中，任選一組來進行創作，以達到學習涵詠古典意象，傳承文化精髓的目的。

---

55 向明：《新詩五十問》（臺北市：爾雅出版社，1997年2月15日初版），頁103-104。
56 見〈唐詩大考驗〉，出自北一女中國文科，「舊酒裝新瓶」是此講義中的第二關，即筆者讓學生練習的部分。

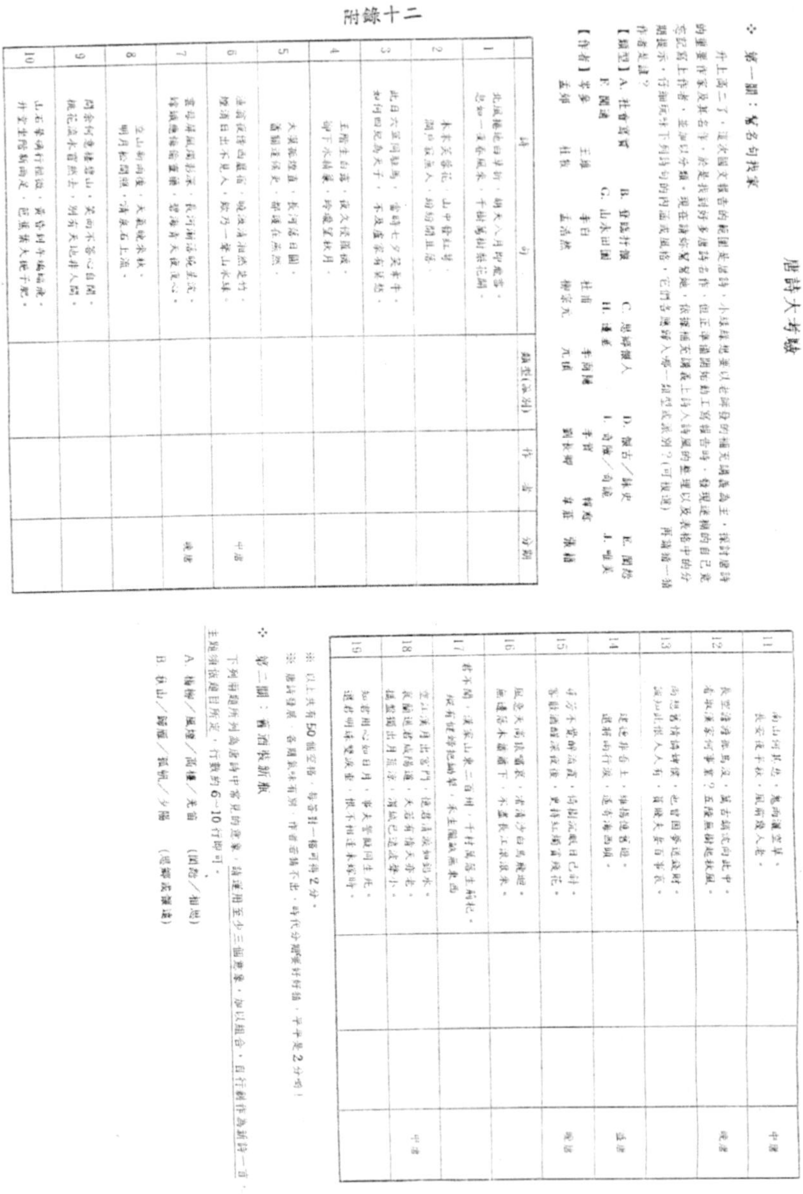

附錄十二

唐詩大考驗

❖ 第一關：鬢名句找家

升上高二了，這次國文報告的範圍是唐詩，小綠綠想要以老師發的補充講義為主，探討唐詩的重要作家及其名作，於是找到好多唐詩名作，但正準備開始動工寫報告時，發現迷糊的自己竟忘記寫上作者，並加以分類。現在請妳幫幫她，依據補充講義上詩人詩風的整理以及表格中的分期提示，仔細玩味下列詩句的內涵或風格，它們各應歸入哪一類型或派別？(可複選) 再請猜一猜作者是誰？

【類型】A. 社會寫實　B. 登臨抒懷　C. 思婦懷人　D. 懷古／詠史　E. 閨怨　F. 閒適　G. 山水田園　H. 邊塞　I. 奇險／奇詭　J. 唯美

【作者】岑參　王維　李白　杜甫　李商隱　李賀　韓愈　孟郊　杜牧　孟浩然　柳宗元　元稹　劉長卿　韋莊　張籍

	詩句	類型(派別)	作者	分期
1	北風捲地白草折，胡天八月即飛雪。 忽如一夜春風來，千樹萬樹梨花開。			
2	木末芙蓉花，山中發紅萼。 澗戶寂無人，紛紛開且落。			
3	此日六軍同駐馬，當時七夕笑牽牛。 如何四紀為天子，不及盧家有莫愁。			
4	玉階生白露，夜久侵羅襪。 卻下水精簾，玲瓏望秋月。			
5	大漠孤煙直，長河落日圓。 蕭關逢候吏，都護在燕然。			
6	漁翁夜傍西巖宿，曉汲清湘燃楚竹。 煙消日出不見人，欸乃一聲山水綠。			中唐
7	雲母屏風燭影深，長河漸落曉星沉。 嫦娥應悔偷靈藥，碧海青天夜夜心。			晚唐
8	空山新雨後，天氣晚來秋。 明月松間照，清泉石上流。			
9	問余何意棲碧山，笑而不答心自閑。 桃花流水窅然去，別有天地非人間。			
10	山石犖确行徑微，黃昏到寺蝙蝠飛。 升堂坐階新雨足，芭蕉葉大梔子肥。			
11	南山何其悲，鬼雨灑空草。 長安夜半秋，風前幾人老。			中唐
12	長空澹澹孤鳥沒，萬古銷沉向此中。 看取漢家何事業？五陵無樹起秋風。			晚唐
13	尚想舊情憐婢僕，也曾因夢送錢財。 誠知此恨人人有，貧賤夫妻百事哀。			
14	建德非吾土，維揚憶舊遊。 還將兩行淚，遙寄海西頭。			盛唐
15	尋芳不覺醉流霞，倚樹沉眠日已斜。 客散酒醒深夜後，更持紅燭賞殘花。			晚唐
16	風急天高猿嘯哀，渚清沙白鳥飛迴。 無邊落木蕭蕭下，不盡長江滾滾來。			
17	君不聞，漢家山東二百州，千村萬落生荊杞。 縱有健婦把鋤犁，禾生隴畝無東西。			
18	空將漢月出宮門，憶君清淚如鉛水。 衰蘭送客咸陽道，天若有情天亦老。 攜盤獨出月荒涼，渭城已遠波聲小。			中唐
19	知君用心如日月，事夫誓擬同生死。 還君明珠雙淚垂，恨不相逢未嫁時。			

※ 以上共有50個空格，每答對一格可得2分。

※ 唐詩發展，各期氣味有別，作者若猜不出，時代分期要好好猜，平平是2分喲！

❖ 第二關：舊酒裝新瓶

下列兩題所列為唐詩中常見的意象，請運用至少三個意象，加以組合，自行創作為新詩一首，主題須依題目所定，行數約6~10行即可。

A. 楊柳／風煙／高樓／羌笛　(閨怨／相思)

B. 秋山／歸雁／孤帆／夕陽　(思鄉或懷遠)

261

圖十二　〈唐詩大考驗〉

1　進行流程

（1）發下〈唐詩大考驗〉講義，讓學生回家先完成第一關，於填寫表格當中，閱讀更多經典之作。

（2）學生彼此交換，唸第一關標準答案，互相批閱。（十五分鐘）

（3）進入第二關「舊酒裝新瓶」遊戲。共有兩組古詩意象，請學生選用其中一組，至少三個意象，加以組合，自行創作為新詩一首，行數約六至十行。（三十分鐘）

　　A楊柳／風煙／高樓／羌笛　　（閨怨／相思）

　　B秋山／歸雁／孤帆／夕陽　　（思鄉／懷遠）

　　這個遊戲的進行，可以斟酌搭配各高中國文版本的〈唐詩選〉，做課後活動的練習。古詩中常見的意象，它所延伸出來的涵意，是老師在課堂上會講解，學生也是從小被考到大的。但讓學生自己選擇常見的古典意象，以自己的方式組合，創作成一首現代詩，可以使學生更主動去理解、串聯古典意象，強化他們對古詩的認同及深入了解。以下兩組各選四首學生佳作，來做探討。

2　學生實作

　　以下即分兩組學生作品，分別標號A-1、A-2、A-3、A-4，還有B-1、B-2、B-3、B-4，一首一首來做賞析。

A-1

　　〈相思〉
　　獨自啜飲著羌笛的旋律
　　你的信沾了一身寒夜清冷
　　每個字
　　晶瑩在風煙中

晶瑩在眼眶中
曾是露珠
一生飄泊
凝結　卻又滑落
啊！那垂柳倒映的湖泊
恐怕是最痛最痛的擁抱　　（鍾婉屏）

　　這首詩的氛圍相當動人。由「你的信」起興，從晶瑩在風煙，到晶瑩在眼眶，巧妙地帶到了因思念而產生的淚珠。筆者最為欣賞的，是末兩句「啊！那垂柳倒映的湖泊／恐怕是最痛最痛的擁抱」，古人言：「折柳送別」，看著垂柳倒映的湖泊，想起遠方之人，末句雷霆萬鈞，沉痛之情溢於言表。

A-2

〈楊柳〉
將我的思愁一一折下
化為一縷風煙
繫在伊人心頭
羌笛更把我相思
一字字放在他耳邊
反覆播放（羅勻汝）

　　這首詩很輕巧地將關鍵詞悄悄放入，雖則短短六行，但成功將「楊柳」、「風煙」、「羌笛」穩妥鑲進詩中，氛圍營造成功。把「折柳」轉化成「將我的思愁一一折下」，簡淨有力；而「羌笛更把我相思／一字字放在他耳邊／反覆播放」，以現代化的語言，表達古典的情意，呈現方式不落俗套。

A-3

　　〈思念的深淵〉
　　讓我折一支楊柳
　　放在你胸口
　　道別　　是沉痛的自剖
　　沉默　　是平靜的苦痛
　　夕陽　　映照溢滿池塘的淚珠
　　你伴隨著黑夜離開
　　明日　　再也沒有晨曦灑落
　　他日到異鄉
　　千萬別上高樓
　　以免失足墜向更深的思愁　　（彭暄）

　　這一首詩相當流暢，讀來自然承接，毫無矯揉造作之感。「道別是沉痛的自剖／沉默是平靜的苦痛」兩句，語近情深，頗值得人玩味；而「你伴隨著黑夜離開／明日　再也沒有晨曦灑落」，寓情於景，一語雙關，能深刻令人體會到那股惆悵。末句總結也很出色：「他日到異鄉／千萬別上高樓／以免失足墜向更深的思愁」，情深意切的叮嚀，蘊涵無盡相思，很能抓住古詩的韻味，實為佳作。

A-4

　　〈寂寞吹奏〉
　　楊柳飄逸
　　看不清的面孔
　　在風煙中
　　一張泛黃的照片

　　只剩下　多年來的寂寞
　　我站在高樓　吹奏
　　羌笛流洩出的音符
　　匯做一條叫思念的河
　　澎湃不止　　（陳怡鈞）

　　這首詩是以站在高樓的思婦為視角，迥異於其他三首。以眼前的
楊柳起興，看著泛黃的照片，卻「只剩下　多年來的寂寞」，突顯思
婦的孤寂與哀傷。末四句：「我站在高樓　吹奏／羌笛流洩出的音符
／匯做一條叫思念的河／澎湃不止」，巧妙融合「羌笛」及「高樓」
兩個古典意象，而流洩出的音符，也洩漏了我的思念，戛然而止，餘
韻不絕。

B-1

　　〈千里之外〉
　　我打千里而來
　　以一扁舟
　　卻聞哀猿長嘯不止
　　過不了的群山
　　只因情思從眼裡湧出
　　成了一波波的浪

　　血紅的夕陽於我血液裡翻轉
　　只因見了歸雁於我頭頂翔過　　（侯柏全）

　　這首詩的主角，是在外遠行的遊子。「哀猿長嘯」，已足以使人柔
腸寸斷；而「過不了的群山／只因情思從眼裡湧出／成了一波波的

浪」，譬喻奇特精巧，將不得不離去的心情傳達得極為出色。末二句「血紅的夕陽於我血液裡翻轉／只因見了歸雁於我頭頂翔過」，無理而妙，善用倒裝，更加烘托出思歸的情意，綿延不絕。

B-2

〈作畫〉
秋山黃葉下
歸雁伴孤帆
哀愁趕著夕陽
再看　只會徒增悲傷　便
抹掉秋山
抹掉黃葉
抹掉歸雁
抹掉孤帆
抹掉
家鄉　（簡幼欣）

這首詩前半部乍看十分平淡，精妙的是後面所使用的筆法。以五句排比句，氣勢磅礡地烘托出遊子急欲思鄉、有家歸不得的無奈與絕望，將故鄉的一樹一木、一情一景，堅決地自心中一一抹去，只為求得心中一時的寧靜；最後抹掉家鄉，但真能抹去嗎？故作堅決，反而更能襯托出無法割捨的強烈情感，是相當特別的表現手法。

B-3

〈孤帆〉
秋山遍紅灑落

倦了
該是歸雁返家時日
一片孤帆是送不走的
鄉思
一抹夕陽是漸漸沉重的
愁情　（林詩庭）

　　這首詩與其他兩首相較,是較為簡潔有力的表現方式。短短七行
當中,將四個關鍵詞依序鑲進詩句當中,善用譬喻手法,讀來不刻意
造作,反而自然流暢。後面兩句譬喻句尤為精美:「一片孤帆是送不
走的／鄉思／一抹夕陽是漸漸沉重的／愁情」,精準地掌握意象內
容,濃縮成這兩句詩,形容詞使用得恰到好處,讓人低迴。

B-4

〈想家〉
西晒的落日餘暉
捎來一箋時序的信息
於是楓紅啊!
就織染整座秋山了
然而孤舟上的我
在景致內瞥見
滑入畫面的歸雁
雁兒啊雁兒
你是否介意
與我相伴返鄉呢?　（江怡瑩）

　　這首詩所營造出來的氛圍，是相當成功的。不過此詩白話的字句過多，筆者考慮保留關鍵詞語，將白話的部分稍作修改，更動如下：

　　　西曬的落日餘暉
　　　捎來一箋時序的信息
　　　於是楓紅啊！
　　　就織染整座秋山了
　　　孤舟上的我
　　　瞥見
　　　滑入畫面的歸雁
　　　恰喞去了
　　　我的鄉愁　　（筆者改寫）

　　將筆者相當欣賞的前面四句詩句保留，五、六、七句刪去多餘字句，後面三句再做修改，一幅落日秋山圖，就這麼完美浪漫地呈現在眼前。「於是楓紅啊！／就織染整座秋山了」，似惋惜、似歎息，是對美的禮讚和詠歎，卻又不經意地渲染上哀愁的色彩，舉重若輕；視角再拉回孤舟上的遊子，見了歸雁，思鄉之情更盛，原詩末三句詩意太顯，改成「恰喞去了／我的鄉愁」，狀似瀟灑，其實想斷而未斷，遊子的鄉愁也就隨著歸雁，漸行漸遠，而漫無止盡了。

　　整體而言，「舊酒裝新瓶」這個遊戲，與高中國文各版本的〈唐詩選〉課文互相搭配，可收古今詩體意象融合之功，是值得推薦給學生練習的現代詩創作。而學生經由近一個學期的現代詩創作遊戲，對於掌握古典詩歌當中的意象，更能得心應手，於古典當中嘗試開拓新的詮釋手法，常常有令人驚喜的藝術呈現。如果能夠善加引導學生做更多這方面的嘗試，將更能使學生知曉現代詩創作中「縱的繼承」的

情蘊，吸取更多中國古典詩歌當中的文化精髓。

五　引導學生自行寫詩

　　讓學生從事這麼多練習和遊戲，無非是為了訓練他們能獨自完成一首詩。經過一個學期的閱讀和練習，及課堂中的討論刺激，學生的思考更加柔軟，聯想能力也逐漸豐富，足夠有獨自完成詩作的能力。筆者設計了「圖畫詩遊戲」、「詠物詩」及「情詩寫作」，兼顧多元趣味及學生經歷的考量，希望能在期末時，看到學生具體呈現出來的成果。

（一）圖畫詩遊戲

　　將詩句與圖畫互相排列在一起，以圖畫來補足詩意，以文字來說明圖畫，是當代流行的趨勢。如幾米的繪本，在繪圖旁，加上簡單的幾行詩句，容易讓人在第一時間產生印象。白靈《一首詩的玩法》當中提到：「詩的創造既然是將『心畫』以文字表現出來，那麼要改以畫筆來表達豈是難事，欠缺的只是技巧和信心而已……但畫不過是心中一句詩、一首詩，能寫必能畫。」[57]將詩與畫相互配合，將作者心中的意象，能以另一種形式來表達、傳遞出來，能在文字技巧之外，為讀者開啟另一扇圖象的窗，將使人更容易洞悉作者的內在世界。筆者秉持這樣的想法，設計出〈現代詩的寫作遊戲——圖畫詩的玩法〉[58]學習單，以下介紹流程。

57　白靈：《一首詩的玩法》，頁160。
58　見〈現代詩的寫作遊戲——圖畫詩的玩法〉學習單，參考白靈《一首詩的玩法》，
　　頁156-223。

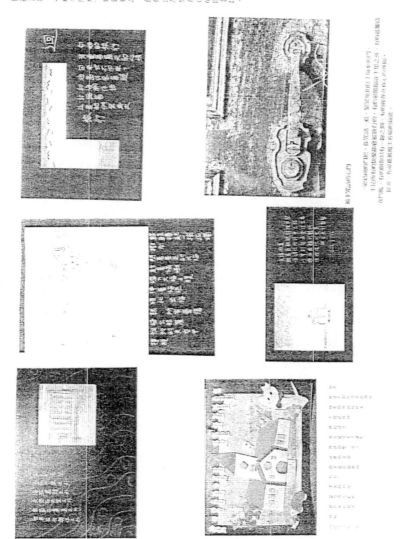

圖十三　〈現代詩的寫作遊戲——圖畫詩的玩法〉

1　進行流程

在「引導學生自行寫詩」的這一部分中，為鼓勵學生自發性創作，筆者先於課堂中給學生參閱圖畫詩的作品，對圖畫詩這個文體做一個說明，接著採完全開放性創作模式，讓學生在看完學習單之後，自行去思考該如何配置。

由於不是在課堂中進行，部分學生會採取草草了事的態度，隨便應付塗鴉亂寫；但大部分同學仍非常用心，能抓住圖畫詩表現的精髓，即使是對繪畫不是非常拿手的同學，也能思考可以什麼樣的方式來替換，如剪貼圖案、甚至以照片來代替等等，為圖畫詩的表現注入新的活力。圖畫詩是畫與詩的創作，學生佳作相當美觀，老師批閱過後，可以貼在牆上當作教室布置，一方面有督導學生見賢思齊的作用，另一方面，對學生的文學造詣也有潛移默化之功。兩個班級加起來，筆者共選出二十五篇佳作，以下礙於篇幅，僅舉五篇當作範例，探討如下。

2　學生實作

以下共選錄五則風格各異的圖畫詩，先全部摘取出來，再一則一則來做深入的探討：

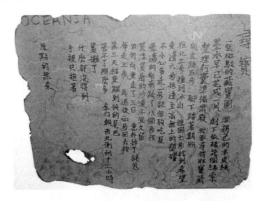

圖十四　圖／文　劉威廷〈尋寶〉

圖十五　圖／文　陳珮榕〈雨〉

圖十六　圖／文　李家嫚〈秋天〉

圖十七　圖／文　彭暄〈悼伯父〉

圖十八　圖／文　趙珊婷〈美人魚〉

　　第一則〈尋寶〉：「一張斑駁的藏寶圖　深褐色的羊皮紙／墨水早已花成一片剩下依稀幾個線索／整理行囊準備包裝　我要尋得那寶藏／向左跳五步　腳下踏著期盼／往北三步撞到冰山　往回七步找到希望／東邊六步抵達至高無上的榮耀／不小心多走一步跌個狗吃屎／豪邁的向南跨了八個步伐／荒涼貧瘠的沙漠不宜久留／匆匆向東走了三日　意外掉了錢包／每走三步　再退後兩步回去找／第三天結束踩到狗的尾巴／管不了那麼多　全力朝西北衝刺十三個小時／累攤了／什麼都沒得到／手裡只抱著／／原點的無奈」這首〈尋寶〉，圖文搭配最好的地方，在於詩本身即寫在「藏寶圖」上，令人有驚喜的感覺。劉生還很細心地將這張圖畫詩的左下角，燒出一個小洞，以此來增加這張藏寶圖的年代及真實性。詩句很有「大富翁」的味道，連綴的方式就像一步步前往藏寶處；不過詩的文字較近白話，還欠雕琢的火候。詩末以「抱著原點的無奈」作結，將讀者及詩中主角的期待一併打碎，回到原點，頗有點醒人「不要貪求非份之財」的用意，除警醒世人之外，全詩尚富含創意及冒險精神。

　　第二則〈雨〉：「滴答、滴答……／串串斷線的珍珠自天堂隕落／落在水光山色躂躂踏起碧綠波光／落在綠柳垂楊　輕快躍過嫩綠葉尖／快樂地從這一邊跳到那一頭／／滴答、滴答……／一若未旋緊的水栓　叮叮咚咚滑落／澄徹如鏡　輕輕挽著真實的面容／聽　那清脆的響聲　高亢迴盪／那是誰碎了一地的憂愁？／／雨水／是藍天的淚花？／抑是畫家透明的顏料？／啊　其實他是天空之女的隨侍／在公主到來之前　鋪上七彩的道路」這首圖、詩搭配得活潑生動，採取童趣的觀點切入，將雨珠擬人化，快樂自在地跳躍在彩虹、花葉之間，詩句口語又帶有童稚般的問句，更增添了本詩俏皮的色彩。第二段中間那句「那是誰碎了一地的憂愁？」由實景轉成愁緒，將抽象化為具體，巧妙地將情思凝鍊在這個問句之中，渾然天成；末段將雨說成是

天空之女的隨侍，順利地將全詩渲染上一層童話般的歡快色彩，首尾呼應，令人讀來心曠神怡。

第三則〈秋天〉：「山披著金芒格外澄清而微黃／藍天顯得更高了／我喜歡秋／秋的枯黃擁有著沉澱的美好／葉替換著七彩的衣裳／帶著赤紅／燒一個秋／譜一首動人的樂章／堅持最後的美麗」這首詩的色調和圖畫搭配得天衣無縫，圖畫將秋的枯黃、山的金芒、葉的七彩衣裳，還有秋的動人，做一個具體而完整的呈現。除了以圖畫來描摩秋的圖象之外，詩句的步調緩慢，緩緩地道出喜愛秋天的理由，「秋的枯黃擁有著沉澱的美好」更深層地道出圖畫所不能及的，內心細膩的感受及體會。全詩雖短，卻能抓住圖畫詩的精髓，構圖唯美浪漫，將秋天那種「堅持最後的美麗」成功詮釋出來，是首成功的圖畫詩作。

第四則〈悼伯父〉：「佛經喃喃了一下午／哀愁已堆積成一座山／我閉上眼睛／諦聽　你的呢喃細語／嗅　著你的豪邁氣息／望穿　你依然故我的背影／我睜開眼／只剩下裊繞不絕的香／暗自譏笑著眾人的痴　情／一切都是假象／我開始放足狂奔　狂奔　狂奔／直到最後一炷香　悄然熄滅／在那雞籠山頂上／你只是靜默地躺著／以微笑俯視著眾人／眾人　以淚水　匯成一條終點是你的河」這首圖畫詩的主題迥異於其他詩作，是以「死亡」為主題的悼亡詩。詩句本身的意象經營成功，但是圖畫與詩句的搭配性較差，即使全將圖畫拿掉，也不會喪失此詩的元素，是彭生可再思考的地方。此詩的兩個主要譬喻句「哀愁已堆積成一座山」、「以淚水匯成一條終點是你的河」譬喻自然貼切，安置在詩中的位置恰如其分，能夠達到情景交融的境界，是筆者給很高評價的理由；圖畫在此淪為不起眼的配角，是較為可惜之處。

第五則〈美人魚〉：「礁石上殘留你的氣味／嘩啦　落海／海水輕吻著我的肌膚／聽　海浪磅礡的交響曲／訴說著你高貴的氣質／聽珊瑚細碎的低語／談論著你優雅的身軀／跟隨比目魚的指引／追尋

你的影子／十年　二十年／夕陽拉下昏黃的布幕／野雁低飛／消失在地平線的那端／礁石上殘留／你的氣味」這首〈美人魚〉是以等待的心情開端，圖畫中的美人魚獨坐在礁石上凝望遠方，天和海的蔚藍融合成一種舒服的色調，卻又雙關「憂鬱」的心情，頗富巧思。全詩構築美人魚漫長追尋而不得的內心世界，以「礁石上殘留你的氣味」開展，苦苦思念了十年、二十年，如此煎熬又寂寞的等待，最後仍以「礁石上殘留／你的氣味」作結，令人深刻感受到那股執著、至死不悔的情思，就在這海天一線的天地之間，蔓延至無邊無際。

圖畫詩的有趣之處，在於圖畫與詩能互相配合，彼此激盪出另一種詮釋的趣味，增添及補足文字的侷限性，將學生的內在情思更具體而完整地表現出來。

（二）詠物詩──花語：給同學一首花的詩

現代詩創作，除了本學期所教導的寫作技巧練習之外，更重要的，當然是兼顧情意的涵養。對學生而言，同儕關係是相當重要的，甚至凌駕於父母及師長之上。同學之間朝夕相處，彼此培養出深厚的感情，讓學生以同學為對象，將同學比擬成一種花，書寫其性格特色，除了可以練習詠物詩的技巧之外，還可以增進學生之間的感情，對平常較不熟悉的同學，也增加了一個促進認識的機會，是一個相當不錯的創作遊戲。實際操作的流程如下：

1　進行流程

為使學生更了解「以花喻人」的創作技巧，在上〈唐詩選〉這一課時，可選擇李白的〈清平調〉當做課外閱讀，觀察李白以唐朝國花牡丹比擬楊貴妃的藝術手法。現代詩文方面，選錄幾則以花喻人的詩文，配合北一女中邱素雲老師講義製成〈給同學一首花的詩〉學習單，具體實行之步驟如下：

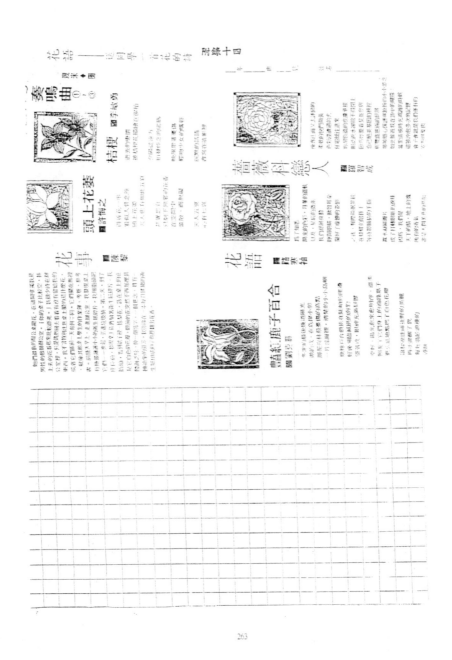

圖十九：〈給同學一首花的詩〉，取自北一女中國文科講義

（1）請同學先行閱讀學習單上，有關以花喻人的詩文。

（2）同學回家後，可於網路上查詢各種花的花語，當做選擇書寫的依據[59]。

（3）以座號為單位，前一位座號的同學，書寫後一位座號的同學，最後一位同學書寫第一位同學。

（4）全班都交齊後，交由老師批閱，選出幾首富文學技巧、將同學特質表達成功的詩作。

（5）請小老師或擅長製作power point的同學幫忙，將這幾首詩作（一個班可選十幾首）放在power point上，加上花的圖案當做背景，設計成可以先看到詩作，按一下滑鼠則會出現被書寫者名字的檔案。

（6）選一堂國文課，於課堂中播放power point，全班同學以排為單位，一排一組，進行「花詩搶答」遊戲。每播放一首詩作，創作者必須悶不吭聲，各組有三十秒的判斷時間，時間一到，各組同一時間舉牌，答出被書寫的同學名字，正確則得一分。

（7）最後結算成績，最高分的組別為優勝，由老師準備禮物發放（筆者在此製作學生加分卡，優勝組別一人一張，可加平時成績一分）。

（8）鼓勵同學彼此參閱詩作，觀察同學如何描寫他人，精準抓住他人的特質，轉化為花的意象。

　　這樣的創作遊戲，非常適合於課堂中使用，可以增進同學之間的感情，是筆者實行現代詩創作遊戲以來，最成功的一次練習。在參與搶答的過程中，一方面可以欣賞同學的詩作，一方面也兼顧了遊戲的

---

59 將女同學比擬成花，並不困難；但班上也有男同學，該如何比擬較好呢？為解決學生的疑惑，筆者特別寬待可以將男同學比擬成植物，供各位教學者參考。

趣味性，學生的參與度很高，創作者與被書寫的同學，能彼此具有成
就感，重新去發現別人眼中的自己。筆者於這個活動結束後，其中一
班的學生（220）表示，希望能閱讀到所有同學的作品，最後甚至將
這些詩作，放進他們自己製作的班刊當中，變成一項值得珍藏的回
憶。以下選錄四首風格各異的詩作，一首一首來做探討。

2 學生實作

　　由於書寫的對象是自己的同學，對於第一次嘗試的學生而言，是
非常刺激富挑戰性的現代詩創作。筆者觀察自己所教的兩個班學生，
開學以來做了那麼多次創作練習，當屬這次最為用心和慎重。學生視
這次的創作不僅為一項作業，同時也是友誼的證明，因此筆者在批閱
的過程當中，是感動及愉悅的，佳作紛陳，礙於篇幅的關係，只能呈
現其中四首來做探討。

（1）

〈臘梅──給佳樺，一個在嚴冬散佈溫暖香氣的女孩〉
蜜蠟劃開冷冽的寒氣
濃郁因此柔軟地流動
溢滿整座冬城

我抽幾縷芬芳
放在鼻準，竟感覺
所有香甜襲得一身
飄飄忽忽迎向溫黃的光明
苦，殤，病全消卻

　　枝椏上處處可見妳

　　正誠懇　慈祥灑下關愛

　　細密　而厚實地飄遍

　　業已凍得四分五裂的大地　（江怡瑩）

　　用「臘梅」來形容同學，前三句尤其好，輕巧點出「臘梅」二字，除了令人感受到季節的凜冽之外，也讓人在寒冷中嗅到梅花的清芬。將同學怡人的溫暖，以襲人的香氣來形容，「苦，殤，病全消卻」更強化了同學待人親和的動人感受；末段將這股溫暖更具象化，全身散發出暖黃色的關愛，且「細密　而厚實地飄遍／業已凍得四分五裂的大地」，在冰凍冷漠的氛圍當中，更突顯出被書寫同學的溫柔特質，細膩的描摩絲絲入扣，是首溫婉深情的佳作。

（2）

　　〈虞美人──贈濃妝淡抹相宜　熱情且豔麗的晏塵〉

　　流傳千年　秘密　醒

　　挑動　無名的一根琴弦

　　奏　虞美人　一曲

　　隨

　　　之

　　　　搖

　　　　　曳

　　以虞姬之名　綻放豔麗

　　翠鈿金縷　掩不住　熾熱　內心

　　攬鏡　一身絳紅胭脂打扮

　　話中渲染　嫋娜如你　牡丹失色

　　重尋生生　更覓世世

　　披　血染的外衣　呼喚項羽

　　杜詩將你命名　麗春

　　繁紅鬧紫　嬌柔　卻　堅定不渝

　　悲喜千般倏歸幻渺　紅塵已被遺忘

　　留下的　是解不開的　情

　　罌粟的毒　（林詩庭）

　　第一首詩著重在同學的人格特質，這一首還加上外表，將同學刻畫成艷麗深情的虞美人，也讓這項活動添上另一番風情。林生於此詩中，巧妙融合虞姬、花語、文人傳唱的典故於一爐，雖然斷點太多，尚有待改進，但多方收集花卉的相關資訊，巧妙穿插，增加本詩人文語意的豐富，也為全詩艷麗的風情，加上浪漫唯美的迷人情調。筆者最為欣賞的，是全詩末句：「留下的　是解不開的　情／罌粟的毒」，將甘願殉死的愛情，比擬成罌粟的毒（虞美人屬罌粟花科），緊密扣合，譬喻精妙。

（3）

　　〈天人菊──給佩君〉

　　如何藏匿於幽谷

　　外頭　如果　漫天風砂

　　不願自憐池中倒影

　　倒影　該屬　蔚藍晴空

　　堅持

　　以遍地的熱情

　　回應世上的荒蕪

大樹傾倒之地

你依然及膝守護

不是服膺暴虐

再重的踐踏

志氣不斷

理想不斷

韌在柔中

奔放在無聲中

滿腔的緋紅

大海的深沉

調出心中

溫婉且典雅的紫

在淚痕之地

在海揉皺了晚霞後

仍然

火焰在心中

持續燃燒　（鍾婉屏）

　　這首〈天人菊〉，和上一首所描寫的〈虞美人〉一樣，都是需要翻閱資料，查詢花的屬性及特質，才能書寫的花類，由此可以看出作者的細心及用心。天人菊生性強健，耐旱、耐風，抗高溫，與被書寫同學的志氣、理想及柔韌不謀而合，用這種花來歌詠同學的勇氣，是很適合的。末句「在淚痕之地／在海揉皺了晚霞後／仍然／火焰在心中／持續燃燒」，將同學堅強的意志，以美好的譬喻來呈現，意象鮮明，令人印象深刻。

（4）

〈朱槿——給我所認識的家嫚〉
內斂
但是不經意的顏料
翻染了個艷紅的姿態
於是驚鴻，然後人們一瞥
蕊芯長長的延伸
為的是維持大我，隱匿小我
豪闊的花瓣
嬌滴滴的托著空氣的重量
僅僅是托著
就托起了整個四季　　（李佳樺）

　　這首詩，是李生獻給前任班長的，主要是想感謝她為班上付出的
心力。從詩中，可以看出李生極力描摩朱槿的外形，自然連接到她所
欲歌詠同學的人格特質，流暢而渾然天成。從詩中「蕊芯長長的延伸
／為的是維持大我，隱匿小我」，歌詠同學為班級付出的不遺餘力；
詩末的「豪闊的花瓣／嬌滴滴的托著空氣的重量／僅僅是托著／就托
起了整個四季」則讚美同學凝聚了班級的向心力，以一嬌滴滴的身
軀，連繫了全體同學，主題明確，形象生動突出。
　　讓學生做「給同學一首花的詩」遊戲，除了可以用學生之眼，觀
察更多學生被同儕了解的私密面之外，更重要的是，可以讓學生練習
如何以具體的花的形象，來描摩自己所觀察出的同學特質。除此之
外，限定詠物的主題為同學，可以增加班級的親密度，書寫與被書寫
都令學生感到既好奇又刺激；最後再來介紹在班上進行的活動方式。

3　課後活動

　　在批閱完同學的作品後，筆者選出其中較具代表性、與被書寫學生人格特質較明顯的詩作，一個班約選十餘首，利用一節國文正課的時間，讓全體同學看Power Point上面的詩作（搭配圖片當背景，播放輕柔音樂），分組進行搶答。學生參與相當踴躍，用Power Point的效果也很出色，舉兩張如下：

圖二十　莊婾荃〈詩予庭耘〉

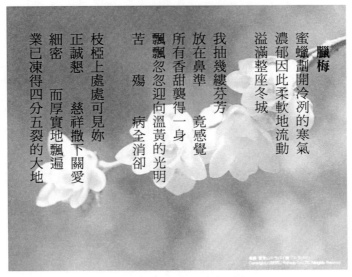

臘梅

蜜蠟劃開冷冽的寒氣
濃郁因此柔軟地流動
溢滿整座冬城

我抽幾縷芬芳
放在鼻準　　竟感覺
所有香甜襲得一身
飄飄忽忽迎向溫黃的光明
苦　殤　　病全消卻

枝椏上處處可見妳
正誠懇　慈祥撒下關愛
細密　　而厚實地飄遍
業已凍得四分五裂的大地

圖二十一　　江怡瑩〈臘梅〉

　　先讓各組看個二、三分鐘，之後在各自的紙張上猜被描寫的同學「全名」為何，最後統計績分，由答對最多的組別為優勝。同學於遊戲中，強迫自己於這二、三分鐘之內去理解詩中的文意，及要瞬間聯想到全班同學的性格，其實並不是很容易的遊戲。但在學生搶答、看到答案後的開心或懊惱當中，當答案揭曉時，看到被書寫同學臉上的喜悅，書寫者的作品被放在ppt上面參觀的驕傲，可以同時讓書寫者及被書寫者，得到如同展覽般的愉悅及回饋。除此之外，在power point播放結束後，筆者於下課時間，聽到被描寫的同學很開心地跑到寫她的同學面前，微笑著對她說：「謝謝妳把我描寫得這麼美！」即使沒有被選上的作品，同學們也非常有意願想看自己如何被描寫、或如何描寫別人，快樂的因子彼此傳遞著，原來創作可以是這麼美好的一件事！短短一節課當中，讓學生擁有當個「小詩人」的美夢，甚至能讓被書寫者有當「模特兒」的感受，這樣富文學性、人情味的活動，適合推薦給諸位教學者使用，能有效拉進文學與學生之間的距

離。

（三）情詩寫作

安德烈說：「詩是憂愁的姊妹。每個受苦啜泣的人都是一個詩人；每一滴眼淚都是一句詩句；每一顆心都是一首詩。」讓學生自行創作的主題，若能符合學生的興趣及渴望表達的需求，將更能引發學生的潛力，加強他們創作的意願，也更能給他們創作上的自信心。學生正值青春期，對愛情擁有無限美好的憧憬，所以也更能體味愛情詩篇中那種細膩幽微的描寫。因此筆者在這學期最後一次現代詩創作遊戲，安排情詩寫作，先讓學生閱讀情詩經典的詩篇，回家涵泳一番，規定學生在安靜的場合，一邊放輕音樂一邊寫下自己喜愛的詩句，在空白處寫上自己的感想。先做引導，將更能引發學生寫作的情境。為了避免部分學生對愛情的題材不夠熟悉，筆者規定情詩的內容，可以包括愛情、友情和親情，三者擇一書寫，這一篇當做作文成績，詳細的流程如下。

1　進行流程

筆者進行活動之前，告知學生這是最後一次現代詩創作練習，希望學生能善用這學期以來所習得的現代詩技巧，好好發揮。經過上一次詠物詩的練習，學生能迅速掌握創作的要點，對於抽象的感情，也能用具體的意象去描摩。參考步驟列點如下：

圖二十二　〈情詩選讀〉

（1）發下〈情詩選讀〉講義，讓學生於課後時間（或一節課的時間）自行閱讀，放輕音樂，劃上自己喜歡的佳句，及在空白處寫下自己的感想，寫完後收回批閱。

（2）給學生一個週末的時間，思索「情詩寫作」的主題，自訂題目，形式不拘，行數不得少於八行。

（3）規定學生寫作在A4紙上，成品算一次作文成績。

　　由於累積了一個學期意象的經營、語言的精鍊、形式分行及大量閱讀現代詩的練習，學生在面對這種主題式的寫作時，需要思索的時間變少了，也更能掌握方向，運用自己想要的方式去開展。不出筆者所料的，學生大部分的作品，仍是以愛情為主，親情與友情佔極少數；但這種規定主題、不拘形式的創作方式，很適合才華洋溢的學生書寫，即使對平常較少接觸創作的學生而言，也都能有中上程度的展

現。以下僅選錄四則，一則一則來做探討。

2 學生實作

　　自由創作的作品，可明顯呈現學生才力的高低。對於感情的執著度、文字的敏感度，及對現代詩是否有累積、有自我觀看世界的方式，在詩作中都能一一的呈現。這裡筆者所挑選的四則，有創作老手，也有異軍突起的黑馬，也許先前的練習較少亮眼的表現，但在這次的寫作練習中，恰巧找對了適合自己書寫的味道，筆者認為，是相當值得肯定與鼓勵的，詳述如下。

（1）

　　　　〈囚〉
　　　　我墜入你設的陷阱
　　　　透光的出口　漸漸縮小
　　　　光量轉成無止境的　冰冷黑暗
　　　　你將我冰封在這無光地帶
　　　　依傍你留下的餘溫　取暖
　　　　延著你逐漸模糊的掌紋
　　　　尋找方向
　　　　我不怕黑
　　　　只怕在你手心裡
　　　　流下太多的淚　（許庭耘）

　　這首詩讀來毫不費力，卻深刻地刻劃出一個為愛付出，無怨無悔的痴情形象。「你將我冰封在這無光地帶／依傍你留下的餘溫　取暖」本該是令人怨恨的，但詩末的「我不怕黑／只怕在你手心裡／流

下太多的淚」，女子纏綿悱惻，深情不渝的告白，令人低迴不已；是
首感人的佳作。

（2）

〈名為相遇的交錯〉
兩眼注目　沒有交集　沒有言語

嬉戲聲　倏地展開
咆哮
如刀似刃　一聲聲劃破
自汩汩鮮紅　叛逆因子　流瀉

一場爭鬧　源於相似　因於瞭解

如履薄冰的心
砰
在相錯的軌跡　破碎

擦肩而過的
歡笑　打翻泛黃顏料
　　　　揮出不復存在的絢麗
　　　　勾勒滋長茁壯的惆悵
疾馳而行的
過往　推開斑駁門鎖
　　　　自雋永記憶　脫逃
　　　　在老舊相紙　囚困

　　你　似水中倒影
　　迷濛　卻劃下最深的一撇　（陳珮榕）

　　這首是情詩寫作當中，少數以親情為題材的詩作。全詩的斷點很多，營造出緊繃、一觸即發的感覺；「一場爭鬧　源於相似　因於瞭解」，道盡了親人之間，又愛又恨的複雜情感；倒數第二段的形式刻意經營，將過去與現在兩條平行線，對比描繪，擴大了全詩的張力。筆者最為欣賞的，是詩末一句：「你　似水中倒影／迷濛　卻劃下最深的一撇」，輕描淡寫，卻將一股欲訴未訴的情意，比擬得絲絲入扣，韻味無窮。

（3）

　　〈只為你〉
　　為你生
　　為你活
　　為你笑
　　為你哭
　　為你的為你而
　　存在

　　親愛的
　　你可知道嗎
　　因為有你　我才真的
　　活過　（曹瑜倩）

　　這首詩輕快簡單，沒有困難的字彙，缺乏雕琢的形式，就是一派

自然地坦率書寫自己的感受。第一段簡明易懂，甚至可以說是流於浮泛；但是第二段的深情告白，將前一段的過簡一轉，字句不多，但安排恰到好處，全首讀完，頗有席慕蓉溫柔敦厚的味道。對學生而言，能夠以自己知道的詞彙，將感情恰如其份地呈現出來，就是一首成功的創作了，這樣的呈現值得鼓勵。

（4）

〈獨影〉

神說：「要有光。」

第一道光線照耀大地

明亮染上水樣七色

遺留下的哀傷是灰

我存在虛擬和真實之間

介乎黑白遊走人間

行人來來往往

沒有誰為我停留或回頭

霓虹燈在街頭拉成綿延的惆悵

「上帝花了七天創造了人類」

你的出現在一秒崩毀我的世界

這一秒我死去　這一秒我重生

信仰　是我今生的追逐

細細親吻你走過的地面

相同的輪廓‧相同的寂寞

我們是一雙美與哀愁的形影　在晦暗的宇宙

為我碾為輕塵的嘆息

莫回頭

如果　我說　光的消失　是我撲天蓋地的愛情
如果　我說　光的消失　是我死心不息的魂魄　　（陳怡安）

陳生擅長營造詩作的氛圍，巧妙揉合神話與聖經的傳說，將愛情昇高到一個仿若上帝的層次：「你的出現在一秒崩毀我的世界／這一秒我死去　這一秒我重生／信仰　是我今生的追逐」，愛情竟能與死生相關，字句所帶出的聯想如同電影畫面，感情強烈，令讀者震動戰慄。中間的譬喻絕美：「我們是一雙美與哀愁的形影　在晦暗的宇宙」，令人不禁哀憐悲憫；而末段至死不渝的呼喊，更為這首情詩，添上一股淒美至極的色彩，是首風格特殊，想像綺麗的詩作。

這學期的現代詩寫作教學，無論是個人創作，或是互動學習，從訓練意象、聯想能力，到語言的精緻化，到分行結構能力，及學生相當喜愛的現代詩遊戲，還有最後的自行創作，雖然都飽受教學進度趕課、備課之苦，每一次練習的批閱都相當花費心神，但是看到學生一路走來的進步與收穫，那種喜悅及成就是無法量化的。

第二節　作品展示與教學成效

本研究於這個章節分為「手工詩集展」、「學生意見回饋表」、「學生作品成果」三個部分，來呈現這一個多學期以來的現代詩創作教學成效。「手工詩集展」中，會先參引〈學生意見回饋表〉開放式問題的第二題，來做補充說明，其餘則就「學生意見回饋表」的部分再做分析。

一　手工詩集展

　　筆者於期末規定每位學生要製作一本手工詩集，當做國文專題的成績。手工詩集裡至少必須有五首詩，挑這學期擇優之作或額外創作皆可，為收學生互相觀摩之效，筆者於二〇〇八年一月十五、十六日，借校內圖書館菩提軒為展覽場地，將二〇二、二二〇學生的作品放在其中，開放參觀。除了兩班學生彼此切磋外，也邀請校內所有師生來共享我們的創作與喜悅。以下為詩集展的實況照片分享：

手工詩集展宣傳海報		
菩提軒詩展佈置一隅		

學生參觀詩集展實況

寫回饋卡即回收情形

繽紛的手工詩集展實況

兩班學生合影留念

圖二十三　手工詩集展照片

　　除了開放參觀之外，為了鼓勵學生閱讀別人的詩作、且對自己的創作更有信心，筆者要求兩個班的學生，每一個人要寫五張給別班的回饋卡，給本班的回饋卡則不限張數，要求他們給予作者肯定，找出好的地方去誇獎，學習看到別人的優點，並不吝惜讚美，讓美與愛以文字的形式彼此流傳。除此之外，筆者設計〈學生課後意見回饋表〉的開放式問題第二題：「請你挑一張你印象深刻的回饋卡內容，及你參加手工詩集展後的感想」，請學生作答，回饋卡內容主要是針對各個同學的創作，在此略過不論，筆者主要想了解學生參加手工詩集展的感想，試歸納如下：

圖二十四　〈學生課後意見回饋表〉

（一）得到共鳴的喜悅

參加手工詩集展，能使學生得到共鳴的喜悅。如：「當有人在閱讀自己的詩集時，就有種想問他感想的衝動，果然，寫出來的東西還是有人看才有意義」、「給我回饋卡的同學，告訴我能懂我所想表達的想法，那一瞬間實在很感動；雖然我並非作家，但我想那份激動便是作者所能從讀者那裡得到力量的表現吧」、「我自己並不是很滿意的幾首詩，竟然能夠得到別人的共鳴，這令我很驚喜」、「感覺很棒！能夠有人欣賞自己的作品，並且有共鳴，真的很感動！看完了小卡竟然有種自己是名作家的幻覺！很開心能有這種機會可以和大家分享自己的創作」、「有人說很喜歡我的〈無垠〉，當下很開心，自己的詩能感動人真是一件幸福的事」、「自己的詩竟然有感動到人心，真的很為此開

心！有種能把情感真實傳達的幸福感滿滿的溢出」等。能夠展示自己的作品，也能從回饋卡當中得到他人的認同，對學生而言，是既新奇又幸福的事。

（二）大開眼界，成為往後創作的參考

「參加這次手工詩集展，其實我一直在吸收能量，參考大家詩集本的創意，能夠成為日後創作詩的元素，在詩句或美工的方面都一樣」、「在詩集展中看見許多人辛勤的結晶，每個人寫出來的東西，想表達的、表達的方式都有很大的不同。在詩展中讀到很多優美、令人感動的文句，覺得詩真的是一種很好的心情抒發口，希望以後還能有這樣的活動呀！」、「參加手工詩集展後，我看到其他人所寫的詩，也認識到原來詩可以這麼寫，我覺得自己的視野還太狹窄，有待加強」、「很開心能參加手工詩集展，看了許多人優秀的作品，覺得自己的顯得相形失色，我覺得他們都是我學習的典範，我也還有很大的進步空間」、「透過手工詩集展，我看到了很多創意的小書，和好多精美的詩，好想多一些時間好好閱讀」、「看到很多人的作品，很多優秀的詩，使我有想學習、創作更多的作品」、「有這樣的展覽我很喜歡，可以知道有很多不同的作詩者、不同風格的詩，不但可以從中學習、體驗不同的美，又可以了解自己的優缺點，真是一舉多得」等。創作是一條很孤獨的路，傳統的作文教學，除了老師是必要的「批評者」兼「讀者」之外，很少有能讓別人觀看自己、及觀看別人作品的機會，這次借由手工詩集展，彼此的作品激盪，能讓學生大開眼界之餘，更知道自己的定位及可以改進的方向。

（三）回饋增加信心

「這次詩展的成果令我有點驚訝，因為真的有很多很多的人去

看，也有很多很多的人寫回饋給我！有正面的回饋增加了我的信心！」、「有人願意讀自己的詩就很開心，做手工詩集是一個很特別的體驗，讓人嘗試不一樣的東西，真的蠻開心的」、「無論是收到的回饋，或是二〇二、二二〇班精緻的作品，我都謝謝它們所帶給我的感動與自信」、「展覽後看見認識、不認識的人給我的小卡，發現原來我的詩給人這種感覺，原來也能寫出別人的心境，真的還蠻訝異的，謝謝老師辦這次的活動讓我多點自信，也讓我看到很多很棒的作品」、「當看到別人拿起自己的詩集，一頁頁的仔細翻閱，然後寫下感想及鼓勵，好感動也好有成就感，哈哈！我也是詩人呢！平常就很愛東寫西寫，這次終於有人可以給建議和評語，是一次很棒的體驗呢」等。教學者在批閱學生作文時，為了讓學生能更進步，往往在稱讚完後，會再補上給學生的意見及建議，改了幾篇下來，不見得有成效，學生也容易對自己的作品不太具備信心。筆者在這次的手工詩集展，除了展出作品、互相觀摩之外，額外要求學生寫「回饋卡」，挑別人好的地方給予肯定，就是希望能讓學生的努力，從其他的面向得到回饋。有了同學的認同與肯定後，學生對自己的作品更具有信心，創作意願也會因此提高。

（四）完成後有成就感

　　「讀詩和寫詩都給我幸福的感覺，製作手工詩集很有趣，雖然花了很多時間，不過裝飾完了就有一種成就感」、「當初在做這本詩集的時候，很怕要拿去展覽卻沒做得很好，不過經玉明老師、張鈞凱的序和佩君題的書法後，整體呈現很棒，很滿意」、「做完手工詩集後，有種滿足感」、「在經過了一番激烈的奮鬥之後，做完手工詩集，整個就是很有成就感ㄟ～而且有時候盯著它看還會忍不住偷笑一下，是個令人又愛又恨的經驗」、「這次能做這樣的詩集，其實大大地滿足（爆

發？）了我對華夏文化的熱愛，非常非常開心」、「一開始做的時候覺得很麻煩，而且封面還做了二次，不過做完後，其實還挺有成就感的，而且還展覽給大家看，真的是很特別的回憶」、「這次參加手工詩集，覺得很開心，一學期的累積有了成果」、「一開始聽到要做手工詩集就覺得是個不簡單的事，做完之後很有成就感，看著從一開始到現在的詩，可以感受到自己的改變」等。要求學生做手工詩集，是希望他們能藉此好好審視自己一個學期以來的作品，挑出好的部分與他人分享。製作的過程有多辛苦，完成後的成就感就有多大，也能讓學生學習對自己的作品負責任，不會認為是應付老師的作品，而是自己創作後的結晶；這樣的成就感，是無與倫比的。

手工詩集展，是學生一個學期以來所有努力的呈現。除了「完成後有成就感」之外，在展覽中能「大開眼界，成為往後創作的參考」，展覽後收到回饋卡，更能「得到共鳴的喜悅」，並因「回饋增加信心」。每一個要求的背後，都有能讓學生從中獲得喜悅及能量的因素，讓學生樂於創作、樂於分享、樂於回饋，這樣的活動是十分具有意義的，與教學者做個分享。

二　學生意見回饋表

在「手工詩集展」結束，整個學期的課外補充學習內容告一段落後，為了解學生對於課程的安排方式及課程對他們的影響，筆者參考唐嘉蓮[60]的設計，給學生填寫〈學生課後意見回饋表〉。此回饋表一開始請學生回答自己較喜歡、較不喜歡的單元，由筆者檢討步驟設計是

60　唐嘉蓮：《以高一國文科教材進行情意教學之行動研究》，花蓮市：東華大學教育研究所碩士論文，2004年7月。

否流暢；再來的封閉式題目共十二題，採Likert五點量表方式[61]作答，由學生根據自己的實際情況，從一（很不同意）到五（非常同意）的選項中勾選最符合自己的意見；最後以開放式問題來了解學生從課程中的收獲、影響及建議。分述如下：

（一）學生對各單元的態度

為喚起學生這學期對現代詩寫作遊戲的記憶，筆者於回饋表的前頁放上各單元的學習內容及創作議題，詳見下表：

表三　現代詩寫作教學的單元內容及創作議題

課外補充學習內容	創作議題	課外補充學習內容	創作議題
一、畫龍點睛文字技巧	一、現代詩「挖空格」 二、訓練聯想及邏輯能力	八、簡媜美文排列成詩	一、將簡媜的散文，以自己的方式分行成詩 二、訓練分行結構能力
二、文學語言鑄造遊戲	一、學習「中性語言」與「文學語言」的不同	九、新詩接力寫作	一、先讀過蔣勳的〈願〉後，開始接力寫作

---

61 總加量表法（summated rating scale）或李克特量表（Liker tscale）：（一）總加量表法為李克特（Likert）於一九三二年所創用，其編製方法較等距量表法簡單，故是應用最為普遍的一種量表。（二）總加量表的基本假定：每一個題目所測量的態度具有同等數值，而受試者可對每一個題目表示不同程度的態度。基於此假定，總加量表需要編擬許多積極與消極的敘述句，而請受試者依其同意程度分為五點量表加以反映或評定。例如分成「非常同意」「同意」「無意見」「不同意」「非常不同意」等五個程度，評分的方式是將積極的題目（如第一題）依五、四、三、二、一給分，消極的題目（如第三題）依一、二、三、四、五給分，依此類推，將所有題目的分數，總加起來，即為個人的態度分數，分數越高，表示態度愈積極，反之，則相反。

課外補充學習內容	創作議題	課外補充學習內容	創作議題
	二、觀摩文學語言佳作		二、於遊戲中學習寫作
三、相關聯想激盪腦力	一、學習以「聯想三定律」來展開主題 二、練習「定向聯想」的遊戲	十、隱題詩&圖象詩遊戲	一、電腦教室觀看「flash超文本」及「陳黎詩倉庫」及配合〈新詩選〉 二、學習新詩的多樣性
四、意象串聯群策群力	一、分組活動，一組選定六個意象詞彙交給下一組 二、學習串聯意象詞彙	十一、舊酒裝新瓶——古詩改寫遊戲	一、配合〈唐詩選〉及古典意象的學習 二、於創作中更能體會「縱的繼承」義涵
五、語言擦撞奪句成詩	一、以「每夜／星子們／都來到／我的屋瓦上／汲水」為中心句，填入詞彙 二、串聯詞彙組合成詩	十二、圖畫詩遊戲	一、將詩的意境以圖畫表達出來，圖文相得益彰 二、當作「手工詩集」的預先練習
六、名句仿作掌握韻味	一、「○○在●●上寫詩」為中心句仿作 二、學習仿作隱地〈十行詩〉語言的精鍊	十三、給同學一首花的詩	一、練習「詠物詩」的技巧 二、觀摩別人如何描寫自己、如何化用意象
七、報紙文辭剪貼成詩	一、帶報紙或雜誌來學校，剪下標題	十四、情詩創作	一、「年少情懷總是詩」，可自由選

課外補充學習內容	創作議題	課外補充學習內容	創作議題
	拼湊成詩 二、學習以精鍊的文字，拼出連貫的詩作		擇愛情、友情、親情 二、自由個人創作
十五、總結活動：手工詩集展		一、借圖書館「菩提軒」展出，回顧這學期的創作 二、讓全體師生共同分享我們的榮耀與喜悅	

共十五個單元，由學生填寫自己較喜歡及較不喜歡的單元及原因，一一詳析如下：

1　較喜歡的學習單元前五名

（1）情詩創作

　　約有百分之十六（40票）的學生選擇此為較喜歡的單元，因為「完全照著自己的感覺走，想寫什麼就寫什麼，能自由書寫自己的感受」、「蠻喜歡情詩創作的，因為很有感觸，寫起來特別順手」、「是一個學期練習的展現，可以靈活運用學習到的技巧，將自己的心情書寫出來」等，可知「情詩創作」這樣的主題，能切合學生的實際需求，閱讀及創作情詩，是這個年紀的孩子所樂於學習與欣賞的事。而情詩又不侷限於愛情，友情與親情都與自己的切身經驗相關，一個學期的練習下來，學生對於如何將自己的感受轉化為詩句，更有自信與意願，也能夠將學習到的技巧，於創作情詩時一一展現，選擇此一單元的學生最多，是可以理解的。

（2）隱題詩&圖象詩遊戲

　　約有百分之十五（38票）的學生選擇為較喜歡的單元，原因有「隱題詩和圖象詩都是之前沒有嘗試過的，以前總覺得寫那些詩的人好厲害，卻從未想過自己也能創造出那樣的詩，很有成就感耶！」、「上網觀看flash超文本，得到另一層新的感動，詩也可以如此有趣」、「能夠跳脫紙本，走出教室實在是讓人感到新奇與興奮」等，主要是讓學生能跳脫紙本的限制，活絡他們對現代詩形式的認識，帶領他們看到並參與現代詩的各種形式創作。值得注意的是，沒有學生將此單元列為不喜歡的議題，筆者一向認為「隱題詩」與「圖象詩」是現代詩創作的「變格」，本以為部分學生會覺得恐懼，沒想到在適當的引導下，讓學生到電腦教室花一節課的時間觀看「flash超文本」及「陳黎詩倉庫」，可以有效提昇學生對現代詩形式的興趣與喜愛。這點也讓筆者重新省思，現代詩創作的引導方式可以再求突破，將能讓學生更快進入狀況，創作起來更有信心。

（3）新詩接力寫作

　　約有百分之十五（36票）的學生選擇為喜歡的單元，因為「每拿到新的一張，就會驚艷一次，這種分享的感覺很好！」、「詩句可以集合班上菁英，寫出很棒的詩」、「享受與別人合作的樂趣」、「能夠訓練自己在短時間內激盪腦力以及和同學一起完成一件唯美的作品，感覺真的很棒！」等，主要是因為這個單元是團體創作，在短時間內要想好一句詩句，本身已具有挑戰性；傳遞後拿到下一張，必須要再造出一句與前文連貫的詩句，腦力激盪之餘，又能欣賞到同學不一樣的巧思，是富挑戰性與趣味性的創作遊戲。不過也有同學反應，接寫的同學將本來的氣氛破壞殆盡，進行活動時可告誡學生不可蓄意破壞，要充分理解後再下筆，期能有效改善這樣的情況。

（4）給同學一首花的詩

　　約有百分之十四（35票）的學生選擇為自己喜歡的單元，原因有「能看到其他同學對自己的想法，很好奇他們如何形容自己」、「描繪同學的感覺很棒，很有韻味，總覺得每個人都能成為一首美麗的詩，感覺很好！」、「對觀看自己身旁的美的感覺更深刻了」等，這個活動在進行時，便可深刻感受到學生對這個遊戲的喜愛與專注，成為較喜歡的單元前五名，並不意外。筆者發現，最能讓學生有共鳴的現代詩創作，往往取材於生活之中，不假外求。對於周遭的同學，能夠以有情的眼光來觀看，可以更真切體會自己所經歷的每個時刻，加強對美的感受，這樣的練習方式，符合大考作文的需求，是很值得推薦的單元。

（5）手工詩集展

　　約有百分之十四（34票）的學生選擇為自己較喜歡的單元，因為「製作手工詩集可以審視自己之前的創作，再加上個人的巧思，做出獨一無二的作品，看著大家用盡心思編排、創作、裝訂的手工詩集就覺得很開心！」、「最後的成果展，看到別人寫卡片給自己，真有種說不出的喜悅」、「看到好多好讚的作品，讓我真的獲益良多」等，當初筆者在安排現代詩創作遊戲的步驟時，本來並沒有安排這個現代詩成果的呈現，只是在學期末請學生繳交手工詩集之時，突發奇想，希望能為學生辦一個「手工詩集展」，讓他們能有一個表現自己的舞臺；沒想到回響相當熱烈，無論是學生親手製作詩集的成就感，或是觀看別人詩集所帶來的讚歎，與看到別人寫回饋卡給自己時所得到的感動，這樣的美的感染力量，是很動人的。學生私下寫小卡時，寫道「期末能有手工詩集展當作一個學期的結束，是很幸福的一件

事！」，寫出來的作品，能有人願意細讀，且寫回饋卡，是很美妙的
回憶。學生對「手工詩集展」意猶未盡，筆者所教的兩班學生，都有
人要求下個學期再展出一個禮拜，好把所有作品拜讀一遍，由此可
見，這樣的成果發表是很必要的。

　　除了這幾個單元外，得票率較高的尚有「圖畫詩遊戲」（30
票）、「意象串聯群策群力」（21票）與「剪貼詩遊戲」（21票）等，
礙於篇幅的關係，在此不予討論。

2　較不喜歡的學習單元

（1）簡媜美文排列成詩

　　約有百分之十七的學生較不喜歡這個單元，原因有「練習分行
時，每個人分行的風格不同，而且沒有一定的標準答案，比較不知從
何下手」、「每個人都有不同的分行方式，面對同一篇制式的散文，有
被拘束的感覺」、「對分行還不太有自信，覺得很難」等，主要是因為
筆者引導的部分做得還不夠，才會讓學生有無所適從的感覺。除此之
外，現代詩的分行，坊間確實是較少這方面的教材，分行要好，也需
要久一點的時間去沉澱及磨練，筆者企圖在一節課之內讓學生學會，
實在是操之過急了。以後如欲挑戰現代詩的分行練習，最好能將這樣
的練習放後面一點，讓學生累積多一點現代詩材料，讓他們自己去琢
磨思考分行的位置與差別，再上這一類的課程，效果應該會更好。

（2）報紙文辭剪貼成詩

　　約有百分之十的學生較不喜歡這個單元，因為「沒有『創作』的
感覺，不太有成就感」、「無法判斷究竟自己該先想詩還是剪字，順序
亂了，詩也被我寫得亂七八糟的」、「報章雜誌很難找到貼切的字，而

且要翻很久」、「時間有點趕，且領略不到其中要旨，不知如何創作」
等，但喜歡這個單元的學生也有二十一人，可見這個單元的爭議性比
較大。如果能讓學生有多一點時間好好剪報紙標題、多一點時間讓他
們自由拼湊、發揮創意的話，相信學生的表現可以更好，也比較能掌
握剪貼詩作的要旨，筆者當時是用一節課的時間讓學生完成，如能延
長成一節半，效果應可更佳。

　　其他的單元，得票數都在五張以下，原因大部分也都和學生自己
的能力相關，如圖畫詩的「沒有繪圖能力」或古詩改寫的「想不出適
當的詞彙」等，與單元設計無關。綜合歸納，受學生喜愛的單元是能
讓他們自由發揮，富創意及趣味性的，有多一點和同學的互動、又能
與現實生活相結合，是最受歡迎的遊戲方式。除此之外，也有百分之
十八的學生，認為所有的單元都很喜歡，因為「是循序漸進的，沒
有前面的練習，後面的自由創作也無法寫得那麼好」，顯見這樣的現
代詩創作是能獲得學生接受的。日後再進行這類的練習，可斟酌修改
其中跳接太快的單元，如「現代詩的分行」，只要能做好引導的工
作，相信能更順利地進行筆者的現代詩創作教學課程。

（二）學生整體意見

　　這次的回饋表的封閉式題目分為「課程安排方式」、「課程對學生
的影響」及「學生的學習狀況」，以下為學生對現代詩寫作教學的整
體意見：

表四　學生對現代詩寫作教學的整體意見（有效回饋表共 61 人）

題目內容	非常同意	同意	普通	不太同意	很不同意
（1）我喜歡在國文課中加入課外學習的創作課程	33	26	2	0	0
（2）我覺得這一類的課程對我有很大的幫助	23	33	5	0	0
（3）我能夠在這類的課程中自在的書寫自己的感受	31	13	16	1	0
（4）透過這些內容，能加強我對閱讀新詩的信心	22	17	17	4	1
（5）透過這些內容，能加強我的想像能力	30	21	10	0	0
（6）透過這些內容，能加強我的寫作能力	26	24	9	2	0
（7）透過這些內容，能加強我對美的感受能力	31	22	8	0	0
（8）我喜歡老師帶領大家創作的方式	25	29	6	1	0
（9）我會將上課所學活用於日後學習當中	23	21	14	3	0
（10）在課程中我都有認真參與	29	28	4	0	0
（11）我希望以後還有類似的寫作課程（如散文）	26	24	11	0	0
（12）國文課中加入這一類的課程，會增加我的學習負擔	0	4	33	13	11

以上的數據以李克特量表計算其平均數與標準差，如下表，之後分項詳析：

表五　採李克特量表（Likert scale）計算後之平均數與標準差

題目內容	平均數	標準差
（1）我喜歡在國文課中加入課外學習的創作課程	4.51	0.56
（2）我覺得這一類的課程對我有很大的幫助	4.29	0.61
（3）我能夠在這類的課程中自在的書寫自己的感受	4.21	0.89
（4）透過這些內容，能加強我對閱讀新詩的信心	3.90	1.02
（5）透過這些內容，能加強我的想像能力	4.33	0.74
（6）透過這些內容，能加強我的寫作能力	4.21	0.81
（7）透過這些內容，能加強我對美的感受能力	4.38	0.71
（8）我喜歡老師帶領大家創作的方式	4.28	0.7
（9）我會將上課所學活用於日後學習當中	4.05	0.9
（10）在課程中我都有認真參與	4.41	0.61
（11）我希望以後還有類似的寫作課程（如散文）	4.25	0.74
（12）國文課中加入這一類的課程，會增加我的學習負擔	3.51	0.86

1　課程安排方式

　　有關「課程安排方式」的題目有第一、八、十一題，此三題的平均數分別為：四點五一、四點二八、四點二五，其中學生對「在國文課中加入課外學習的創作課程」滿意度最高，而「希望以後還有類似的寫作課程」的期望情形高達四點二五的平均值，顯然學生對於這樣的課外學習方式，是抱持肯定及正向的態度。筆者本來擔心現代詩創作課程，是大考不予採計的寫作方式，會引起學生或家長的反彈，沒想到嘗試以二個禮拜一節課的時間抽出來做課外寫作練習，能得到兩班學生高度肯定，也給筆者更大的信心，從事這樣的寫作教學，是具備實質的教育意義的。

2 課程對學生的影響

　　有關「課程對學生的影響」的題目有第二、四、五、六、七、九題，其中第四題針對現代詩的閱讀能力方面，第五、六、七題則能廣泛加強學生的作文能力，如想像力、寫作力、美的感受力，都是大考作文所需要的特質，這四題的平均分數為：三點九、四點三三、四點二一、四點三八，可知透過現代詩寫作課程，對於學生無論在現代詩或是作文的程度上，都能有所提昇，並願意進一步運用於日常生活當中。

3 學生的學習狀況

　　關於「學生的學習狀況」的題目有第三、十、十二題，其中第十二題是反向計分題，以反向計分，分數愈高表示愈同意在課程中增加課外學習的課程，且不會增加學習的負擔，而此題的平均數達三點五一，顯見將現代詩寫作練習融入國文科中並不會因此增加學生學習國文的困難。這三題的平均數為四點二一、四點四一、三點五一，表示學生在這一類的課程中，能自在書寫自己的感受，且認真參與度高。

　　筆者在設計課外學習的創作課程時，是以平均二個禮拜一節課為基礎，在一開學便跟學生說明這個學期課外學習的進度，並不因此而擔誤了正課的教學進度。值得注意的是，有少數學生在填寫表格時，以另附上的小卡來說明這一類的課外創作課程「有時苦惱，有時疲累，有時卻是喜悅的」、「可以將這學期的感觸通通化成詩句，是一種感動，也幸虧借由作詩，發洩了積在心中許多想法」、「經過新詩創作的訓練後，我才知道自己還是有感動的能力，而不是麻木不仁的人」，現代詩創作並不是完全不會給學生任何的負擔，畢竟創作是需要構思、需要累積的，但是整體學生到了後期，尤其是經過「手工詩

集展」的呈現與回饋後，都覺得這樣的練習及額外付出的心力是值得的，也更提高了他們對寫作的興趣及寫好的決心。

　　整體評估，在十二個題目中，每個題目的平均分數皆達三點五分以上，顯見學生對於這個的課程安排及課程對他們的影響，皆持正向肯定的態度。這樣的結果對於初試啼聲的筆者而言，不啻為一大激勵，也更堅定了筆者往後從事課外學習的創作課程的信心。

（三）學生課後心得及建議

　　在開放式的問題中，筆者設計了三個問題，請學生寫下自己收獲最多的部分是什麼、手工詩集展後的感想及印象最深的回饋卡內容、對於現代詩創作遊戲給筆者的建議，以下分別分析之：

1 關於這學期的現代詩創作遊戲，學生收穫最多的可歸納為以下幾點：

（1）發掘自己的才能

　　「發掘到自己原來有寫詩的才能！我不太喜歡寫作文，但卻超愛作新詩，因為一首詩短短幾句話便可以把想表達的意思完全表達出來，能夠簡潔有力又涵義深遠，是我一直追求的境界」、「很謝謝老師給我這樣一個機會，發掘自己的能力」、「以前不太創作新詩，想說不要給自己太大壓力，走比較『童趣』的風格，想不到效果很好，信心大增」、「我的寫作、創作能力一直不是很好，但是經過這個學期後，我對自己有多了一點的信心」等。

（2）用字遣詞更為細緻講究

　　「在用字方面，變得細緻、變得美」、「以前看到景物只覺得美或

醜,現在會想用優美的文字表達出來並且和別人分享」、「看到其他人
對圖象詩、情詩……等不同華美的用詞,我也學到了更多的用法,可
以加以變換組合」、「在這學期的現代詩創作遊戲,我學到許多,文筆
也改善不少」、「增加了想像力和聯想能力,對寫散文、作文都有很大
的幫助,詞語也不會那麼白話,會加以修飾」、「會試著用較精準的文
字來傳達自己心中的感受」、「對於文字和美感之間的關係有了更精確
的敏銳度,也開始會使用一些不太會用的詞句,我覺得對於我自己的
寫作技巧有很大的助益」等。

(3)聯想及構思的能力加強

「對文字的聯想變快」、「想像力變得比較豐富」、「覺得自己在詞
彙的運用、寫作能力及寫作速度上進步了不少,以前寫一首詩可能需
要花上一整天甚至一個禮拜的時間才有辦法寫得好,經過這學期的訓
練我覺得自己的速度變快了許多」、「創作詩時,覺得自己的聯想力逐
漸變強,在整個過程中,我的思緒是跳躍的,想法是自由的」、「漸能
掌握意象的營造,想像力也豐富許多」、「透過寫詩可以增進自己的寫
作技巧,能發揮創意,也更能掌握描繪事物的能力」、「從一開始絞盡
腦汁還想不出來要寫什麼,到後來看到題目就會有靈感的出現,這和
我欣賞到班上許多其他人的好作品也有關係吧」等。

(4)對現代詩有更進一步的認識

「以前沒有對詩有很大的興趣,也沒想刻意涉及,因為這活動才
開始認真閱讀詩」、「原來詩比想像中的複雜,不管是意象的聯結,行
與行之間的空格,語言的精鍊,都有箇中的奧妙呢!但是詩卻也比想
像中的簡單,只要把平常看似平凡的句子集結起來,就成了能讓人看
了會心悸的詩句,真的好奇妙!我越來越喜歡詩了呢!」、「一個學期

以來，讓我從對新詩非常陌生到慢慢了解什麼是新詩，學會去欣賞、如何閱讀、如何感受「美」，甚至是如何創作，讓我進入了一個新的世界」、「對新詩更進一步的了解，也了解創作的趣味」、「對詩有進一步的認識，也開始對新詩產生興趣」、「隨著一次次的練習，也比較知道要如何寫會比較好，真的學到了很多」等。

（5）領略到創作的自由與快樂

「有些用散文表達不出的情感，能在詩中發洩出來。散文的脈絡要很清晰，然而詩的字句間卻不一定要用邏輯緊密聯結，因此那些很濃烈的情感能在詩文下奔騰而不會受牽制而被冷卻」、「在寫詩的過程中，雖然時常遇到瓶頸，但在這之中創意的激發，克服了許多困難。我覺得在嘗試寫出優美句子時，有時會想盡辦法讓自己「創意滿點」……在書寫、創作中漸漸可以釋出自己的想法了，這點讓我很高興」、「從完全陌生到入門，我已能漸漸領略新詩的美和掌握創作技巧，雖然新詩是用文字呈現的，但其中意境卻是憑個人去體會，我很享受這種在文字裡隨自己思緒遊走的感覺，我想以後可以當興趣進行吧」等。

（6）從日常生活中體會到美

「看到身旁的事物，就會再從不同的角度去觀看，內心所擁有的情感，感覺也比較濃了。很多時候就會邊做事邊去想一首詩（特別是洗澡的時候），或者突然想到一些比較好的詞句，就會情不自禁地想把其他部分完成，寫成一首詩」、「我會開始去注意一些日常生活中美的事物或是自己內心的感受，雖然不見得每一次都會把感受寫下來，但它們已在我心中成為一首首的詩了吧！」、「借由這類的接觸，我發現我對很多事物的體認更不同，有很多特別、更深層的想法和感

觸」、「在生活中見到美的事物時，即便是平凡無奇的小事，只要心中有那麼些感動，都會想要試著寫下一首詩來抒發心情。腦中自然也會因此而開始轉動，訓練出以更浪漫的方式寫出一段普通經歷的能力」、「美的感受能力大增！感覺在欣賞每個同學的詩作都能獲得成長，欣賞別人不同的作品不但能改正自己的詩風，多多參考別人的內容韻味，也能多方考慮自己寫詩的技巧及修飾……我對美的熱愛更上一層了呢」、「對美的感受力也比從前更好了，重點是，會變得越來越有氣質」等。綜合學生意見，學生認為在發掘自己的才能、用字較為細緻講究、聯想及構思的能力加強、對現代詩有更進一步的認識、領略到創作的自由與快樂、從日常生活中體會到美等面向收穫最多，由此更可以印證，現代詩創作教學，是可以有效提昇學生普遍的作文能力的。

2 請學生挑一張印象最深刻的回饋卡內容，及參加手工詩集展後的感想

這一題在「手工詩集展」中做過分析呈現，在此略過不論。

3 國文課中增加現代詩創作遊戲給的建議，可歸納如下：

（1）希望創作時間多一些

關於現代詩創作遊戲，在時間規劃上，有些學生覺得寫作時間不夠：「希望以後寫詩的時間能夠長一點，不然每次都要趕著在下課前交」、「可以讓我有多一點構思的時間嗎」、「如果在家就會有多一點時間思考，寫出來的詩就會比較能看一點」、「我不是一個文思敏捷的孩子，給我些時間思考那個主題會比較好」、「時間有時候會不夠推敲用詞，可以考慮延長」、「某些議題的時間有點不夠，希望能再多一些時

間來上這課程」、「希望以後給我們的創作時間能再多一點,這樣的巧
思會有更好的作品」等。現代詩創作教學,為了避免在課後增加學生
的負擔,筆者通常設計為一節課的時間進行一個創作步驟,對於需要
比較多時間去消化吸收的學生而言,容易造成他們的壓力,是筆者可
以思考與改進的地方。這次的現代詩創作課程,是設計成一個學期的
進度,對於其他學校一年級升二年級沒有拆班的教學者而言,可以考
慮從一年級下學期帶入這個課程,一路進行到二年級上學期,時間會
更從容,可以融入的創作議題也可以更豐富。

(2) 推薦加入其他的課程

　　關於課程的設計上,有學生建議加入一些額外的課程,如:「可
以多讓我們看一些其他詩人的有趣創作,之前的『陳黎詩倉庫』就讓
我印象很深刻呢」、「希望能增加一些字詞如何運用的主題,有些字換
成另一個字會更精妙不是嗎,所以想了解得更深入點」、「想學一些比
較特別的形容詞彙,感覺自己用字措辭都有點俗」、「我覺得現在這些
就很不錯了,但可以再讓我們體驗一些更特別的創作活動」等。看到
這些建議,筆者頗感欣慰,欣然接受。對於現代詩,學生從一開始的
漠不關心、沒有興趣,到從中發現樂趣、建立自信,到現在要求想要
學習更多,無論是閱讀或創作上的課程,能主動發現自己的不足,而
希望能自發去改善、自己要求學習,這樣的建議是很令人開心的。

(3) 再加強基礎的能力

　　關於現代詩創作,部分學生希望能再增加基礎的創作練習,如:
「希望能多一點『聯想』與『欣賞詩』的課程」、「類似『文學語言』
與『聯想訓練』的課程可以多一點,多訓練我們的基礎」、「能再多增
加像『新詩接力寫作』這類的遊戲」、「可以增加一些挖掘內心的意象

訓練，這樣可以訓練自己對閱讀別人的詩以及想像自己詩的情境，會很有幫助」等。在進行創作類型的課程時，時常會面對一班學生程度不齊的情況，對於寫作較拿手的學生，會希望能多一些自由創作的課程，讓文思泉湧；而平常較欠缺這方面練習的學生，則會希望基礎的課程愈多愈好，如此矛盾的情形出現。基礎的練習是不可或缺的，所有的成果都是平時一點一滴的累積呈現，筆者下次從事現代詩創作教學時，可以鼓勵基礎不夠的學生，私底下再多做這部分的練習，持之以恆，必能有所成長。

（4）其他建議

關於課外學習的創作課程，其他的建議如下：「自由創作的可再多些！」、「音樂可以再選配合意境的風格」、「多一點和同學之間的互動」、「若是未來還是有這種活動，請不要打分數，至少不要給學生知道，而且把感想及建議寫多一點，這樣學生們會對創作更有興趣的」等。筆者這學期在進行創作課程時，大部分的寫作練習是只有劃佳句，並未打分數的；有打分數的單元是「圖畫詩」、「給同學一首花的詩」與「情詩創作」這三個單元。給建議的這位同學用語較白話，但是對創作本身很有興趣，因語言不夠精鍊，得到的分數沒有很高，令她感到挫折。筆者往後在進行類似的活動時，可以考慮給建議及評語就好，分數打在其他的地方，是筆者可以考慮改善的地方。

除了以上這些建議之外，約有百分之四十以上的學生，對於這樣的課程採完全肯定並鼓勵的態度：「沒想到自己也能用『不可思議的文字』創作，謝謝老師的設計給我這個機會學習」、「老師在準備教材中，很用心，繼續加油喔」、「下學期繼續吧！可以調劑身心，又好玩」、「您教得很棒」、「學國文不只是要學一堆文法和一堆流變，而可以學到更多更多元的東西，也豐富了國文課，我覺得很棒」、「謝謝老

師設計的課程」、「老師想得出這些遊戲和活動，真的很厲害，感謝老師，也期待下學期的散文練習」、「謝謝老師給我們創作的機會」、「這樣的學習經驗很特別也很另類，是一般同學不常有的，所以我很珍惜這樣寶貴的經驗」、「覺得很棒，不僅有趣，還能增加自己的寫作能力，很開心老師設計這個活動，謝謝」、「很棒的課程，可以收穫很多」等，看到學生真心的讚美及回饋，一路走來的辛苦及趕課的壓力、批閱作品的疲勞，都是值得的。

綜而言之，無論是希望「創作的時間增加」，或是「推薦加入其他的課程」，或是希望「再加強基礎的能力」等建議，都可以從中看出學生對自我創作的期許及要求。他們對於現代詩不再懼怕，能更清楚知道其中創作的原理，能看出作者背後所付出的努力，與自己能力不足之處，想要有更多的學習機會。看到學生對於課外學習創作課程的肯定，更堅定了筆者繼續從事現代詩寫作遊戲的信念，相信這項活動，能補足傳統作文教學的缺憾之處。

三　學生作品成果

經過一個學期的現代詩創作教學，學生對於閱讀課外書籍的興趣明顯提昇，且較清楚現代詩的賞析方式及架構，也明白該如何下筆和經營自己的文章。這一個多學期下來的練習，學生於鍛字遣詞、聯想能力等方面，均有顯著的進步；面對寫作的態度，也由消極應付，逐步積極改善，兩個班級訓練下來，寫作能力的程度都有提高，有才華的學生經由不斷地表現及給予鼓勵、修正，逐漸嶄露頭角，令人欣喜。優異的創作能力，除了表現在日常的作文之外，參加校內的比賽，成績亦相當亮眼。無論是《板中青年》所辦的「板青文學獎」，或是校內舉行的高二國文作文比賽，表現都相當突出，一一呈現如下。

（一）板青文學獎

　　高二下學期，適逢《板中青年》舉辦「板青文學獎」，筆者鼓勵兩個班學生踴躍投稿，在九十六篇稿件當中，由評審選出十三篇進入決審，二○二、二二○的學生作品就佔了其中五篇；最後公布得獎作品，六篇作品當中，就有三篇雀屏中選。板青文學獎新詩組由詩人白靈、顏艾琳、凌性傑為決選的評審，於十三篇決選作品當中，票選出共六篇詩作（前三名及佳作三名），可以被刊登於《板中青年》上。以下為新詩組得獎名單：

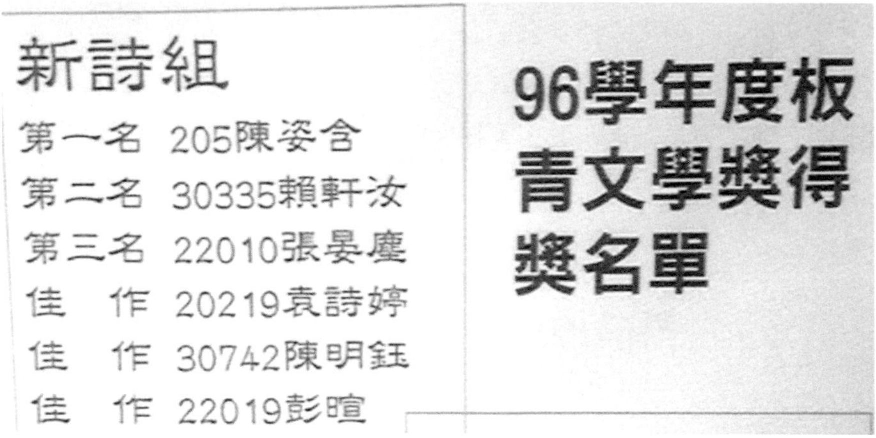

新詩組
第一名　205陳姿含
第二名　30335賴軒汝
第三名　22010張晏塵
佳　作　20219袁詩婷
佳　作　30742陳明鈺
佳　作　22019彭暄

96學年度板青文學獎得獎名單

圖二十五　九六學年度板青文學獎得獎名單

筆者所指導的兩個班級（202、220）學生得獎的作品，有第三名的〈鬧鐘〉（張晏塵），佳作〈傷過了〉（袁詩婷）及另一篇佳作〈相片〉（彭暄），能於眾多參賽作品當中脫穎而出，受到三位詩人評審的賞識，深感榮幸。除了第一名的學生之外，其他兩位得獎者，都是三年級的學生；這也顯示經由現代詩的創作練習，的確可以讓學生的作詩能力於同輩當中出類拔萃。筆者深信，作詩除了天賦之外，循序漸進

的引導，及對美的事物的開發，都可以幫助學生深化他們的感情，鍛鍊他們的質素。此外，這三篇作品，除了〈相片〉為課堂練習之外，〈鬧鐘〉及〈傷過了〉都是學生的課外創作，代表學生已能不假外在的要求，自發性地擁有自行創作的能力。一路走來，看到學生從對現代詩毫無興趣、胡拼亂寫，到逐漸要求意象的經營、語言的鍛鍊，最後看到他們在作詩上面的成長，並能視其為一種自然抒發感受的管道，是一條辛苦但感動的過程。

（二）板橋高中高二國文作文比賽

筆者一直認為，現代詩的創作練習，除了可以增進學生對美的感受、使作詩的能力進步之外，對於大考的作文能力，也可以收提昇之效。二〇〇八年三月二十六日舉辦國文作文比賽，筆者所指導學生當中，二〇二推出一位代表（袁詩婷）、二二〇推出二位代表（莊婾荃、林詩庭），分別拿下第一名（莊婾荃）、二位第二名（林詩庭、袁詩婷）的佳績，以下為得獎名單：

板橋高級中學九六學年度第二學期高一、二作文競賽成績

組別	名次	班級	座號	姓名
	第一名	220	13	莊婾荃
	第二名	201	19	陳彥婷
	第二名	220	9	林詩庭*
	第二名	202	19	袁詩婷
	第三名	209	36	潘冠廷*
	第三名	205	12	侯宜萱*
高二組	第三名	208	20	莊珮琳

組別	名次	班級	座號	姓名
	第三名	205	18	陳姿含*
	第三名	205	6	李姿賢*
	第一名	105	33	黃采薇

圖二十六　九六學年度第二學期高二作文競賽成績

　　如上圖所示，姓名旁邊有＊號的即為種子選手，比賽結果錄取一位第一名、三位第二名、五位第三名，共九位得獎者當中，種子選手就佔了其中五名；四名不是種子選手的得獎者當中，筆者所指導的學生就佔了二名，且都是前面的名次。這次的作文比賽結果，無疑是對筆者打了一劑強心針。一個多學期以來的現代詩創作練習，雖然受到學生很大的肯定，學生也都能樂於看到「手工詩集展」的呈現，不過對於這樣的練習是否真能強化學生的作文能力，筆者心中仍有些疑慮，不敢斷然保證。就筆者以往推派學生參加作文比賽的經驗，這次的結果是大獲全勝[62]，三位推派出去的選手都獲得佳績，也就證明了以往的訓練，對於大考作文，是有實質上的幫助的。

　　「手工詩集展」的呈現，為校園生活渲染上一層詩意的色彩。就展出者而言，獲得最多成就及回饋，參觀者也從中得到靈感與悸動；「學生意見回饋表」，更具體且詳實地紀錄下學生於現代詩寫作期間，點點滴滴的心情與成長；「學生作品成果」，無論就「校際作文比賽」，亦或是「板青文學獎」，皆可觀察到學生日益精進的寫作能力。

---

62 此次高二國文作文比賽，各班代表原則上只能推派一名，不過之前得過區賽、縣賽前三名的學生為種子選手，可不在此限。二二○的林詩庭即為種子選手，其他的班級如二○五也因這個規定而能推派四名代表。換言之，此次的作文比賽，是在眾多種子選手的競爭下所產生的結果，代表學生的作文能力，於這一個多學期當中，的確有突飛猛進的進步。

筆者既樂見這樣的寫作遊戲能讓學生於快樂中學習，更迫不及待地想
與諸位教學者分享，作詩之妙，俯拾即是。

第五章

結論

　　筆者擔任高中國文教師時，在平日教學當中，常常經歷教學進度壓力的現實，與企圖帶領學生領略文學之美的理想，這兩種情感的拉扯。筆者的教學經驗當中，發現學生往往只會自發性地閱讀現代小說（且以西方小說居多），對於現代散文興趣缺缺，更視現代詩為畏途；或因以往欠缺良好的引導，或因被大考新詩題目壞了胃口所致。國、高中生的花樣年紀，該是對愛情充滿憧憬、對美的感受能力最為強烈，對世界開始嘗試以自己的眼睛來建構的歲月，如果能在他們的心田植上詩創作的種子，相信必能拉進學生與文學之間的距離。蕭蕭說：

> 「詩緣情」是無法控制的內在衝動，是平空而來的靈思；「詩言志」則是理性的省思的講究傳達方法的言說，最後希望達至「詩（思）無邪」的無我境界……「詩緣情」→「詩言志」→「詩無邪」，是詩的三部曲，「詩緣情」從無到有（從無情無私到有情有思），「詩言志」從有到有（從有情有思到有物有法），「詩無邪」從有到無（從有方法到無不可用的方法，從有境界到無不可入的境界），這是我寫詩的理想。[1]

本研究即是取經「詩緣情」→「詩言志」→「詩無邪」這詩的三部曲，活化學生的創作細胞，柔軟他們的感情，使之能「緣情」；鍛鍊

1　蕭蕭：《世紀詩選》，（臺北市：爾雅出版社，2000年5月20日初版），頁5-6。

他們的文字表述能力，使之能以詩「言志」；經由一系列的現代詩寫作遊戲，最後希望達到化有招為無招的境界，即「詩無邪」。這一個多學期的練習下來，成果豐碩，達到筆者一開始的預想，甚至更好。以下即針對本研究，提供一些建議與心得給教學者當作參考。

第一節　回饋反思

有鑑於學生國語文程度日益低落，近幾年來，關於作文教學的指導用書及研究論文，如雨後春筍般出現，而現代詩寫作教學的研究論文，至今卻仍缺乏系統性、全面性、具體性的相關論述，是筆者試圖著力的地方。本研究以現代詩創作為主要內容，從第二章理論上的「形式技法論」及「創作教學論」，構築出現代詩寫作的價值體系；第三章就「知名詩人」、「學院派」及「網路現代詩」這三個向度，囊括現有的現代詩創作論述，並分項評析這些著作的優缺；到第四章實務操作，一系列「我的現代詩寫作教學步驟」，分別就現代詩的意象、語言、形式，以遊戲的型態指導學生創作，建立一套完整而易於遵循的現代詩創作教學流程。筆者經過一個多學期的研究和操作，歸納出來的觀察與結論如下：

一　實行上的困難

實際操作當中，首先會面臨到的，是學生學習意願的現實層面問題。在考試領導教學的教育現況裡，現代詩創作是乏人問津的一個區塊；學生對於現代詩創作會有本能上的抗拒，筆者在一開始從事現代詩創作教學，即有學生質疑「現代詩創作對於大考是否有其必要性」的情形。有鑑於此，筆者所採取的教學策略，是平均二個禮拜以一節

國文課的時間，進行現代詩創作遊戲，一方面批閱時間較為充裕，且可留給同學互相觀摩切磋的機會；一方面較不會壓縮國文正課的時間，也可避免學生無力兼顧時的反彈情緒。筆者所設計十四個現代詩寫作教學步驟，以分組競賽及搶答遊戲為引導入門之原因，也在於此。

二　建議的批閱方式

引導學生進入現代詩創作的過程中，良好的溝通及愉悅的學習環境，是必要的條件。除了鼓勵學生多閱讀現代詩以建立基礎外，在每一次的寫作練習，或以好詩搭配柔和的音樂帶領他們進入情境，或以分組討論來促進學生的學習動機，或以遊戲的方式來鼓舞他們創作的熱情，最重要的，是對待他們的詩作，以謹慎而又正向的態度，仔細地批閱，給予讚美與指正。學生創作的熱情是一時的，如果後續並未對他們的作品慎重看待，那麼這股熱情便會瞬間熄滅。給予不同的學生以不同的批閱方式，自信心不足的儘量勾選一些佳句，肯定他們努力的地方；程度中等的，則佳句與指正兼具；有佳句尚無佳篇、程度不錯的，則肯定他們鍛鍊字句的能力，並要求他們思考如何再開出想像的格局；已具風貌、詩意盎然的，除了鼓勵他們多加創作之外，在每次練習後，將他們的作品印給兩個班級的「專欄」張貼，行之既久，便可收互相觀摩之效。

三　學生的具體成長及回饋

（一）對寫作的態度

一個多學期的現代詩寫作教學實施後，學生對寫作由本來的「應

付敷衍」,漸漸懂得什麼叫做「對自己的作品負責」,高二下學期時,學生對待作文的態度,已轉變為「有所期許」,希望自己的作品能不斷地進步,有朝一日也能成為被張貼的對象。依照筆者的觀察,在「公布欄」貼上的學生作品,最遲於一個禮拜之內,便會被「瀏覽」完畢,如果不即時更換下一批佳作,便會被學生催促[2];由此可見,正向的批閱方式及適當地給予學生發表空間,能夠有效改善學生面對創作的態度。

(二)課堂學習方面

學生進入課文的速度改善,從前在課堂上引導學生進入課文的脈絡,需要很長的時間,甚至還為了避免冷場準備笑話;現在則是經由拋出幾個問題,讓學生去想像作者當時的心境、思考作者寫這些字句的動機、如何將這段文字的感情,用「精準」的詞語詮釋出來,「想像力」、「創造力」及用字遣詞的「精準度」,這些能力的提昇,讓學生更能掌握作者的想法及文章脈絡,國文程度也因而提昇。

(三)學生課後意見回饋表的呈現

期末請學生填答〈學生意見回饋表〉,在封閉式的問題當中,學生普遍肯定現代詩的閱讀能力、想像力、寫作力、美的感受力,這些大考作文所需要的特質,都能透過現代詩的寫作課程,獲得改善,並願意進一步運用於日常生活當中。[3]開放性題目方面,學生認為在發

2　「老師妳更換的速度太慢了啦!那些我都已經看完了嚘!」或者是:「老師我都沒想過可以這樣寫嚘!」有天早上,筆者甚至收到學生的簡訊:「老師對不起,那篇公佈欄九十八分的作文實在寫得太好了,我帶回家忘了帶出來,我明天早上再還回去放哦!」

3　詳見本研究第四章第二節中,「學生意見回饋表」的分析整理。

掘自己的才能、用字較為細緻講究、聯想及構思的能力加強、對現代詩有更進一步的認識、領略到創作的自由與快樂、從日常生活中體會到美等面向收穫最多，由此更可以印證，現代詩創作教學，是可以拉近學生與文學之間的距離的。

（四）比賽成果

筆者所指導的兩個班級（202、220）學生，在國語文創作競賽上表現亮眼，《板中青年》第六十二屆「板青文學獎新詩組」，就有三位學生獲獎[4]，顯示經由現代詩的創作練習，可以讓學生的作詩能力於同輩當中出類拔萃；高二下學期的全校國文作文比賽，派出的學生分別拿下全校第一名（莊媮荃）、二位第二名（林詩庭、袁詩婷）的佳績，也就證明了以往的訓練，對於大考作文，是有實質上的幫助的。

第二節　未來期許

在科技掛帥、資本主義盛行的時代，人文素養的養成、精神上的快樂與富足，更是相形重要。如果能帶領學生領略文學之美，如同在他們的心上開一扇窗，即使日後不再有國文課程相伴，在他們生命面臨挫折、苦難的深淵時，仍能經由閱讀而得到救贖；這扇窗也賜予他們一個額外的管道，讓他們能以更圓熟的方式來書寫自己，現代詩的隱晦與歧義性，能讓他們的情感盡情宣洩，在其中安身立命。該如何達到這樣的期望呢？以下分述：

4　得獎的作品，有第三名的〈鬧鐘〉（張晏塵），佳作〈傷過了〉（袁詩婷）及另一篇佳作〈相片〉（彭暄）。

一　確立現代詩創作教學之系統性

筆者所參酌並設計的十四個現代詩寫作教學步驟，仍有未盡完善的地方。關於現代詩的「分行」及「韻律」，前者以「新詩分行的訓練」引導學生，僅一節課的時間未能使學生充分了解，是筆者可以再求改進的地方；後者「韻律」的部分，按本師潘麗珠教授於《臺灣現代詩教學研究》的方式，結合「詩」、「歌」、「舞」三位一體的設計，筆者尚在思考如何落實於高中國文實際教學當中，留待未來共同商討解決。期許將來能補足這兩項缺憾，相信現代詩創作教學之系統性會建立地更加完整。

二　以現代詩創作補傳統作文教學之不足

臺灣學子的國語文程度退化，已是不爭的事實。由各項資料，及筆者近幾年的教學觀察中顯示，學生的「作文口語化」及「想像貧瘠化」，是扼殺創造力及寫作力的最大因素。除此之外，寫作興趣的缺乏，也是造成作文能力下降的主因。

現代詩創作當中的「意象經營」及「語言鍛鍊」，便是針對「作文口語化」及「想像貧瘠化」兩大弊病，最好的補救方式。經過筆者一個多學期的現代詩創作教學設計與實作後，可以肯定的說，經由這套富系統性、趣味性的現代詩創作教學設計，確實能夠有效提昇學生的「想像力」、「創造力」，更可以刺激學生的創作欲望，進而使學生的作文能力得到顯著的改善。

三　共推校園讀詩寫詩之風氣

　　部分老師之所以不從事現代詩創作教學，除了順應大考趨勢之外，擔心自己創作的經驗不足，無法指導學生的心態，佔大多數。事實上，國文老師的體悟和閱歷都比學生來得深，身為一個指導者，並不是靠自身的文采或才能取勝，最重要的是能夠引領學生開啟詩的心眼，給予學生自行創造的空間，讓未曾接觸過現代詩創作的學生，經由一系列循序漸進的方法，逐漸摸索到新詩創作的竅門，掌握到自己的寫作方式。

　　期許在教學的場域中，有更多的教師能投入現代詩寫作教學的行列，讓學生們多一扇窗，能沿途紀錄下曾瀏覽過的風景、所經歷過的人事物。筆者深信，這樣的努力絕不會白費，且會以各種形式回饋於學生、教學者身上，甚且是這個社會之上。讓詩的種子萌芽於每一個具備感知愛與美的心靈，讓這分感動能傳承而不致中斷，讓溫柔敦厚的詩教，在詩的國度裡，生生不息；這是筆者最真摯的期盼。

參考書目
（按作者筆劃，同筆劃由出版先後排序）

一　詩集

大地詩社編著　《大地之歌》　臺北市　東大圖書公司　1976年3月
　　　初版

方　思　《方思詩集》　臺北市　洪範書店　1983年10月出版

北　島　《北島詩集》　臺北市　新地出版社　1988年9月初版

余光中等編　《中國現代文學大系第一輯詩》　臺北市　巨人出版社
　　　1974年7月再版

余光中　《白玉苦瓜》　臺北市　大地出版社　1981年7月9版

余光中　《五陵少年》　臺北市　大地出版社　1982年1月再版

余光中　《蓮的聯想》　臺北市　大林出版社　1983年11月30日再版

余光中　《天狼星》　臺北市　洪範書店　1983年10月6版

余光中　《隔水觀音》　臺北市　洪範書店　1984年2月3版

余光中　《與永恆拔河》　臺北市　洪範書店　1984年8月5版

余光中　《敲打樂》　臺北市　九歌出版社　1986年3月10日再版

余光中　《紫荊賦》　臺北市　洪範書店　1986年7月初版

余光中　《余光中詩選》　臺北市　洪範書店　1999年3月20日

辛　鬱　《豹》　臺北市　漢光文化事業公司　1988年8月15日初版

林亨泰　《林亨泰詩集》　臺北市　時報文化出版事業公司　1984年3
　　　月10日初版

林　泠　《林泠詩集》　臺北市　洪範書店　1985年1月第3版

非　馬　《路》　臺北市　爾雅出版社　1986年12月20日初版

洪素麗《十年詩草》　臺北市　時報文化出版事業公司　1981年8月
　　　20日出版

洛　夫　《無岸之河》　臺北市　大林出版社　1970年出版

洛　夫　《釀酒的石頭》　臺北市　九歌出版社　1983年11月10日再版

苦　苓　《1984臺灣詩選》　臺北市　前衛出版社　1985年2月10日
　　　初版

紀　弦　《晚景》　臺北市　爾雅出版社　1985年5月1日初版

高　準　《高準詩集》　臺北市　文史哲出版社　1985年6月初版

張　默　《七十一年詩選》臺北市　爾雅出版社　1983年3月1日初版

張　默編　《剪成碧玉葉層層》　臺北市　爾雅出版社　1983年3月
　　　15日再版

渡　也著　《憤怒的葡萄──渡也詩集》　臺北市　時報文化出版事
　　　業公司　1983年6月10日初版

葉維廉　《花開的聲音》　臺北市　四季出版事業公司　1977年12月
　　　20日出版

葉維廉　《留不住的航渡》　臺北市　東大圖書公司　1987年4月初版

葉維廉　《三十年詩》　臺北市　東大圖書公司　1987年7月初版

瘂　弦　《深淵》　臺北市　晨鐘出版社　1979年4月20日再版

瘂　弦等編　《創世紀詩選》　臺北市　爾雅出版社　1984年9月20
　　　日初版

楊　牧著　《海岸七疊》　臺北市　洪範書店　1980年10月初版

楊　牧　《楊牧詩集 I:1956-1974》　臺北市　洪範書店　1983年10
　　　月5版

楊　牧、鄭樹森主編　《現代中國詩選的 II》　臺北市　洪範書店
　　　1989年出版

齊邦媛主編　《中國現代文學選集第一冊》　臺北市　爾雅出版社　1985年11月10日3版

蓉　子　《青鳥集》　臺北市　爾雅出版社　1982年11月1日初版

蓉　子　《這一站不到神話》　臺北市　大地出版社　1986年9月初版

蓉　子　《青少年詩國之旅》　臺北市　業強出版社　1990年10月初版

鄭愁予　《鄭愁予詩選集》　臺北市　志文出版社　1981年3月8版

鄭愁予　《雪的可能》　臺北市　洪範書店　1985年5月3版

鄭愁予　《寂寞的人坐著看花》　臺北市　洪範書店　2001年11月7版

羅　門　《羅門自選集》　臺北市　黎明文化事業公司　1975年12月初版

羅　門著　《羅門詩選》　臺北市　洪範書店　1984年7月初版

二　專書

王澤龐　《中國現代主義詩潮論》　武昌市　華中師範大學出版社　1998年5月第2刷

王一川　《中國形象詩學》　上海市　上海三聯書局　1998年9月

文曉村主編　《葡萄園詩論》　臺北市　詩藝文出版社　1997年11月初版

仇小屏　《下在我眼眸裡的雪──新詩教學》　臺北市　萬卷樓圖書公司　2001年2月初版

仇小屏　《放歌星輝下》　臺北市　三民書局　2002年8月初版

仇小屏　《詩從何處來：新詩習作教學指引》　臺北市　萬卷樓圖書公司　2002年9月初版

白　萩　《現代詩散論》　臺北市　三民書局　1972年出版

白　靈　《一首詩的誕生》　臺北市　九歌出版社　1993年10月10日
　　　　初版

白　靈　《一首詩的誘惑》　臺北市　河童出版社　1998年5月1日出版

白　靈　《一首詩的玩法》　臺北市　九歌出版社　2004年9月10日
　　　　初版

古繼堂　《台灣新詩發展史》　臺北市　文史哲出版社　1989年7月
　　　　出版

古繼堂　《臺灣青年詩人論》　臺北市　人間出版社　1996年4月出版

古遠清、孫光萱合著　《詩歌修辭學》　臺北市　五南圖書出版社
　　　　1997年6月初版1刷

村野四郎著、洪順隆譯　《現代詩探源》　臺北市　文史哲出版社
　　　　1984年6月再版

伊莉莎白・朱著、李力、余石屹譯　《當代英美詩歌鑒賞指南》　成
　　　　都市　四川人民出版社　1987年出版

向　明　《新詩50問》　臺北市　爾雅出版社　1997年出版

朱光潛　《詩論新編》　臺北市　洪範書店　1984年8月初版

吳奔星　《中國現代詩人論》　西安市　陝西人民出版社　1988年4月

吳　當　《新詩的智慧》　臺北市　爾雅出版社　1998年7月1日3刷

吳　當　《拜訪新詩》　臺北市　爾雅出版社　2001年2月20日出版

沈謙編　《修辭學》　臺北市　空中大學　1995年元月修訂版

洛　夫、張默、瘂弦　《中國現代詩論選》　高雄市　大業書局
　　　　1969年3月初版

洛　夫　《詩人之鏡》　高雄市　大業書局　1969年5月出版

洛　夫　《洛夫詩論選集》　臺北市　開源出版社　1977年出版

紀　弦　《紀弦論現代詩》　臺北市　藍燈出版社　1970年1月30日
　　　　初版

林明德等編著　《中國新詩賞析》　臺北市　長安出版社　1989元月5版

孟　樊　《當代台灣新詩理論》　臺北市　揚智文化事業公司　1998年5月2版1刷

孟樊主編　《新詩批評──當代台灣文學評論大系4》　臺北市　正中書局　1998年9月第2次印行

姚一葦　《欣賞與批評》　臺北市　遠景出版社　1989年7月初版

周偉民、唐玲玲合著　《日月的雙軌──羅門‧蓉子創作世界評介》　臺北市　文史哲出版社　1991年初版

於可訓　《當代詩學》　長沙市　湖南人民出版社　2000年11月

孫玉石主編　《中國現代詩導讀》　北京市　北京大學出版社　1990年7月

奚　密　《現當代詩文錄》　臺北市　聯合文學出版社　1998年11月出版

高友工　《中國美典與文學研究論集》　臺北市　臺灣大學出版中心　2004年3月初版

陳芳明　《鏡子和影子：現代詩評論》　臺北市　志文出版社　1974年出版

陳芳明　《詩和現實》　臺北市　洪範書店　1977年2月初版

陳義芝　《青衫》　臺北市　爾雅出版社　1985年出版

梁漱溟　《東西文化及其哲學》　臺北市　臺灣商務印書館　1982年出版

陳啟佑　《渡也論新詩》　臺北市　黎明文化事業公司　1983年9月初版

陳千武　《詩的啟示──文學評論集》　南投縣　南投縣立文化中心　1997年5月出版

陳明台　《抒情的變貌》　臺中市　臺中市政府文化局　2000年11月
　　　　初版

陳惠齡　《現代文學鑑賞與教學》　臺北市　萬卷樓圖書公司　2001
　　　　年9月初版

陳巍仁　《台灣現代散文詩新論》　臺北市　萬卷樓圖書公司　2001
　　　　年11月初版

彰化師範大學現代詩學研討會編輯委員《現代詩的語言與教學》　2001
　　　　年11月初版

張　默　《無塵的鏡子》　臺北市　東大圖書有限公司　1981年9月
　　　　初版

張　默　《台灣現代詩概論》　臺北市　爾雅出版社　1997年5月10日
　　　　出版

張漢良　《現代詩論衡》　臺北市　幼獅文化事業公司印行　1977年
　　　　6月出版

張漢良、蕭蕭編　《現代詩導讀》　臺北市　故鄉出版社　1979年出版

張漢良、鄭明娳、蔡源煌、林耀德合著　《羅門天下──當代名家論
　　　　羅門》　臺北市　文史哲出版社　1991年12月出版

張春榮　《詩學析論》　臺北市　東大圖書公司　1987年11月初版

黃維樑　《怎樣讀新詩》　臺北市　五四書店公司　1989年4月初版

黃維樑編　《璀璨的五采筆──余光中作品評論集1979-1993》　臺
　　　　北市　九歌出版社　1994年10月13日初版

黃永武　《詩與美》　臺北市　洪範書店　1992年6月

黃永武　《中國詩學思想篇》　臺北市　巨流圖書公司　1996年12月
　　　　出版八版

黃永武　《中國詩學鑑賞篇》　臺北市　巨流圖書公司　1999年9月
　　　　出版十三印

黃慶萱　《修辭學》　臺北市　三民出版社　1992年9月出版

渡　也　《新詩補給站》　臺北市　三民書局　1995年2月初版

黃政傑、林佩璇　《合作學習》　臺北市　五南圖書出版社　1996年
　　　　4月初版1刷

黃政傑、吳俊憲　《合作學習：發展與實踐》　臺北市　五南圖書出
　　　　版社　2006年9月初版1刷

覃子豪　《論現代詩》　臺北市　普天出版社　1971年11月再版

覃子豪　《詩的表現方法》　臺北市　普天出版社　1976年6月出版

覃子豪　《詩的解剖》　臺北市　普天出版社　1976年6月出版

楊　牧　《傳統的與現代的》　臺北市　志文出版社　1974年3月初版

楊　牧　《一首詩的完成》　臺北市　洪範書店　1994年3月5日初版

葉　珊　《傳說》　臺北市　志文出版社　1975年5月2版

葉石濤　《台灣文學的困境》　高雄市　派色文化出版社　1992年7
　　　　月出版

瘂　弦　《劉半農卷》　臺北市　洪範書店　1982年1月3版

瘂　弦　《中國新詩研究》　臺北市　洪範書局　1987年9月3版

瘂　弦、簡政珍主編　《創世紀四十年評論選》　臺北市　創世紀雜
　　　　誌社　1994年9月10日初版

楊昌年　《新詩賞析》　臺北市　文史哲出版社　1982年9月初版

楊昌年　《新詩創作與賞析》　臺灣師範大學中等教育輔導委員會印
　　　　行　1989年5月初版

楊昌年　《現代詩的創作與欣賞》　臺北市　文史哲出版社　1991年
　　　　9月初版

董之林譯　《接受美學理論》　臺北縣　駱駝出版社　1994年6月出版

趙天儀　《詩意的與美感的》　臺北市　香草山出版社　1976年6月
　　　　初版

趙天儀　《臺灣現代詩鑑賞》　臺中市　臺中市立文化中心　1998年5月出版

劉　菲　《評詩論藝》　臺北縣　詩藝文出版社　1999年3月初版

潘麗珠　《現代詩學》　臺北市　五南圖書出版社　1997年初版

潘麗珠　《台灣現代詩教學研究》　臺北市　五南圖書出版社　1999年3月初版

潘麗珠　《國語文教學活動設計》　臺北市　萬卷樓圖書公司　2001年初版

蔡清田　《教育行動研究》　臺北市　五南圖書出版公司　2000年4月初版1刷

蕭　蕭　《鏡中鏡》　臺北市　幼獅文化事業公司　1977年出版

蕭　蕭　《燈下燈》　臺北市　東大圖書有限公司　1980年4月出版

蕭　蕭　《現代詩入門——寫作與導讀》　臺北市　故鄉出版社印行　1982年2月20日初版

蕭　蕭　《現代詩學》　臺北市　東大圖書公司　1987年4月初版

蕭蕭主編　《詩魔的蛻變》　臺北市　詩之萃出版社　1991年4月初版

蕭　蕭　《現代詩縱橫觀》　臺北市　文史哲出版社　1991年6月出版

蕭　蕭　《現代詩創作演練》　臺北市　爾雅出版社　1991年7月20日初版

蕭　蕭　《現代詩學》　臺北市　五南圖書出版公司　1997年9月初版1刷

蕭　蕭　《現代詩遊戲》　臺北市　爾雅出版社　1997年11月10日初版

蕭　蕭　《中學生現代詩手冊》　臺北市　翰林出版事業公司　1999年9月出版

蕭　蕭　《蕭蕭教你寫詩，為你解詩》　臺北市　九歌出版社　2001年6月10日初版

鍾　玲　《現代中國繆司——臺灣女詩人作品析論》　臺北市　聯經出版事業公司　1989年6月出版

龍協濤　《讀者反應理論》　臺北市　揚智文化　1997年出版

簡政珍、林耀德主編　《台灣新世代詩人大系》　臺北市　書林出版有限公司　1990年10月出版

簡政珍　《詩的瞬間狂喜》　臺北市　時報文化出版公司　1991年9月15日初版1刷

簡政珍　《詩心與詩學》　臺北市　書林出版公司　1999年12月1版

簡恩定　《現代文學》　臺北市　空中大學　1999年8月初版3刷

魏　飴　《詩歌鑑賞入門》　臺北市　萬卷樓圖書公司　1999年6月再版

羅　青　《吃西瓜的方法》　臺北市　幼獅文化事業公司　1976年元月1日3版

羅　青　《錄影詩學》　臺北市　書林出版公司　1988年6月出版

羅　青　《從徐志摩到余光中》　臺北市　爾雅出版社　1992年3月10日

羅　青　《詩的照明彈》　臺北市　爾雅出版社　1994年8月20日初版

羅　青　《詩的風向球》　臺北市　爾雅出版社　1994年8月20日初版

龐泉明、鄒建軍合著　《現代詩學》　長沙市　湖南人民出版社　2000年11月

三　期刊論文

仇小屏　〈試談中學生新詩習作的批改〉　《國文天地》第16卷第6期　1989年11月　頁27-32

李敏勇　〈關於一首詩的形成〉　《國文天地》第16卷第6期　1989年11月　頁4-6

李瑞騰、葉維廉等著　〈現代詩教學座談會〉　《臺灣詩學季刊》第
　　8期　1994年9月　頁41-50

何素芳、葉蘭芬記錄　〈中國現代詩的未來與發展座談實錄〉　《出
　　版與研究》第21期　1978年5月　頁1-2

余光中講述、杜奕英整理　〈中國的新詩與現代詩的比較〉　《中國
　　文化月刊》第30期　1981年6月　頁95-115

吳清員　〈我如何教「新詩改寫」〉　《國文天地》第16卷第6期
　　1989年11月　頁7-12

杜國清　〈網路詩學：二十一世紀漢詩展望〉　《文學台灣》第35期
　　2000年7月　頁128-140

呂珍玉　〈語言學理論與現代詩──現代詩詮釋的另一視角初探〉
　　《語言學理論與現代詩》第11期　1994年12月　頁107-119

宋　裕、李冀燕　〈現代詩壇的謫仙──鄭愁予〉　《明道文藝》第
　　275期　1999年2月　頁30-35

林亨泰　〈現代詩的「形式」與「內容」〉　《現代詩》第1期　1982
　　年6月　頁7-9

林亨泰　〈停滯與革新──從我的角度來看戰後的現代詩意識〉
　　《笠》第222期　2001年4月　頁116-129

林瑞景　〈創意新詩教學──看水果寫新詩〉　《國文天地》第16卷
　　第6期　1989年11月　頁13-18

季　紅　〈林泠對生命的探索和她的語言運作〉　《現代詩》第2期
　　1982年10月

孟　樊　〈台灣的新批評詩學〉　《現代詩》第17期　1991年8月
　　頁3-19

孟　樊　〈台灣現代詩的理論與實際〉　《創世紀詩刊》第100期
　　1994年9月　頁47-59

洛　夫等著　〈西方文學與中國現代詩〉　《中外文學》第10卷第1
　　　　期　1981年6月　頁104-147

洪　凌　〈現代主義的壯美與終結——從洛夫的詩作探究台灣現代詩
　　　　的現代主義〉　《創世紀詩刊》第102期　1995年3月　頁
　　　　94-99

姜耕玉　〈台灣現代詩的「母語情節」〉　《創世紀詩刊》第117期
　　　　1998年12月　頁102-108

張　默　〈略談現代詩的創作精神語言及批評〉　《人與社會》第1
　　　　卷第2期　1973年6月　頁60

張　默　〈淺談現代詩的欣賞〉　《文藝月刊》第99期　1977年9月
　　　　頁60-80

張　默　〈現代詩的語言——回顧與檢討〉　《明道文藝》第35期
　　　　1979年2月　頁55-64

張　健　〈中國古典詩與現代詩的比較〉　《中外文學》第5卷第10
　　　　期　1974年3月　頁4-20

張　健　〈現代詩的展望〉　《藍星詩刊》第1期　1984年10月　頁
　　　　142-152

張漢良　〈中國現代詩的「超現實主義風潮」——一個影響研究的仿
　　　　作〉　《中外文學》第10卷第1期　1981年6月　頁148-161

張梅芳　〈靈魂的對話——「現代詩創作」教學方法研究〉　《文傳
　　　　學報》第一卷第1期　2009年8月　頁77-90

陳鴻森　〈現代詩的抒情性〉　《青溪》第73期　1973年7月　頁
　　　　132-141

陳慧樺　〈從神話觀點看現代詩〉　《創世紀詩刊》第37期　1974年
　　　　7月　頁38-53

陳美桂　〈思維與夢想——談新詩教學（下）〉　《國文天地》第12
　　　　卷第7期　1985年12月　頁36-44

陳嘉英　〈在排列組合中尋找詩〉　《國文天地》第16卷第6期　1989年11月　頁19-26

陳大為　〈走進詩的版圖〉　《國文天地》第16卷第9期　1990年2月　頁76-78

陳淑滿　〈通識理念下的現代詩教學設計：以輔英科大教學為例〉　《通識學刊：理念與實務》　2016年10月　頁1-37+39-41

陳薏安　〈顏色的無限想像──談創意聯想〉　《國文天地》第17卷第6期　1990年11月　頁109-112

陳去非　〈詩的意象論──《系統化現代詩學理論之嘗試性建構》第四章〉　《臺灣詩學季刊》第22期　1998年3月　頁136-140

傅孝先　〈意象派：現代詩的先河〉　《中外文學》第3卷第10期　1974年3月　頁8-31

掌　杉　〈「吾鄉印象」與中國現代詩的鄉土精神〉　《書評書目》第43期　1976年11月　頁122-129

游　喚　〈《現代詩導讀》導讀些什麼〉　《臺灣文學觀察雜誌》第3期　1991年1月　頁88-99

游　喚　〈現代詩教學辛酸史〉　《台灣詩學季刊》第8期　1994年9月　頁30-40

楊　亭　〈奔馳的野馬──從一個新角度看現代詩〉　《中華文藝》第12卷第5期　1977年1月　頁107-120

楊鴻銘　〈新詩創意的寫法──以「秋」為例〉　《國文天地》第13卷第1期　1986年6月

楊文雄　〈新詩教學經驗談〉　《臺灣詩學季刊》第8期　1994年9月　頁7-24

趙天儀　〈現代詩的音樂性〉　《文壇》第194期　1976年8月　頁14-15

趙天儀　〈現代詩的美學〉　《笠》第106期　1981年12月　頁56-59

趙天儀　〈現代詩的語言〉　《「國立」編譯館館刊》第11卷第2期　1982年12月　頁327-333

趙天儀　〈現代詩的語言〉　《文學界》第6集　1983年4月　頁117-129

劉　渼　〈新詩創作教學──藝術語言篇〉　《國文學報》第24期　1995年　頁1-38

劉　渼　〈國文教學與網路──網站介紹篇〉和　〈國文教學與網路──應用篇〉網址 htm://web-CCAtm.edu.tw/-GlO33/　2000年7月

劉　渼　〈國語文「網路探索式學習」──以新詩教學為例〉　《國文天地》第17卷第11期　2002年10月　頁4-10

劉滌凡　〈從語言學看現代詩神思的效用〉　《國文天地》第16卷第6期　2000年11月　頁33-39

蔡源煌　〈告白與面具──中國現代詩中的「我」〉　《中外文學》第8卷第11期　1980年4月　頁106-120

蔡淑桂　〈創意想像力的教學策略〉　《創意思考教育》第9期　1988年4月　頁57-60

蔡長林、鍾怡雯（採訪）　〈讓想像的翅膀飛翔──蕭蕭談現代詩教學〉　《國文天地》第11卷1期　1995年6月　頁32-35

蔡清田　〈行動研究理論與「教師即研究者」取向的課程發展〉中正大學教育學程中心副教授見網址 http://140.127173105/iN 論文集

潘麗珠　〈《從女低音狂想曲》談現代詩的意象經營〉　《中國學術年刊》第16期　1995年3月　頁173-188

潘麗珠　〈現代詩的詩形結構探究〉　《教學與研究》第18期　1996年12月　頁1-15

潘麗珠　〈現代詩教學課程設計及實踐〉　《中學學術年刊》第18期　1997年3月　頁1-22

蕭　蕭　〈現代詩批評小史〉　《中華文藝》第76期　1977年6月　頁13-38

蕭　蕭　〈詩與詩人——現代詩泛論——意象是詩的第一個面貌〉　《文藝月刊》第129期　1980年3月　頁74-80

蕭　蕭　〈現代詩入門〉　《幼獅文藝》第339期　1982年3月　頁160-168

蕭　蕭　〈國中現代詩教學設計（欣賞篇）——以〈車過枋寮〉、〈一枚銅幣〉、〈竹〉為例〉　《國文天地》第14卷第10期　1999年3月　頁90-94

蕭　蕭　〈國中現代詩教學設計（習作篇）——以〈車過枋寮〉、〈一枚銅幣〉、〈竹〉為例〉　《國文天地》第14卷第11期　1999年4月　頁79-83

羅　門　〈現代詩的精神要素〉　《人與社會》第1卷第2期　1974年6月　頁51-52

羅青主持、洪靜儀記錄　〈從《現代詩學》看現代詩〉　《台北評論》第5期　1988年5月　頁246-255

蘇秀錦　〈由賞析散文詩引導初學者寫詩〉　《國文天地》第15卷第1期　1988年6月　頁11-16

四　學位論文

秦素娥　《現代詩教學研究》　高雄師範大學教學碩士論文　指導教授　陳宏銘教授　2003年6月

張國華　《現代詩審美教學研究》　高雄師範大學教學碩士論文　指導教授　林文欽教授　2003年6月

陳錦慧　《國民中學現代詩選文之鑑賞教學研究》　彰化師範大學國
　　　　文學系碩士論文　指導教授　耿志堅教授　2004年6月

曾期星　《國中現代詩教學設計及其實踐》　臺北教育大學語文與創
　　　　作學系語文教學碩士在職專班碩士論文　2020年6月

蔡麗敏　《國中現代詩創作教學研究》　高雄師範大學教學碩士論文
　　　　指導教授　江聰平教授　2003年6月

賴玫君　《專題導向學習策略融入國中語文現代詩教學之研究》　淡
　　　　江大學教育科技學系在職專班碩士論文　指導教授　張瓊穗
　　　　教授　2005年6月

謝和芬　《國民中學少年詩歌教學研究》　高雄師範大學教學碩士論
　　　　文　指導教授　雷僑雲教授　2003年6月

五　報紙專文

蕭　蕭　〈高中課文現代詩賞析教師學生必讀──〈林泠的不繫之
　　　　舟〉〉《中央日報》第233期　第21版　1997年3月5日

蕭　蕭　〈高中課文現代詩賞析教師學生必讀──賞析鄭愁予的
　　　　〈錯誤〉〉《中央日報》第234期　第21版　1997年3月12日

語文教學叢書 1100020

現代詩寫作教學研究

作　　者　張玉明
責任編輯　蘇　輗
特約校稿　宋亦勤

發 行 人　林慶彰
總 經 理　梁錦興
總 編 輯　張晏瑞
編 輯 所　萬卷樓圖書股份有限公司
　　　　　臺北市羅斯福路二段 41 號 6 樓之 3
　　　　　電話 (02)23216565
　　　　　傳真 (02)23218698

發　　行　萬卷樓圖書股份有限公司
　　　　　臺北市羅斯福路二段 41 號 6 樓之 3
　　　　　電話 (02)23216565
　　　　　傳真 (02)23218698
　　　　　電郵 SERVICE@WANJUAN.COM.TW
香港經銷　香港聯合書刊物流有限公司
　　　　　電話 (852)21502100
　　　　　傳真 (852)23560735

ISBN 978-986-478-443-1

2021 年 6 月初版

定價：新臺幣 460 元

如何購買本書：

1. 劃撥購書，請透過以下郵政劃撥帳號：
　 帳號：15624015
　 戶名：萬卷樓圖書股份有限公司
2. 轉帳購書，請透過以下帳戶
　 合作金庫銀行　古亭分行
　 戶名：萬卷樓圖書股份有限公司
　 帳號：0877717092596
3. 網路購書，請透過萬卷樓網站
　 網址 WWW.WANJUAN.COM.TW

大量購書，請直接聯繫我們，將有專人為您
服務。客服：(02)23216565 分機 610

如有缺頁、破損或裝訂錯誤，請寄回更換

國家圖書館出版品預行編目資料

現代詩寫作教學研究 / 張玉明著. -- 初版. --
臺北市：萬卷樓圖書股份有限公司, 2021.06
　 面；　公分. -- (語文教學叢書；1100020)
ISBN 978-986-478-443-1(平裝)
1.新詩　2.寫作法　3.中等教育

524.31　　　　　　　　　　　110000908